Stabilisierungsklauseln und materielle Verweisung im internationalen Vertragsrecht

Studien zum vergleichenden und internationalen Recht -
Comparative and International Law Studies

Herausgeber: Bernd von Hoffmann und Erik Jayme

Band 61

PETER LANG
Frankfurt am Main · Berlin · Bern · Bruxelles · New York · Oxford · Wien

Patrick Fiedler

Stabilisierungsklauseln und materielle Verweisung im Internationalen Vertragsrecht

PETER LANG
Europäischer Verlag der Wissenschaften

Die Deutsche Bibliothek - CIP-Einheitsaufnahme

Fiedler, Patrick:

Stabilisierungsklauseln und materielle Verweisung im internationalen Vertragsrecht / Patrick Fiedler. - Frankfurt am Main ; Berlin ; Bern ; Bruxelles ; New York ; Oxford ; Wien : Lang, 2001
(Studien zum vergleichenden und internationalen Recht ; Bd. 61)
Zugl.: Heidelberg, Univ., Diss., 2000
ISBN 3-631-38230-8

D 16
ISSN 0930-4746
ISBN 3-631-38230-8

www.peterlang.de

Meinem Vater zum Gedenken

Meiner Mutter

Inhaltsverzeichnis

Literaturverzeichnis

Abend, Martin: Die lex valditatis im internationalen Vertragsrecht; Zugleich eine Untersuchung Ehrenzweigs Lehre von der Rule of Validation im amerikanischen Kollisionsrecht für Verträge, Heidelberg 1994 (zit.: *Abend*, Die lex valditatis)

Ammann, Ulrich: Der Schutz ausländischer Privatinvestitionen in Entwicklungsländern, St. Gallen 1967 (zit.: *Ammann*, Der Schutz ausländischer Privatinvestitionen)

Arminjon, Pierre: Précis de droit international privé, Bd. I., 3e édition, 1947 (zit.: *Arminjon*, Précis de droit)

Audit, Bernard: Droit International Privé, 2e édition, Paris 1997

Banz, Michael: Völkerrechtlicher Eigentumsschutz durch Investitionsschutzabkommen, Berlin 1988 (zit.: *Banz*, Völkerrechtlicher Eigentumsschutz)

von Bar, Carl Ludwig: Das internationale Privat- und Strafrecht, Hannover 1862

–: Theorie und Praxis des internationalen Privatrechts, Bd. I/II, 2. Auflage, Hannover 1889, Neudruck Aalen 1966 (zit.: *von Bar*, Theorie und Praxis)

von Bar, Christian: Internationales Privatrecht, Erster Band, München 1987

–: Internationales Privatrecht, Zweiter Band, München 1991

Bartels, Martin: Contractual Adaptation and Conflict Resolution, Deventer, Antwerpen, Boston, Frankfurt, London, 1985

Basedow, Jürgen: Die Neuregelung des Internationalen Privat- und Prozeßrechts, in: NJW 1986, 2970

Batiffol, Henri: Les contrats en droit international privé comparé, Mc Gill University 1981 (zit.: *Batiffol*, Les contrats)

–: Subjectivisme et Objectivisme dans le droit international privé des contrats, in: Mélanges offerts à Jacques Maury, Bd. 1, Paris 1960 (zit.: *Batiffol*, Subjectivisme et Objectivisme)

–: Zur Parteiautonomie im IPR, in: ZfRV 1. Jahrgang 1960, 49

–: Les conflits de lois en matière de contrats, Paris 1938 (zit.: *Batiffol*, Les conflits de lois)

–:/Lagarde, Paul: Traité de droit international privé, Tome 1, 8e édition, Paris 1993 (zit.: *Batiffol/Lagarde*, Droit international privé, Bd. I)

Bauer, Ulrich: Grenzen nachträglicher Rechtswahl durch Rechte Dritter im Internationalen Privatrecht, Pfaffenweiler 1992 (zit.: *Bauer*, Grenzen nachträglicher Rechtswahl)

Baumert, Andreas: Abschlußkontrolle bei Rechtswahlvereinbarungen, in: RIW 1997, 805

Berger, Klaus Peter: Lex mercatoria in der internationalen Wirtschaftsschiedsgerichtsbarkeit: Der Fall "Compania Valenciana", in: IPRax 1993, 281

–: Internationale Wirtschaftsschiedsgerichtsbarkeit, Berlin, New York 1992

Graf von Bernstorff, Christoph: Rechtsprobleme im Auslandsgeschäft; Ein Leitfaden für im Außenhandel tätige Unternehmen und Kreditinstitute, 2. Auflage, Frankfurt am Main 1990 (zit.: *Graf von Bernstorff*, Rechtsprobleme im Auslandsgeschäft)

Bierwagen, Rainer Michael: Die neue tansanische Gesetzgebung zum Schutz ausländischer Kapitalanlagen, in: RIW 1992, 986

Bippus, Birgit: Der internationalrechtliche Schutz von Investitionen im Ausland unter besonderer Berücksichtigung des diplomatischen Schutzrechts der Staaten, 1989 (zit.: *Bippus*, Der internationalrechtliche Schutz von Investitionen im Ausland)

Böckel, Markus: Instrumente der Einpassung neuen Rechts in die Rechtsordnung (unter besonderer Berücksichtigung der Unberührbarkeitsklauseln), Berlin 1993 (zit.: *Böckel*, Instrumente der Einpassung neuen Rechts)

Böckstiegel, Karl-Heinz: Der Staat als Vertragspartner ausländischer Privatunternehmen, Frankfurt am Main 1971

–: Rechtsschutz der Auslandsinvestitionen durch Schiedsgerichte, in: Fachtagung "Kapitalinvestitionen im Ausland – Chancen und Risiken" veranstaltet vom Bundesverband der deutschen Industrie e.V. und der Gesellschaft zur Förderung des Schutzes von Auslandsinvestitionen e.V., Köln 1983 (zit.: *Böckstiegel*, Rechtsschutz der Auslandsinvestitionen durch Schiedsgerichte)

–: (Hrsg.): Vertragsgestaltung und Streiterledigung in der Bauindustrie und im Anlagenbau (II), 1995 (zit.: *Bearbeiter*, in: Vertragsgestaltung und Streiterledigung)

Boele-Woelki, Katharina: Die Anwendung der UNIDROIT-Principles auf internationale Handelsverträge, in: IPRax 1997, 161

Bonell, Michael Joachim: Die UNIDROIT-Prinzipien der internationalen Handelsverträge: Eine neue Lex Mercatoria?, in: ZfRV 1996, 152

–: The Law Applicable to International Commercial Contracts: The Standpoint of Italian Doctrine and Case-law, in: *Klein Frédéric-Edouard/Vischer Frank (Hrsg.)*, Colloque de Bâle sur la loi régissant les obligations contractuelles, S. 13, Basel, Frankfurt am Main 1983 (zit.: *Bonell*, in: Colloque de Bâle)

Booysen, Hercules: Völkerrecht als Vertragsstatut internationaler privatrechtlicher Verträge, in: RabelsZ 59 (1995), 245

Bosch, Ulrich: Vertragliche Regelungen in internationalen Kreditverträgen, in: *Krümmel, Hans-Jacob (Hrsg.)*, Internationales Bankgeschäft, Berlin 1985 (zit.: *Bosch*, Vertragliche Regelungen in internationalen Kreditverträgen)

Brändl, Franz: Der Parteiwille in der Rechtsprechung des Reichsgerichts zu dem auf Vertragsverbindlichkeiten anwendbaren örtlichen Recht, LZ 15 (1925), Sp. 816

Bröcker, Marion: Verbraucherschutz im Europäischen Kollisionsrecht, Frankfurt am Main, Berlin, Bern, New York, Paris, Wien, 1998 (zit.: *Bröcker*, Verbraucherschutz)

Bucher, Andreas: Droit international privé suisse Tome I/2: Partie générale – Droit applicable, Basel, Frankfurt am Main 1995 (zit.: *Bucher*, Droit international privé suisse Tome I/2)

von Bülow, Arthur: Dispositives Civilprozeßrecht und die verbindliche Kraft der Rechtsordnung, in: AcP 64 (1881), 1

Carbone, Sergio M./Luzzatto, Riccardo: Il contratti del commercio internazionale, in: *Rescigno, Pietro (Hrsg.)*, Trattato di diritto privato, Bd. 11, Obbligazioni e contratti, Teilband 3, S. 111, Turin 1984 (zit.: *Carbone*, Il contratti del commercio internazionale)

Catranis, Alexander: Probleme der Nationalisierung ausländischer Unternehmen vor internationalen Schiedsgerichten, in: RIW 1982, 19

Cheshire, G.C.: Private International Law, 2nd edition, Oxford 1938

–:/North, P.M./Fawcett, J.J.: Private International Law, 12th edition, London, Dublin, Edinburgh 1999 (zit.: *Cheshire/North*, Private International Law)

Clagett, Brice M.: Protection of Foreign Investment Under the Revised Restatement, in: Virginia Journal of International Law Vol. 25:1 1984, 83

Collier, John Greenwood: Conflict of Laws, 2nd edition, Cambridge 1987 (zit.: *Collier*, Conflict of Laws)

Collins, Lawrence: Arbitration and the Law Governing Contractual Relations: An Introductory Report on the Position in England, in: *Klein Frédéric-Edouard/Vischer Frank (Hrsg.)*, Colloque de Bâle sur la loi régissant les obligations contractuelles, S. 55, Basel, Frankfurt am Main 1983 (zit.: *Collins*, in: Colloque de Bâle)

Courbe, Patrick: Les objectifs temporels des règles de droit international privé, Paris 1981 (textidentisch, aber Seitenzahlen in anderer Sequenz, veröffentlicht unter: Essai sur les objectifs temporels des règles de droit international privé, Rouen 1977), (zit.: *Courbe*, Les objectifs temporels)

Danilowicz: "Floating" Choice-of-Law Clauses and their Enforceability, in: International Lawyer 20 (1986), 1005

David, Nicolas: Les clauses de stabilité dans les contracts pétroliers. Questions d'un practicien, in: Clunet 113 (1986), 77

Deby-Gérard, France: Le rôle de la règle de conflit dans le règlement des rapports internationaux, Paris 1973 (zit.: *Deby-Gérard*, Le rôle de la règle de conflit)
Delaume, Georges R.: Transnational Contracts Applicable Law And Settlement Of Disputes (A Study in Conflict Avoidance), Booklet 2, Release 89-1, Issued December 1989 (zit.: *Delaume*, Transnational Contracts)
–: Des Stipulations de Droit Applicable dans les Accords de Prêt de Dévelopement Economique et de leur Rôle, in: Rev.belge dr.int. 1968, 336
Dicey & Morris: The Conflict of Laws, 12th edition, Volume 2, London 1993 (zit.: *Dicey & Morris*, The Conflict of Laws)
Dicey & Morris: The Conflict of Laws, 5th edition, London 1932 (zit.: *Dicey & Morris*, The Conflict of Laws, 5th edition)
Dicke, Detlev Chr. (Hrsg.): Foreign Investment in the Present and a New International Economic Order, Freiburg (Schweiz) 1987 (zit.: *Bearbeiter*, in: Foreign Investment in the Present and a New International Economic Order)
Domke, Martin: La Clause "Dollar-or", La non-application de la législation américaine aux emprunts internationaux, Paris 1935 (zit.: *Domke*, La Clause "Dollar-or")
Duden, Konrad: Die internationalrechtliche Tragweite des amerikanischen Gesetzes über die Aufhebung der Goldklauseln, in: RabelsZ 1935, 615
Dutoit, Bernard: Commentaire de la loi fédérale du 18 décembre 1987, 2e édition, Basel, Frankfurt am Main 1997 (zit.: *Dutoit*, Commentaire)
Ebel, Willhelm: Die Willkür: eine Studie zu den Denkformen des älteren deutschen Rechts, Göttingen 1953 (zit.:*Ebel*, Die Willkür)
Ebenroth, Carsten Thomas: Das Verhältnis zwischen joint venture-Vertrag, Gesellschaftssatzung und Investitionsvertrag, in: JZ 1987, 265
–:/ Bader, Tom O.: Wirksame Staatenbindung in internationalen Investitionsverträgen, in: WM 1991, 661
–:/Fischer, Rafael/Sorek, Christoph: Das Kollisionsrecht der Fracht-, Passage- und Arbeitsverträge im internationalen Seehandelsrecht, in: ZVglRWiss 88 (1989), 124
–:/ Karl, Joachim: Multilaterale Investitions-Agentur (MIGA), in: RIW, 1989, 1
Ehrenzweig, Albert A.: Wirklichkeiten einer "lex-fori"-Theorie – Zwischen dem Begriffshimmel der Überrechte und der "Begriffshölle" des Eigenrechts, in: Festschrift für Wilhelm Wengler, Bd. II, Kollisionsrecht und Rechtsvergleichung, Berlin 1973, S. 251 (zit.: *Ehrenzweig*, FS Wengler)
Ehrlich, Eugen: Das zwingende und das nichtzwingende Recht im Bürgerlichen Gesetzbuch für das Deutsche Reich, Jena 1899 (zit.: *Ehrlich*, Das zwingende und das nichtzwingende Recht)

Eisemann, Frédéric: Die Incoterms im internationalen Warenkaufrecht, Stuttgart 1967 (zit.: *Eisemann*, Die Incoterms)

Erman, Walter/Bearbeiter: Handkommentar zum Bürgerlichen Gesetzbuch, 2. Band, 9. Auflage, Münster 2000 (zit.: *Erman-Bearbeiter)*

Faber, Mike/Brown Roland: Changing the Rules of the Game: Political Risk, Instability and Fairplay in Mineral Concession Contracts, in: Third World Quaterly 2 (1980), 100

Fatouros, Arghyrios A.: Government Guarantees to Foreign Investors, New York 1962

Ferid, Murad: Internationales Privatrecht, 3. Auflage, Frankfurt am Main 1986

Firsching, Karl/von Hoffmann, Bernd: Internationales Privatrecht, 5. Auflage, München 1997

Fischer, Otto: Die Methode der Rechtsfindung im internationalen Recht, in: IhringsJb 65 (1915), S. 125

Forsyth, C F: Conflict of Laws Textbook, 3. Auflage, London 1992 (zit.: *Forsyth*, Conflict of Laws)

Fouchard, Philippe: La loi régissant les obligations contractuelles en droit international privé français, in: *Klein Frédéric-Edouard/Vischer Frank (Hrsg.)*; Colloque de Bâle sur la loi régissant les obligations contractuelles; Basel, Frankfurt am Main 1983 (zit.: *Fouchard*, in: Colloque de Bâle)

Francescakis, Ph./Bearbeiter: Répertoire de droit international, Bd. I; Paris 1968

Frowein, Jochen A.: L'Application Des Traites International Public Relatifs A La Protection Des Investissements Internationaux, in: Rechtsprobleme französischer und deutscher Unternehmer bei Investitionen in anderen Ländern – Neunundzwanzigstes Gemeinsames Seminar der Juristischen Fakultäten von Montpellier und Heidelberg 19. Juni – 1. Juli 1997, *Hrsg. Juristische Fakultät Heidelberg*, Heidelberg 1998; S. 1 ff (zit.: *Frowein*, in: Rechtsprobleme französischer und deutscher Unternehmer bei Investitionen in anderen Ländern)

Gamillscheg,Franz: Ein Gesetz für das internationale Arbeitsrecht, in: ZfA 14 (1983), 307

Gavalda, Christian: Les conflits dans le temps en droit international privé, Paris 1955 (zit.: *Gavalda*, Les conflits dans le temps)

Giuliano, Mario/Lagarde, Paul: Bericht über das Übereinkommen über das auf vertragliche Schuldverhältnisse anzuwendende Recht, in: ABL. EG 1980 Nr. C 282/1 (zit.: *Giuliano/Lagarde*, Bericht)

Gobert, Arne: Vertragsgestaltungen im deutsch-ungarischen Rechtsverkehr, in: RIW 1998, 507

Goldman, Berthold: Anmerkung zu dem Urteil der Cour de cassation, Clunet 1969, 637, ebenda 639

Göthel, Stephan R.: Internationales Privatrecht des Joint Ventures, in: RIW 1999, 566

Graveson, R.H.: The Conflict of Laws, 2nd edition, London 1952

–: The Conflict of Laws, 7nd edition, London 1974

Grossfeld, Bernhard: Praxis des Internationalen Privat- und Wirtschaftsrechts; Rechtsprobleme multinationaler Unternehmen, Hamburg 1975 (zit.: *Grossfeld*, Praxis des Internationalen Privat- und Wirtschaftsrechts)

Habicht, Hermann: Internationales Privatrecht nach dem Einführungsgesetze zum Bürgerlichen Gesetzbuche, Berlin 1907 (zit.: *Habicht*, Internationales Privatrecht)

Hartmann, Jan: Das Vertragsstatut in der deutschen Rechtsprechung seit 1945, Freiburg 1972 (*Hartmann*, Das Vertragsstatut)

Haudek, Wilhelm: Die Bedeutung des Parteiwillens im Internationalen Privatrecht, Berlin 1931

Van Hecke, Georges: Problèmes juridique des emprunts internationaux, Leiden 1955

Heeder, Oliver: Fraus Legis, Eine rechtsvergleichende Untersuchung über den Vorbehalt der Gesetzesumgehung in Deutschland, Österreich, der Schweiz, Frankreich und Belgien unter besonderer Berücksichtigung des Internationalen Privatrechts, Frankfurt am Main, Berlin, Bern, New York, Paris, Wien 1997 (zit.: *Heeder*, Fraus Legis)

Heermann, Peter W.: Drittfinanzierte Erwerbsgeschäfte: Entwicklung der Rechtsfigur des trilateralen Synallagmas auf der Grundlage deutscher und U.S.-amerikanischer Rechtsentwicklungen, Tübingen 1998 (zit.: *Heermann*, Drittfinanzierte Erwerbsgeschäfte)

Heini, Anton; Keller, Max; Siehr, Kurt; Vischer, Frank; Volken, Paul (Hrsg.): IPRG Kommentar, Kommentar zum Bundesgesetz über das Internationale Privatrecht (IPRG) vom 1. Januar 1989, Zürich 1993 (zit.: *IPRG Kommentar/Bearbeiter*)

Herb, Wolfgang: Vereinbarung des Schuldprinzips in Ehe- und Scheidungsverträgen?, in: FamRZ 1988, 123

Herdegen, Matthias: Internationales Wirtschaftsrecht, 2. Auflage, München 1995

Heß, Burkhard: Intertemporales Privatrecht, Tübingen 1998

Hiby, Thomas: Desinvestitionen im Internationalen Recht; Vermeidung und Lösung von Konflikten bei der Beendigung von ausländischen und internationalen Unternehmensaktivitäten, Heidelberg 1996 (zit.: *Hiby*, Desinvestitionen im Internationalen Recht)

Hiefner, Manfred: Völkerrechtliche Grenzen hinsichtlich der Vertragsfreiheit bei Verträgen zwischen Staaten und ausländischen Privatpersonen?, Zürich 1984 (zit.: *Hiefner*, Völkerrechtliche Grenzen hinsichtlich der Vertragsfreiheit)

Honsell, Heinrich/Nedim, Peter Vogt/Schnyder, Anton K. (Hrsg.): Kommentar zum Schweizerischen Privatrecht, Internationales Privatrecht, Basel, Frankfurt am Main 1996 (zit.: *IPRG-Bearbeiter*)

Horn, Norbert: Die Anpassung langfristiger Verträge im internationalen Wirtschaftsverkehr, in: *Kötz, Heinz/ Freiherr Marschall von Bieberstein, Wolfgang (Hrsg.),* Die Anpassung langfristiger Verträge; Frankfurt am Main 1984 (zit.: *Horn*, in: Die Anpassung langfristiger Verträge)

Husserl, Gerhart: Rechtskraft und Rechtsgeltung, Berlin 1925

Institut de Droit International: Résolutions adoptées par l'Institut de Droit International lors de sa session de Berlin (17.-25.8.1999), in: IPRax 2000, 51

Institut de Droit International: Annuaire, Vol. 64, Tome I, Session de Bâle 1991, Travaux préparatoires (zit.: *Annuaire* I.D.I., Vol. 64, Tome I, Session de Bâle)

Institut de Droit International: Annuaire, Vol. 64, Tome II, Session de Bâle 1991, Déliberations de l'Institut en séances plénières (zit.: *Annuaire* I.D.I., Vol. 64, Tome II, Session de Bâle)

Institut de Droit International: Annuaire, Vol. 59, Tome II, Session de Dijon 1982, Déliberations de l'Institut en séances plénières (zit.: *Annuaire* I.D.I., Vol. 59, Tome II, Session de Dijon)

Institut de Droit International: Annuaire, Vol. 58, Tome II, Session d 'Athènes 1979, Déliberations de l'Institut en séances plénières (zit.: *Annuaire* I.D.I., Vol. 58, Tome II, Session d'Athènes)

Ipsen, Knut: Völkerrecht, 3. Auflage, München 1990

Jacquet, Jean-Michel: Principe d'autonomie et contrats internationaux, Paris 1983 (zit.: *Jacquet*, Principe d'autonomie)

Jayme, Erik: Tagung des Institut de Droit International in Berlin, in: IPRax 2000, 61

–.: Investissement et Arbitrage, in: Rechtsprobleme französischer und deutscher Unternehmer bei Investitionen in anderen Ländern – Neunundzwanzigstes Gemeinsames Seminar der Juristischen Fakultäten von Montpellier und Heidelberg 19. Juni – 1. Juli 1997, *Hrsg. Juristische Fakultät Heidelberg,* Heidelberg 1998, S. 235 ff (zit.: *Jayme*, in: Rechtsprobleme französischer und deutscher Unternehmer bei Investitionen in anderen Ländern)

–.: Der Gerechtigkeitsgehalt des Europäischen Gerichtsstands- und Vollstrekkungsübereinkommens, in: *Reichelt Gerte (Hrsg.),* Europäisches Kollisionsrecht: die Konventionen von Brüssel, Lugano und Rom; ausländische Erfahrungen und österreichische Perspektiven, S. 33, Frankfurt am Main, Berlin, Bern, New York, Paris, Wien 1993 (zit.: *Jayme*, in: Europäisches Kollisionsrecht)

–: Inhaltskontrolle von Rechtswahlklauseln in Allgemeinen Geschäftsbedingungen, in: Festschrift für Werner Lorenz, Tübingen 1991 (zit.: *Jayme*, FS Lorenz)
–: Die Parteiautonomie im internationalen Vertragsrecht auf dem Prüfstand – 65. Sitzung des Institut de Droit International in Basel, in: IPRax 1991, 429
–: Methoden der Konkretisierung des ordre public im Internationalen Privatrecht, Heidelberg 1989 (zit.: *Jayme*, Methoden der Konkretisierung des ordre public)
–: Pasquale Stanislao Mancini: il diritto internazionale privato tra Risorgimento e attività forense, Padova 1988 (zit.: *Jayme*, Pasquale Stanislao Mancini)
–: Pasquale Stanislao Mancini – Die Nation als Rechtsbegriff im Internationalen Privatrecht, in: JuS 1988, 933
–: Buchvorstellung von Gerhard Kegel, Internationales Privatrecht, 6. Auflage, 1987, in: NJW 1988, 1439
–: Mancini heute – einige Betrachtungen, in: Festschrift für Konrad Zweigert, S. 145, Tübingen 1981 (zit.: *Jayme*, FS Zweigert)
–: Ausländische Rechtsregeln und Tatbestand inländischer Sachnormen – Betrachtungen zu Ehrenzweigs Datum-Theorie, in: Gedächtnisschrift für Albert A. Ehrenzweig, Karlsruhe, Heidelberg 1976, S. 35 (zit.: *Jayme*, Gedächtnisschrift Ehrenzweig)
–: *(Hrsg.)*: IUS INTER NATIONES, Festschrift für Stefan Riesenfeld aus Anlaß seines 75. Geburtstages, Heidelberg 1983
–:/*Kohler, Christian:* Europäisches Kollisionsrecht 1999 – Die Abendstunde der Staatsverträge, in: IPRax 1999, 401
Junker, Abbo: Internationales Vertragsrecht im Internet, in: RIW 1999, 809
–: Die freie Rechtswahl und ihre Grenzen – Zur veränderten Rolle der Parteiautonomie im Schuldvertragsrecht, in: IPRax 1994, 1
–: Die "zwingenden Bestimmungen" im neuen internationalen Arbeitsrecht, in: IPRax 1989, 69
–: Das römische Übereinkommen vom 19.6.1980 über das auf vertragliche Schuldverhältnisse anwendbare Recht, in: IPrax 1982, 122
Juristische Fakultät Heidelberg (Hrsg.): Rechtsprobleme französischer und deutscher Unternehmer bei Investitionen in anderen Ländern – Neunundzwanzigstes Gemeinsames Seminar der Juristi-schen Fakultäten von Montpellier und Heidelberg 19. Juni – 1. Juli 1997, Heidelberg 1998 (zit.: *Bearbeiter*, in: Rechtsprobleme französischer und deutscher Unternehmer bei Investitionen in anderen Ländern)
Kahn, Philippe: Problèmes juridiques de l'investissemest dans les pays d l'ancienne Afrique francaise, in: Clunet 92 (1965), 338

–: Souveraineté de l'état et règlement du litige. Régime juridique du contrat d'état, in: Revue de l'Arbitrage 1985, 641

Kappus, Andreas: "Lex mercatoria" als Geschäftsstatut vor staatlichen Gerichten im deutschen internationalen Schuldrecht, in: IPRax 1993, 137

Karl, Joachim: Das Multilaterale Investitionsabkommen (MAI), in: RIW 1998, 432

–: Neue Entwicklungen beim Investitionsschutz, in: RIW 1994, 809

Kaye, Peter: The New Private International Law of Contract of the European Community, Dartmouth, Aldershot, Brookfield USA, Hongkong, Singapore, Sydney, 1993 (zit.: *Kaye*, The New Private International Law)

Kegel, Gerhard: Internationales Privatrecht, 8. Auflage, München 2000

Kelly, D.St.L.: Reference, Choice, Restriction and Prohibition, in: Int.Comp.L.Q.1977 (26), 857

Kischel, Uwe: State Contracts; Völker-, schieds- und internationalprivatrechtliche Aspekte des anwendbaren Rechts, Stuttgart, München, Hannover, Berlin, Weimar 1992 (zit.: *Kischel*, State Contracts)

Klein Frédéric-Edouard/Vischer Frank (Hrsg.): Colloque de Bâle sur la loi régissant les obligations contractuelles, Basel, Frankfurt am Main 1983 (zit.: *Bearbeiter*, in: Colloque de Bâle)

Knittel, Wilhelm: Geltendes und nicht geltendes Auslandsrecht im Internationalen Privatrecht, Bielefeld 1963, (zit.: *Knittel*, Geltendes und nicht geltendes Auslandsrecht)

Knoepfler, François/Schweizer, Philippe: Précis de droit international privé suisse, Bern 1990 (zit.: *Knoepfler/Schweizer*, Précis de droit international)

Königer, Ursula: Die Bestimmung der gesetzlichen Zinshöhe nach dem deutschen Interna-tionalen Privatrecht: eine Untersuchung unter besonderer Berücksichtigung der Artt. 78 und 84 I UN-Kaufrecht (CISG), Berlin, 1997 (zit.: *Königer*, Die Bestimmung der gesetzlichen Zinshöhe nach dem deutschen IPR)

Kötters, Ursula : Parteiautonomie und Anknüpfungsmaximen, Ein Vergleich des deutschen und U.S. – amerikanischen internationalen Familien- und Erbrechts, Frankfurt am Main, Bern, New York, Paris 1989 (zit.: *Kötters*, Parteiautonomie und Anknüpfungsmaxime)

Kötz, Heinz: Allgemeine Rechtsgrundsätze als Ersatzrecht, in: RabelsZ 34 (1970), 663

–:/Freiherr Marschall von Bieberstein, Wolfgang (Hrsg.): Die Anpassung langfristiger Verträge, Frankfurt am Main 1984 (zit.: *Horn*, in: Die Anpassung langfristiger Verträge)

Kronke, Herbert: Internationale Schiedsverfahren nach der Reform, in: RIW 1998, 257

Kropholler, Jan: Internationales Privatrecht, 3. Auflage, Tübingen 1997
–*:* Das kollisionsrechtliche System des Schutzes der schwächeren Vertragspartei, in: RabelsZ 42 (1978), 634
Krümmel, Hans-Jacob (Hrsg.): Internationales Bankgeschäft, Berlin 1985 (zit.: *Bearbeiter*, in: Internationales Bankgeschäft)
Lagarde, Paul: Die Rom-Konvention und Frankreich, in: *Reichelt Gerte (Hrsg.)*, Europäisches Kollisionsrecht: die Konventionen von Brüssel, Lugano und Rom; ausländische Erfahrungen und österreichische Perspektiven, S. 101, Frankfurt am Main, Berlin, Bern, New York, Paris, Wien 1993 (zit.: *Lagarde*, in: Europäisches Kollisionsrecht)
–*:* Le nouveau droit international privé des contrats après l'entrée en viguer de la Convention de Rome du 19 juin 1980, in: Revue critique de droit international privé 1991, 29
–*:* Anmerkung zum Urteil der Cour de cassation vom 31. Mai 1972, in: Revue critique de droit international privé 1973, 685
Larenz, Karl: Methodenlehre der Rechtswissenschaft, 2. Auflage, Berlin, Heidelberg, New York, London, Paris, Tokyo, Hong Kong, Barcelona, Budapest 1992 (zit.: *Larenz*, Methodenlehre)
Laurent, François: Le Droit civil international, Bd. I, Brüssel, Paris 1880
Laviec, Jean-Pierre: Protection et promotion des investissements. Etude de droit international économique, Paris 1985 (zit.: *Laviec*, Protection et promotion des investissements)
Leboulanger, Philippe: Les Contrats entre États et Entreprises Étrangères, Paris 1985
Lehmann, Rolf: Zwingendes Recht dritter Staaten im internationalen Vertragsrecht, Zur Bedeutung des Art. 7 Abs. 1 EulPRÜ, Frankfurt am Main, Bern, New York 1986 (zit.: *Lehmann*, Zwingendes Recht dritter Staaten)
Lewald, Hans: Das deutsche internationale Privatrecht (auf Grundlage der Rechtsprechung), Leipzig 1931 (zit.: *Lewald*, Internationales Privatrecht)
Lichtenberger, Peter: Zum Gesetz zur Neuregelung des Internationalen Privatrechts, in: DNotZ 1986, 644
Lipstein, Kurt: Recognition of Governments and the Application of Foreign Laws, in: Transactions of the Grotius Society, Bd. 35 (1950), S. 157 (zit.: *Lipstein*, Recognition of Governments and the Application of Foreign Laws)
Logie, Jacques: Les contrats pétroliers iraniens; in: Rev. belge dr. int. 2 (1965), 392
Lorenz, Egon: Die Auslegung schlüssiger und ausdrücklicher Rechtswahlerklärungen im internationalen Schuldvertragsrecht, in: RIW 1992, 697
–*:* Die Rechtswahlfreiheit im internationalen Schuldvertragsrecht, in: RIW 1987, 569

Lorenz, Werner.: Vom alten zum neuen internationalen Schuldvertragsrecht, in: IPRax 1987, 269

–: Vertragsabschluß und Parteiwille im internationalen Obligationsrecht Englands, Heidelberg 1957

Loussouarn, Yvon/Bourel, Pierre: Droit international privé, 5e édition, Paris 1996 (zit.: *Loussarn/Bourel*, Droit international privé)

Lüderitz, Alexander: Internationales Privatrecht, 2. Auflage, Neuwied, Kriftel, Berlin 1992

Ludwig, Georg: Geschiedenenunterhalt und Schuldprinzip aus kautelarjuristischer Sicht, in: DNotZ 1982, 651

Lyon-Caen, Antoine: Anmerkung zu dem Urteil der Cour d'appel de Rennes vom 8. Dezember 1977, in: Clunet 1978, 891

Maniruzzami, A.F.M.: State Contracts and Arbitral Choice-of-Law Process and Techniques, in: Journal of International Arbitration 1998, 65

Mankowski, Peter: Anmerkung zu OLG Düsseldorf, Urteil vom 14.1.1994, in: RIW 1994, 421

–: Strukturfragen des internationalen Verbraucherrechts, in: RIW 1993, 453

Mansel, Heinz-Peter: Kollisions- und zuständigkeitsrechtlicher Gleichlauf der vertraglichen und deliktischen Haftung – zugleich ein Beitrag zur Rechtswahl durch Prozeßverhalten, in: ZvglRWiss 86 (1987), 1

Martinek, Dieter: Der deutsche Vorbehalt gegen Art. 7 Abs. 1 des EG-Schuldvertragsübereinkommens vom 19.6.1980 – seine Folgen für die Anwendung ausländischen zwingenden Rechts, in: IPRax 1987, 277

Martiny, Dieter: Europäisches Internationales Vertragsrecht – Erosion der Römischen Konvention?, in: ZEuP 1997, 107

–: Internationales Vertragsrecht zwischen Rechtsgefälle und Vereinheitlichung, in: ZEuP 1995, 70

Mäsch, Gerald: Rechtswahlfreiheit und Verbraucherschutz, Berlin 1993

Mayer, Gehrhard: Zur Parteiautonomie als Kollisionsnorm, in: NiemZ 44 (1931), 103

Mayer, Pierre: Droit international privé, 5ᵉ édition, Paris 1998 (zit.: *Mayer*, Droit international privé)

McCormick, Roger: Project Finance in Central and Eastern Europe, in: International Business Lawyer 1998, 310

Meili, Friedrich: Das internationale Civil- und Handelsrecht auf Grund der Theorie, Gesetzgebung und Praxis, Ein Handbuch, Bd. I, Zürich 1902 (zit.: *Meili*, Das internationale Civil- und Handelsrecht Bd. I)

Melchior, George: Die Grundlagen des deutschen internationalen Privatrechts, Berlin, Leipzig, 1932

Mengel, Hans-Joachim: Erhöhter völkerrechtlicher Schutz durch Stabilisierungsklauseln in Investitionsverträgen zwischen Drittstaaten und privaten Investoren?, in: RIW 1983, 739

Menne, Martin: Grundzüge des internationalen Vertragsrechts – Eine Einführung aus anwaltlicher Sicht, in: JuS 1998, S. 711

Merkt, Hanno: Investitionsschutz durch Stabilisierungsklauseln, Heidelberg 1990 (zit.: *Merkt*, Investitionsschutz)

–: Internationaler Unternehmenskauf, Köln 1997

Mincke, Wolfgang: Die Parteiautonomie: Rechtswahl oder Ortswahl?, in: IPRax 1985, 313.

Morris, John/McClean, David: The Conflicts of Laws, 4th edition, London 1993

Moser, Rudolf: Vertragsabschluss, Vertragsgültigkeit und Parteiwille im internationalen Obligationenrecht, St. Gallen 1948 (zit.: *Moser*, Vertragsabschluss)

Mügel: Anmerkung zu dem Urteil des RG vom 28. Mai 1936, IV 272/35, in: JW 1936, 2061

Müller, Helene Boriths: Die Umsetzung der europäischen Übereinkommen von Rom und Brüssel in das Recht der Mitgliedstaaten: dargestellt am Beispiel Deutschlands und Däne-marks, Frankfurt am Main, Berlin, Bern, New York, Paris, Wien 1997 (zit.: *Müller*, Die Umsetzung der europäischen Übereinkommen)

von Münch, Ingo: Die Zeit im Recht, in: NJW 2000, 1

Münchner Kommentar zum Bürgerlichen Gesetzbuch-Bearbeiter: Bd. 10 Einführungsgesetz zum Bürgerlichen Gesetzbuche (Art. 1-38) Internationales Privatrecht, *Hrsg. Rebmann, Kurt; Säcker, Franz Jürgen; Rixecker, Roland*, 3. Auflage, München 1998

Münchner Kommentar zum Bürgerlichen Gesetzbuch-Bearbeiter: Bd. 7 Familienrecht I §§ 1297 – 1588 VAHRG VAÜG HausratsV, *Hrsg. Rebmann, Kurt; Säcker, Franz Jürgen; Rixecker, Roland*, 4. Auflage, München 2000

Münchner Kommentar zum Bürgerlichen Gesetzbuch-Bearbeiter: Bd. 7 Einführungsgesetz zum Bürgerlichen Gesetzbuche (Internationales Privatrecht), *Hrsg. Rebmann, Kurt; Säcker, Franz Jürgen*; 2. Auflage, München 1990

Murakami, Junichi: Zur Geschichte des Begriffs "Privatautonomie", in: FS für Wolfgang Müller Freienfels, Baden-Baden 1986, S. 467 (zit.: *Murakami*, in: FS Müller-Freienfels)

Nassar, Nagla: Internationalization of State Contracts: ICSID, The Last Citadel, in: Journal of International Arbitration 1997, 185

Neuhaus, Paul Heinrich: Die Grundbegriffe des Internationalen Privatrechts, Tübingen 1976 (zit.: *Neuhaus*, Grundbegriffe)

Neumann, Konrad: Vertragsgültigkeit und Parteiwille in Lehre und Rechtsprechung des interna-tionalen Schuldrechts, Heidelberg 1930 (zit.: *Neumann*, Vertragsgültigkeit)

Neumayer, Karl-Heinz: Autonomie de la volonté et dipositions impératives en droit international privé des obligations, in: Revue Critique de Droit International Privé 46 (1957), 579; 47 (1958), 53.

Neumeyer, Karl: Internationales Privatrecht, Ein Grundriß, 2. Auflage, München 1930 (zit.: *Neumeyer*, Internationales Privatrecht)

Niboyet, Jean-Paulin: Anmerkung zu dem Urteil der Cour de cassation vom 21. Juni 1950, in: Recueil de Sirey 1951, 1

–: Anmerkung zu dem Urteil der Cour de cassation vom 14. April 1934, in: Recueil de Sirey 1935, 201

–: Anmerkung zu dem Urteil der Cour de Paris vom 24. April 1940, in: Recueil de Sirey 1942 II, 29

–: Qu'est-ce que la loi étrangère aux yeux des juges d'un pays déterminé, in: Revue de droit international et législation comparée, 1928, 753

–: La théorie de l'autonomie de la volonté, Recueil 16 (1927 I), 5

Nicklisch, Fritz: BOT-Projekte: Vertragsstrukturen, Risikoverteilung und Streitbeilegung, in: BB 1998, 2

–: Besonderheiten bei Streitigkeiten in Langzeitprojekten des Bau- und Anlagengeschäfts, in: *Böckstiegel (Hrsg.)*, Vertragsgestaltung und Streiterledigung in der Bauindustrie und im Anlagenbau (II), 1995 (zit.: *Nicklisch*, in: Vertragsgestaltung und Streiterledigung)

–: *(Hrsg.):* Rechtsfragen privatfinanzierter Projekte, Heidelberg 1994

Nishitani, Yuko: Mancini und die Parteiautonomie im Internationalen Privatrecht, Heidelberg 2000

Oppetit, Bruno: Anmerkung zum Urteil vom 4. Juli 1972 der Cour de cassation, in: Clunet 1972, 844

Oschmann, Friedrich: Faktische Grenzen der Rechtswahl, in: Iusto Iure, Festgabe für Otto Sandrock zum 65. Geburtstag, Heidelberg 1995, S. 25 (zit.: *Oschmann*, Festgabe für Sandrock)

Ost, Hartmut: EVÜ und fact doctrine; Konflikte zwischen europäischer IPR-Vereinheitlichung und der Stellung ausländischen Rechts im angelsächsischen Zivilprozeß, Frankfurt am Main, Berlin, New York, Paris, Wien 1996 (zit.: *Ost*, EVÜ und fact doctrine)

Palandt/Bearbeiter: Bürgerliches Gesetzbuch, 59. Auflage, München 2000

Panico, Giuseppe: Responsabilità internazionale degli Stati per violazione di obbligazioni assunte verso soggetti privati stranieri in contratti di investimento "denaznioalizzati", Etudes en l'honneur de Roberto Ago, Bd. III, S. 249, Mailand 1987 (zit.: *Panico*, Etudes Ago Bd. III)

Patzina, Reinhard: Rechtlicher Schutz ausländischer Privatinvestoren gegen Enteignungsrisiken in Entwicklungsländern, Heidelberg, Hamburg 1981 (zit.: *Patzina*, Rechtlicher Schutz ausländischer Privatinvestoren)

Peter, Wolfgang: Arbitration and Renegotiation of International Investment Agreements, Dordrecht 1986 (*Peter*, Arbitration and Renogation)

Pfeiffer, Leopold: Das Prinzip des internationalen Privatrechts, Stuttgart 1851

Pfeiffer, Thomas: Die Entwicklung des internationalen Vertrags-, Schuld- und Sachenrechts in den Jahren 1995/96, in: NJW 1997, 1207

Pfister, Bernhard: Die nachträgliche Vereinbarung des Schuldstatuts, in: AWD 1973, S. 440

Picone, Paolo: Les Méthodes de Coordination Entre Ordres Juiridiques en Droit International Privé; in Recueil 279 (1999).

Pierce, Richard J.: Post-formation Choice of Law in Contract, in: Mod.L.Rev. 50 (1987), 176

Pillet, Antoine: Le droit international privé. Essai d'un système général de solution des conflits de lois, in: Clunet 21 (1894), 417, 711; 22 (1895), 241, 500, 929; 23 (1896), 1

Pirrung, Jörg: Die Schiedsgerichtsbarkeit nach dem Weltbankübereinkommen für Investi-tionsstreitigkeiten unter besonderer Berücksichtigung der Rechtslage bezüglich der Bundesrepublik Deutschland, Berlin 1972 (*Pirrung*, Die Schiedsgerichtsbarkeit nach dem Weltbankübereinkommen)

Pocar, Fausto: Die Rom-Konvention und Italien, in: *Reichelt Gerte (Hrsg.)*, Europäisches Kollisionsrecht: die Konventionen von Brüssel, Lugano und Rom; ausländische Erfahrungen und österreichische Perspektiven, S. 105, Frankfurt am Main, Berlin, Bern, New York, Paris, Wien 1993 (zit.: *Pocar*, in: Europäisches Kollisionsrecht)

Pommier, Jean – Christophe: Principe d'autonomie et loi du contrat en droit international privé conventionel, Paris 1992 (zit.: *Pommier*, Principe d'autonomie)

Püls, Joachim: Parteiautonomie: die Bedeutung des Parteiwillens und die Entwicklung seiner Schranken bei Schuldverträgen im deutschen Rechtsanwendungsrecht des 19. und 20. Jahrhunderts, Berlin 1995 (zit.: *Püls*, Parteiautonomie)

Raape, Leo: Nachträgliche Vereinbarung des Schuldstatuts, in: Festschrift für Gustav Boehmer, Bonn 1954, S. 111 (zit.: *Raape*, FS Boehmer)

–*:* Deutsches internationales Privatrecht, 2. Auflage, Berlin 1945

–*:/Sturm Fritz*: Internationales Privatrecht Bd. I, München 1977

Rabel, Ernst: The Conflict of Laws, A Comperative Study, Volume 2, 2. Auflage, Ann Arbor 1960 (zit.: *Rabel*, The Conflict of Laws)

Ramazani, Rouhollah K.: Choice-of-Law Problems and International Oil Contracts: A Case Study, in: Int.Comp.L.Q. 11 (1962), 503
Rauscher, Thomas: Internationales Privatrecht, 1. Auflage, Heidelberg 1999
Regelsberger, Ferdinand: Pandekten, Bd. I, Leipzig 1893
Reichelt Gerte (Hrsg.): Europäisches Kollisionsrecht: die Konventionen von Brüssel, Lugano und Rom; ausländische Erfahrungen und österreichische Perspektiven, Frankfurt am Main, Berlin, Bern, New York, Paris, Wien 1993 (zit.: *Bearbeiter*, in: Europäisches Kollisionsrecht)
Reinhart, Gert: Zur nachträglichen Änderung des Vertragsstatuts nach Art. 27 Abs. 2 EGBGB durch Parteivereinbarung im Prozeß, in: IPRax 1995, 365
–: Zur einheitlichen Auslegung vereinheitlichter IPR-Normen nach Art. 36 EGBGB, in: RIW 1994, 445
Reithmann, Christoph/Martiny Dieter/Bearbeiter: Internationales Vertragsrecht, 5. Auflage, Köln 1996
Reithmann, Christoph: Internationales Vertragsrecht, 1. Auflage, Köln 1963
Rescigno, Pietro (Hrsg.): Trattato di diritto privato, Bd. 11, Obbligazioni e contratti, Teilband 3, S. 111, Turin 1984 (zit.: *Bearbeiter*, Il contratti del commercio internazionale)
RGRK-Bearbeiter: Das Bürgerliche Gesetzbuch mit besonderer Berücksichtigung der Rechtsprechung des Reichsgerichts und des Bundesgerichtshofs, Bd. IV 1. Teil §§ 1297-1563, 12. Auflage, Berlin, New York 1984
Rigaux, François: Droit international privé, Bd. I., 2. Auflage, Brüssel 1987
–:/Fallon Marc: Droit international privé, Bd II., 2. Auflage, Brüssel 1993
Rinze, Jens: The Scope of Party Autonomy under the 1980 Rome Convention on the Law Applicable to Contractual Obligations, in: Journal of Business Law 1994, 412
Rosenberg, Leo/Schwab, Karl Heinz/Gottwald, Peter: Zivilprozessrecht, 15. Auflage, München 1993 (zit.: *Rosenberg/Schwab/Gottwald*, ZPO)
Roth, Wulf-Henning: Verbraucherschutz über die Grenze, Anmerkung zu BGH, 26.10.1993 – XI ZR 42/93, RIW 1994, S. 154 in: RIW 1994, 275
Sandrock, Otto (Hrsg.): Handbuch der Internationalen Vertragsgestaltung, Bd. 1, Heidelberg 1980, (zit.: *Sandrock*, Handbuch)
–: "Versteinerungsklauseln" in Rechtswahlvereinbarungen für internationale Handelsverträge, in: Ius Inter Nationes, Festschrift für Stefan Riesenfeld, Heidelberg 1983, S. 213 (zit.: *Sandrock*, Versteinerungsklauseln)
–: "Versteinerungsklauseln" in Rechtswahlvereinbarungen für internationale Handelsverträge, in: *Großfeld, Bernhard/Luttermann Claus/Schäfer Martin (Hrsg.)*: Internationales Wirtschaftsrecht in Theorie und Praxis / International Business Law in Theory and Practice, Münster 1995

–: "Handcuffs"-Clauses in International Commercial Contracts: Basic Reflections on the Autonomy of the Parties to Choose the Proper Law for Their Contracts, in: International Lawyer 1997, 1105

–: Die Bedeutung des Gesetzes zur Neuregelung des Internationalen Privatrechts für die Unternehmenspraxis, in: RIW 1986, 841.

Savigny, Friedrich Karl von: Über die örtliche und zeitliche Geltung der Gesetze, in: Band VIII des Systems des heutigen Römischen Rechts, 2. Neudruck der Ausgabe von 1840, Aalen 1981 (zit.: *von Savigny*, Bd. VIII)

Schäfer, Martin: Entschädigungsstandard und Unternehmensbewertung bei Enteignungen im allgemeinen Völkerrecht, Heidelberg 1997 (zit.: *Schäfer*, Entschädigungsstandard und Unternehmensbewertung)

Schanze, Erich: Investitionsverträge im internationalen Wirtschaftsrecht, Frankfurt am Main 1986

Schlegelberger/Bearbeiter: Handelsgesetzbuch, 5. Auflage, Bd. IV, §§ 343 – 372, München 1976

Schmidt, Eike: AGB-Gesetz und Schuldvertragsrecht des BGB, Ranggleiches Nebeneinander oder modifizierter status quo ante?, in: ZIP 1987, 1505

Schneider, Uwe H.: Die Anpassung von langfristigen Verträgen bei Gesellschafterwechsel oder bei Änderung der Konzernlage, in: Festschrift für Wolfgang Zöllner, Zum 70. Geburtstag, Bd. I., Köln, Berlin, Bonn, München 1998 (zit.: *Schneider*, FS Zöllner)

Schnitzer, Adolf F.: Handbuch des internationalen Privatrechts, Band I, 4. Auflage, Basel 1957

Scholz, Ingo: Das Problem der autonomen Auslegung des EuGVÜ, Tübingen 1998

Schröder, Jochen: Internationales Vertragsrecht, Köln 1984

–:/Wenner, Christian: Internationales Vertragsrecht, 2. Auflage, Köln 1998

Schubert, Hermann/Scheele Michael: Direktinvestitionen in Osteuropa: Versicherungsalternativen, Finanzierungs-instrumente und Förderprogramme, in: RIW 1999, 118

–:/Hunstein, Martin: Osteuropa: Versicherung von Investitionen gegen politische Risiken durch die Multilateral Investment Guarantee Agency (MIGA), in: WiRO 1999, 145

–:/Scheele, Michael: Versicherung von Investitionen gegen politische Risiken durch Bundesgarantien für Kapitalanlagen im Ausland, in: WiRO 1999, 105

Schulze, Carsten: Die Kodifikation des Vertragsstatuts im internationalen Privatrecht, Basel, Frankfurt am Main 1980 (zit.: *Schulze*, Die Kodifikation)

Schurig, Klaus: Zwingendes Recht, "Eingriffsnormen" und neues IPR, in: RabelsZ 54 (1990), 217

–: Kollisionsnorm und Sachrecht – Zu Struktur, Standort und Methode des internationalen Privatrechts, Berlin 1981 (zit.: *Schurig*, Kollisionsnorm und Sachrecht)

Schütze, Rolf A.: Ausländisches Recht als beweisbedürftige Tatsache, in: NJW 1965, 1652

–:; Tscherning, Dieter; Wais, Walter: Handbuch des Schiedsverfahrens, Berlin, New York 1985

Schwab, Karl Heinz/Walter, Gerhard: Schiedsgerichtsbarkeit, 4. Auflage, München 1990 (zit.: *Schwab/Walter*, Schiedsgerichtsbarkeit)

Schwarz, Eckhard H.: Schutzkollisionen im internationalen Verbraucherschutz, Dargestellt an der Neuregelung des Rechts der Allgemeinen Geschäftsbedingungen in Portugal, Heidelberg 1991 (zit.: *Schwarz*, Schutzkollisionen)

Schwung, Siegfried: Die Grenzen der freien Rechtswahl im Internationalen Vertragsrecht – unter besonderer Berücksichtigung des Entwurfs eines "Gesetzes zur Neuregelung des Internationalen Privatrechts" –, in: WM 1984, 1301

Shihata, Ibrahim F.I.: The Multilateral Investment Guarantee Agency, in: *Dicke, Detlev Chr. (Hrsg.)*, Foreign Investment in the Present and a New International Economic Order; Freiburg (Schweiz) 1987 (zit.: *Shihata*, in: Foreign Investment in the Present and a New International Economic Order)

Siebel, Ulf R.: Rechtsfragen internationaler Anleihen, Berlin 1997

Siehr, Kurt: Die Parteiautonomie im Internationalen Privatrecht, in: FS Max Keller zum 65. Geburtstag, Zürich 1989, S. 485 (zit.: *Siehr*, FS Keller)

Simitis, Spiros: Aufgaben und Grenzen der Parteiautonomie im internationalen Vertragsrecht, in: JuS 1966, 209

Soergel, Hans Theodor/Bearbeiter: Kommentar zum Bürgerlichen Gesetzbuch mit Einführungsgesetz und Nebengesetzen, Bd. 7 Familienrecht §§ 1297-1588; 12. Auflage, Stuttgart, Stand 1988

Soergel, Hans Theodor/Bearbeiter: Kommentar zum Bürgerlichen Gesetzbuch mit Einführungsgesetz und Nebengesetzen, Bd. 10 Einführungsgesetz, 12. Auflage, Stuttgart, Stand Anfang 1996

Spickhoff, Andreas: Internationales Handelsrecht vor Schiedsgerichten und staatlichen Gerichten, in: RabelsZ 56 (1992), 116

Staudinger, Ansgar: Art. 29a EGBGB des Referentenentwurfs zum Fernabsatzgesetz, in: IPRax 1999, 414.

Staudinger/Bearbeiter: Kommentar zum Bürgerlichen Gesetzbuch mit Einführungsgesetz und Nebengesetzen, Einführungsgesetz zum Bürgerlichen Gesetzbuche, 12. Auflage, Berlin 1998

Staudinger/Bearbeiter: Kommentar zum Bürgerlichen Gesetzbuch mit Einführungsgesetz und Nebengesetzen, Einführungsgesetz zum Bürgerlichen Gesetzbuche, 11. Auflage, Berlin

Staudinger/Bearbeiter: Kommentar zum Bürgerlichen Gesetzbuch mit Einführungsgesetz und Nebengesetzen, Gesetz zur Regelung des Rechts der Allgemeinen Geschäftsbedingungen (AGBG), 13. Auflage, Berlin 1998

Staudinger/Bearbeiter: Kommentar zum Bürgerlichen Gesetzbuch mit Einführungsgesetz und Nebengesetzen Zweites Buch. Recht der Schuldverhältnisse §§ 631-651, 13. Auflage, Berlin 1994

Staudinger/Bearbeiter: Kommentar zum Bürgerlichen Gesetzbuch mit Einführungsgesetz und Nebengesetzen Viertes Buch. Familienrecht §§ 1363-1563 14. Auflage, Berlin 2000

Stein, Friedrich: Kommentar zur Zivilprozeßordnung, Bd. 7, Teilbd. 1, §§ 946 – 1048, 21. Auflage, Tübingen 1994 (zit.: *Stein/Jonas*, ZPO)

Steinwenter, Artur: Versteinerungen im bürgerlichen Gesetzbuch, in: Juristische Blätter 1956, 457

Stiller, Dietrich F.R./Sommer, Jörg: Grundzüge des Auslandsinvestitionsrechts in Indonesien, in: RIW 1998, 35 ff

Stoll, Hans: Bemerkungen zu den Vorschriften über den "Allgemeinen Teil" im Gesetzentwurf der Bundesregierung zur Neuregelung des IPR (Art. 3-9, 11-12), in: IPRax 1984, 1

Stoll, Jutta: Vereinbarungen zwischen Staat und ausländischem Investor, Berlin, Heidelberg, New York, 1982

–: Rechtsnatur und Bestandsschutz von Vereinbarungen zwischen Staaten und ausländischen privaten Investoren, in: RIW 1981, 808

Sturm, Fritz: Savigny und das internationale Privatrecht seiner Zeit, in: Ius Commune VIII, Frankfurt am Main 1979, S. 92 (zit.: *Sturm*, Ius Commune)

Sumampouw, Mathilde: Anmerkung zum Urteil vom 23.3.1965, RabelsZ 1966, 334

Taupitz, Jochen: Kaffeefahrten deutscher Urlauber auf Gran Canaria: Deutscher Verbraucherschutz im Urlaubsgepäck?, in: BB 1990, 642

Thode, Reinhold/Wenner, Christian: Internationales Architekten- und Bauvertragsrecht, Köln 1998

Thomson, A.: A different approach to choice of law in contract, in: Mod.L.Rev. 43 (1980), S. 650

Tomaszewski, Maciej: La désignation postérieure à la conclusion du contrat de la loi qui le régit, in: Revue critique de droit international privé 1972, 567

Treskow, Hermann von: Förderung ausländischer Direktinvestitionen in Entwicklungsländern durch Steuervergünstigungen, Göttingen 1977 (zit.: *von Treskow*, Förderung ausländischer Direktinvestitionen)

Treumann, Werner: Die Parteiautonomie im Deutschen Internationalen Privatrecht, Berlin 1933

Ulmer, Peter/Brandner,Erich/Hensen, Horst-Diether: AGB Gesetz, Kommentar zur Regelung des Rechts der Allgemeinen Geschäftsbedingungen, 8. Auflage, Köln 1997 (zit.: *Ulmer/Brandner/Hensen-Bearbeiter*)

Veith, Werner: Der Schutz ausländischen Vermögens im Völkerrecht, Baden-Baden 1962

Velten, Rainer: Die Anwendung des Völkerrechts auf State Contracts in der internationalen Schiedsgerichtsbarkeit, Berlin 1987 (zit.: *Velten*, Die Anwendung des Völker-rechts auf State Contracts)

Vervenitis, George: The Concession Agreement (BOT) Legislation – Recent Developments, in: The International Contruction Law Review 1994, 55

Vetter, Eberhard: Akzessorische Anknüpfung von Subunternehmerverträgen bei internationalen Bau- und Industrieanlagen – Projekten?, in: NJW 1987, 2124

Vischer, Frank: Veränderungen des Vertragsstatuts und ihre Folgen, in: Festschrift für Max Keller zum 65. Geburtstag, Zürich 1989, S. 547 (zit.: *Vischer*, FS Keller)

–: Internationales Vertragsrecht, Bern 1962

–: Internationales Vertragsrecht, 2. Auflage, Bern 2000 (zit. *Vischer*, Internationales Privatrecht, 2. Auflage)

–:/von Planta, Andreas: Internationales Privatrecht, 2. Auflage, Basel, Frankfurt am Main 1982

–:/Klein, Frédéric-Edouard (Hrsg.): Colloque de Bâle sur la loi régissant les obligations contractuelles, Basel, Frankfurt am Main 1983 (zit. *Bearbeiter*, in: Colloque de Bâle)

Wächter, Georg von: Über die Kollision der Privatrechtsgesetze verschiedener Staaten, in: AcP 24 (1841), 230 ff; 25 (1842), 1 ff, 161 ff, 361 ff.

Wagner, Gerhard: Fakultatives Kollisionsrecht und prozessuale Parteiautonomie, in: ZEuP 1999, 6

Wagner, Rolf: Zusammenführung verbraucherschützender Kollisionsnormen aufgrund EG-Richtlinien in einem neuen Art. 29a EGBGB, in: IPRax 2000, 249

Wälde, Thomas: Negotiating for Dispute Settlement in Transnational Mineral Contracts: Current Practice, Trends, and an Evaluation from the Host Country's Perspective, in: Denver Journal of International Law and Policy 1978, 33

Weil, Prosper: Les clauses de stabilisation ou d'intangibilité insérées dans les accords de dévelopment économique, in: Mélanges offerts à Charles Rousseau, S. 30 ff, Paris 1974 (zit.: *Weil*, Mélanges Rousseau)

Wengler, Wilhelm: Skizzen zur Lehre vom Statutenwechsel, in: RabelsZ 1958, 535

–: Internationales Privatrecht, Bd. I und II, in: Reichsgerichtsrätekommentar, Das Bürgerliche Gesetzbuch VI: IPR:, Berlin, New York, 1981 (zit.: *Wengler*, Internationales Privatrecht)

–: Allgemeine Rechtsgrundsätze als wählbares Geschäftsstatut?, in: ZfRV 23 (1982), 11

Westlake, John: Private International Law, 7th edition, London 1925

Wichard, Johannes Christian: Die Anwendung der UNIDROIT-Prinzipien für internationale Handelsverträge durch Schiedsgerichte und staatliche Gerichte, in: RabelsZ 60 (1996), 269

Wicki, André Aloys: Zur Dogmengeschichte der Parteiautonomie im Internationalen Privatrecht, Winterthur 1965 (zit.: *Wicki*, Zur Dogmengeschichte der Parteiautonomie)

Wohlgemuth, Arno: Veränderungen im Geltungsbereich des Vertragsstatuts. Eine vergleichende Untersuchung zum IPR des Vertrages anhand insbesondere der niederländischen, italienischen, französischen und deutschen Rechtsprechung, Berlin 1979 (zit.: *Wohlgemuth*, Veränderungen im Geltungsbereich des Vertragsstatuts)

Wood, Philip R.: Comparative Financial Law, London 1995

Wolff, Martin: Private International Law, 2. Auflage, Oxford 1950

Zitelmann, Ernst: Internationales Privatrecht Band I, Leipzig 1897

Abkürzungsverzeichnis

a.A.	andere Ansicht
ABL. EG	Amtsblatt der Europäischen Gemeinschaften
Abs.	Absatz
AC	Law Reports, Appeal Cases
AcP	Archiv für die civilistische Praxis
a.F.	alte Fassung
AG	Aktiengesellschaft
AGB	Allgemeine Geschäftsbedingungen
AGBG	Gesetz zur Regelung der Allgemeinen Geschäftsbedingungen vom 9.12.1976, BGBl I 3317
AJIL	American Journal of International Law
All E.R.	The All England Law Reports Annotated, London
Alt.	Alternative
AWD	Außenwirtschaftsdienst des Betriebsberaters (seit 1976 RIW)
Art.	Artikel
Aufl.	Auflage
BAG	Bundesarbeitsgericht
BB	Der Betriebs-Berater
Bd.	Band
BGB	Bürgerliches Gesetzbuch vom 18.8.1896, RGBl 195, BGBl III 4 Nr. 400-2
BGBl.	Bundesgesetzblatt
BGH	Bundesgerichtshof
BGHZ	Amtliche Sammlung der Entscheidungen des BGH in Zivilsachen
BOT	Build-Operate-Transfer
BT-Drucks.	Bundestagsdrucksachen, Verhandlungen des deutschen Bundestages
BVerfG	Bundesverfassungsgericht
BVerfGE	Amtliche Sammlung der Entscheidungen des Bundesverfassungsgerichts

bzgl.	bezüglich
bzw.	beziehungsweise
Cass. civ.	Cour de Cassation, Chambre Civile
Ch	Law Reports, Chancery Division
Clunet	Journal du droit international
DDR	Deutsche Demokratische Republik
ders.	derselbe
d.h.	daß heißt
dies.	dieselbe
DNotZ	Deutsche Notar-Zeitschrift
Ed.	Edition
EGBGB	Einführungsgesetz zum BGB
EPIL	Encyclopedia of Public International Law
EU	Europäische Union
EuGH	Gerichtshof der Europäischen Gemeinschaften
EuGVÜ	Europäisches Gerichtsstands- und Vollstreckungsübereinkommen
EVÜ	Römisches EWG Übereinkommen über das auf vertragliche Schuldverhältnisse anzuwendende Recht vom 19.6.1980, BGBl 86 II 810
f	folgende
FamRZ	Ehe und Familie im privaten und öffentlichen Recht. Zeitschrift für das gesamte Familienrecht
FCN	Friendship, Commerce and Navigation
ff	fortfolgende
Foro it.	Il Foro italiano
Fn.	Fußnote
FS	Festschrift
G.P.	Gazette du Palais
h.L.	herrschende Lehre
Hrsg.	Herausgeber
ICJRep	International Court of Justice Reports
ICLR	International Construction Law Review

ICSID	International Convention for the Settlement of Disputes
I.D.I.	Institut de Droit International
IGH	Internationaler Gerichtshof
IHK	Industrie- und Handelskammer; Internationale Handelskammer
IhringsJb.	Ihrings Jahrbücher für die Dogmatik des bürgerlichen Rechts
Inc.	Incorporation
Incoterms	International Commercial Terms
Int.Bus.Lawyer	The International Business Lawyer
Int.Comp.L.Q.	The International and Comparative Law Quarterly
Int.L.Rep.	International Law Reports
Int.Leg.Mat.	International Legal Materials
IPR	Internationales Privatrecht
IPRG	(Schweizerisches) Bundesgesetz über das internationale Privatrecht
IPRax	Praxis des internationalen Privat- und Verfahrensrechts
IPRspr.	Die deutsche Rechtsprechung auf dem Gebiete des internationalen Privatrechts
Iran-U.S. Claims Trib.Rep.	Iran-U.S. Claims Tribunal Reports
i.V.m.	in Verbindung mit
IWFÜ	Übereinkommen über den internationalen Währungsfonds
Jg.	Jahrgang
JuS	Juristische Schulung
JW	Juristische Wochenschrift
KB	Law Reports, King's Bench
KG	Kammergericht
KTS	Zeitschrift für Konkurs-, Treuhand- und Schiedsgerichtswesen
LJ	Lord Justice
LQ	Law Quaterly
ltd.	limited
LZ	Leipziger Zeitschrift für Deutsches Recht

MAI	Multilaterales Abkommen für Investitionen
MDR	Monatsschrift für Deutsches Recht
MIGA	Multilaterale Investitions-Garantie-Agentur
MittRhNotK	Mitteilungen der Rheinischen Notarkammer
Mod.L.Rev.	The Modern Law Review
m.w.N.	mit weiteren Nachweisen
n.F.	neue Fassung
NiemZ	Niemeyers Zeitschrift für Internationales Recht
NJW	Neue Juristische Wochenschrift
NJW-RR	Rechtsprechungsreport der NJW
OECD	Organization for Economic Cooperation and Development
OG	Obergericht
o.g.	oben genannten
OLG	Oberlandesgericht
P	Law Reports Probate, Divorce and Admiralty Division
QB	Law Reports, Queen's Bench
RabelsZ	Rabels Zeitschrift für ausländisches und internationales Privatrecht
Recueil	Recueil des cours de l'Académie de droit international de La Haye
Rev.arb.	Revue de l'arbitrage
Rev. belge dr.int.	Revue belge de droit international
Riv.dir.int.	Rivista di diritto internazionale
RG	Reichsgericht
RGBl	Reichsgesetzblatt
RIW	Recht der Internationalen Wirtschaft
S.	Seite
s.	siehe
s.a.	siehe auch
SchwJz	Schweizerische Juristen-Zeitung
Sec.	Section
Sp.	Spalte

Teilbd.	Teilband
u.	und
u.a.	unter anderem
UNICITRAL	United Nations Commission on International Trade Law
Unidroit	Institut international pour l'unification du droit privé – International Institute for the Unification of Private Law
UNO	Vereinte Nationen
u.U.	unter Umständen
v.	versus
VersR	Versicherungsrecht
vgl.	vergleiche
VOB	Verdingungsordnung für Bauleistungen
WiRO	Wirtschaft und Recht in Osteuropa
WLR	Weekly Law Reports
WM	Zeitschrift für Wirtschafts- und Bankrecht, Wertpapier-Mitteilungen
YbComm.Arb.	Yearbook Commercial Arbitration
z.B.	zum Beispiel
ZEuP	Zeitschrift für Europäisches Privatrecht
ZfA	Zeitschrift für Arbeitsrecht
ZfRV	Zeitschrift für Rechtsvergleichung
ZIP	Zeitschrift für Wirtschaftsrecht
zit.	zitiert
ZPO	Zivilprozeßordnung
z.T.	zum Teil
ZVglRWiss	Zeitschrift für Vergleichende Rechtswissenschaft

Einleitung

Bei einem Überblick über die Entwicklung der Parteiautonomie sind gegenwärtig zwei diametrale Tendenzen zu verzeichnen: Einerseits ist ein Wachstum der Regelungsmöglichkeiten der Parteien bei der Rechtswahl festzustellen, wofür die nachträgliche Rechtswahl und die gewillkürte depeçage als pars pro toto stehen, andererseits werden verschiedene Gruppen von den parteiautonomen Gestaltungsmöglichkeiten weitgehend ausgeschlossen. Bei den zuletzt genannten geht es um Gesetze mit erhöhtem Sozialbezug, etwa im Zusammenhang mit Verbraucherschutz oder Schutz des Arbeitnehmers. In Verbindung dazu stehen Ansätze einer Materialisierung des Internationalen Privatrechts. Dies ist der gegenwärtige Hintergrund vor dem die Frage beantwortet werden soll, inwieweit Vertragsparteien bei der Rechtswahl das gewählte Recht in zeitlicher Hinsicht beeinflussen können. Ob die "allegorischen Schwestern Raum und Zeit"[1] rechtlich überhaupt so zusammenhängen, daß das Kollsisionsrecht zur Regelung der Probleme berufen ist, ist fraglich.

Neben der Stabilisierung durch kollsionsrechtliche Verweisung kommt eine Stabilisierung durch materiellrechte Verweisung in Betracht. In diesem Kontext stellen sich strukturelle Fragen zur materiellrechtlichen Verweisung und ihrer Verbindung zum Kollisionsrecht.

Für wertvolle Hilfestellungen beim Verfassen dieser Arbeit möchte ich mich herzlich bei meinem Doktorvater Herrn Prof. Dr. Dr. h.c. mult. Erik Jayme und bei meiner Frau Claudia Wittenburg bedanken.

1 so *von Münch*, NJW 2000, 2; der *Albert Einstein* mit den Worten zitiert: "Raum und Zeit sind Denkweisen, die wir benutzen. Raum und Zeit sind nicht Zustände, unter denen wir leben."

Erster Teil: Einführung in die Problematik

Im Ersten Teil wird mit Hilfe zweier Einführungsfälle die in dieser Arbeit zu behandelnde Problematik eingegrenzt. Dabei geht es im wesentlichen um Risikoschutz vor nachträglichen Rechtsänderungen bei transnationalen Geschäften. Welche prinzipiell unterschiedlichen Ansätze für Schutzmaßnahmen in Betracht kommen und welche Rolle dem internationalen Vertrag dabei zukommt, wird daran anknüpfend umrissen. Dabei wird das Augenmerk auf den Schwerpunkt der Arbeit gelenkt, nämlich auf Fragen zur Stabilisierungsklausel und den speziellen Schutzmechanismen der kollisionsrechtlichen und der materiellrechtlichen Verweisung. Vor diesem Hintergrund wird im Anschluß der Gang der Arbeit aufgezeigt.

A. Einführungsfälle

I. Beispiel für einen State Contract[2]

Ein deutsches Unternehmenskonsortium schließt mit der Regierung eines osteuropäischen Staates einen Vertrag, worin sich das Unternehmenskonsortium verpflichtet, das Autobahnnetz des osteuropäischen Landes auszubauen bzw. zu sanieren. Als Gegenleistung wird dem Konsortium das Recht eingeräumt, für die nächsten 50 Jahre Gebühren in bestimmter Höhe für die Autobahnbenutzung zu erheben. Kurz nach der Fertigstellung des Autobahnnetzes verkürzt der Staat die Erlaubnis für die Erhebung der Maut auf nunmehr insgesamt 15 Jahre. Wenig später entscheidet zudem ein nationales Gericht auf Klage eines Automobilclubs, daß die Benutzungsgebühren zu hoch sind und um die Hälfte herabgesetzt werden müssen.[3]

---

2 zur Definition des "State Contract" und zur Abgrenzung zur Konzession siehe *Velten*, Die Anwendung des Völkerrechts auf State Contracts, S. 18; ein weites Verständnis des Konzessionsvertrages vertritt *Böckstiegel*, Rechtsschutz der Auslandsinvestitionen durch Schiedsgerichte, S. 15 f.

3 Dieser Sachverhalt ist angelehnt an eine aktuelle Begebenheit in Ungarn. Ungarn hat ein von österreichischen Unternehmen geführtes Konsortium mit dem Ausbau und der Sanierung zweier Fernstraßen, der M1-M15 und der M5, beauftragt. Dafür wurde dem Konsortium das Recht eingeräumt, für einen bestimmten Zeitraum Maut in

II. Beispiel für einen internationalen Vertrag zwischen Privaten

Ein Autoproduzent in Osteuropa steht in vertraglicher Beziehung mit einem deutschen Zulieferer für Autoelektrik. Als Unternehmen mit der stärkeren wirtschaftlichen Position konnte der osteuropäische Autoproduzent das Recht seines Heimatstaates als Vertragsstatut durchsetzen. Nach diesem Recht betragen Verzugszinsen 4%, es existiert eine Haftungsbegrenzung und es muß in der nationalen Währung des osteuropäischen Staates gezahlt werden. Durch eine Gesetzesänderung des Vertragsstatuts wird zwingend die Höhe der Verzugszinsen auf 8% heraufgesetzt, die Haftungsbegrenzung wird aufgehoben und es wird bestimmt, daß finanzielle Verpflichtungen aus internationalen Verträgen in U.S.-Dollar zu bezahlen sind.

B. Schutz vor nachträglicher Rechtsänderung

Das Interesse der deutschen Unternehmen in den Ausgangsfällen ist offensichtlich. Die nach Vertragsschluß eingetretenen Änderungen im ersten Fall sind zum Nachteil des Unternehmenskonsortiums,[4] auch im zweiten Fall wirken sich die Änderungen für das deutsche Unternehmen möglicherweise negativ aus. Fraglich ist, ob es Mechanismen gibt, die die Verträge vor derartigen nachträglichen Änderungen bewahren können. Zu denken sind an Mechanismen, die den Vertrag von innen schützen, die also kraft Parteiabrede selbst Vertragsbestandteil sind, und Mechanismen, die den Vertrag gleichsam von außen schützen, die also nicht selbst Teil des Vertrages sind und nicht auf die Bestimmungen der Parteien zurückgehen.

I. Vertragsexterne Schutzmechanismen

Vertragsexterne Schutzmechanismen sind solche, bei denen ein Schutz nicht auf der vertraglichen Ebene zwischen den Parteien erzielt werden soll, der von den Parteiabsprachen also unabhängig ist. In Betracht kommen als vertragsexterne

---

festgelegter Höhe für die Benutzung des Fernstraßennetzes zu verlangen. Ein ungarischer Automobilclub klagte vor ungarischen Gerichten gegen die Höhe der Benutzungsgebühren. Ein erstinstanzliches Gericht ordnete eine 50%ige Reduktion der Maut an, was möglicherweise einen katastrophalen Einfluß auf das gesamte Projekt haben wird; Quelle: *McCormick*, Int.Bus.Lawyer 1998, 317.

4 siehe zur "Furcht vor fremden Recht" des Investors: *Oschmann*, Festgabe für Sandrock, S. 28 f.

Schutzmechanismen nationale Investitionsschutzgesetze des Gaststaates, bilaterale Investitionsschutzabkommen zwischen dem Gaststaat und dem Heimatstaat des Investors und multilaterale Investitionsschutzabkommen zwischen einer Mehrzahl von Staaten. Diese Schutzmechanismen spielen bei internationalen Investitionen eine entscheidende, wenn nicht sogar die entscheidene Rolle. Von zentraler Bedeutung ist bei den vertragsexternen Schutzmechanismen, daß sie hoheitliche Befugnisse voraussetzen. Da es ebenfalls die hoheitlichen Befugnisse sind, die auch den besonderen Charakter von State Contracts ausmachen, ist die herausragende Besonderheit bei State Contracts, daß der im Vertrag vereinbarte Schutz möglicherweise sowohl auf vertragsinterne als auch auf vertragsexterne Weise wirken kann. Dies ist, ebenso wie die anderen rein extern wirkenden Schutzmechanismen, die im folgenden kurz vorgestellt werden, für den weiteren Verlauf der Untersuchung irrelevant, da es sich nicht um aus der Autonomie privater Parteien resultierende Schutzmechanismen handelt.

1. Nationale Investitionsschutzgesetze

Mit dem Begriff Investitionsschutzgesetz sind hier alle Normen auf nationaler Ebene des Staates gemeint, in dem investiert wird (Gaststaat), die den Zweck haben, internationale Investitionen mit einem sonst nicht bestehenden Schutz zu versehen. Solche finden sich in der Regel in den Investitionsgesetzen eines Landes, können aber auch in anderen Gesetzen enthalten sein. Die Bandbreite der Möglichkeiten ist nahezu unbegrenzt.[5] Der Schutz kann indirekt sein, indem bezüglich gewisser Rechtsfragen für die Investition im Vergleich zur sonst geltenden Rechtslage eine gesetzliche Besserstellung erreicht wird, er kann aber auch direktere Formen annehmen. Als direktere Formen bieten sich an, entweder unmittelbar im Investitionsgesetz selbst Stabilisierungsgarantien zu gewähren, oder zumindest zuzulassen, daß Stabilisierungsklauseln vereinbart werden dürfen. Dazu folgende Beispiele aus der Praxis, zunächst für einen indirekten Schutz durch punktuelle Besserstellung:

Am 31. Juli 1997 schloß Griechenland einen Konzessionsvertrag mit einem von der Hochtief AG angeführten Konsortium. Inhalt des Vertrages ist der Bau und die Betreibung des Athener Flughafens "Eleftherios Venizelos". Der Athener Flughafen ist das zur Zeit größte BOT-Projekt[6] Europas. Griechenland schuf durch das Gesetz 2052/1992 abweichend zum herkömmlichen griechischen

5 einen sehr guten Überblick bietet *Merkt*, Investitionsschutz, 204 ff.

6 bei Projekten, die nach dem "Build-Operate-Transfer"-Konzept ausgestaltet sind, handelt es sich um eine Vielzahl von Verträgen, die miteinander vernetzt sind und die der Errichtung einer größeren Anlage dienen; siehe m.w.N. zu BOT-Projekten: *Nicklisch*, BB 1998, 2 ff; *ders.* (Hrsg.), Rechtsfragen privatfinanzierter Projekte.

Recht[7] einen gesetzlichen Rahmen für BOT-Projekte, der Griechenland für Investoren attraktiver machen soll. Besondere Beachtung verdient in diesem Zusammenhang Art. 9 § 6 dieses Gesetzes, wonach für den Fall, daß der Auftragnehmer auf Grund eigenen Verschuldens nach dem Gesetz vom Vertrag ausgeschlossen werden könnte, die Anwendung des Gesetzes nach Parteiabrede abbedungen werden kann. Der besondere Schutz besteht hier also im Vergleich zum sonst geltenden Recht darin, daß dieses bei der konkreten Rechtsfrage umgangen werden kann. Weiterhin kann sich nach diesem Gesetz der Staat verpflichten, die im Zeitpunkt des Vertrages bestehenden Umstände bis zur Erfüllung des Konzessionsvertrages nicht zu verändern. Im Fall einer Änderung ist der Auftragnehmer berechtigt, Schadensersatz zu verlangen, den Vertrag den neuen Regelungen anzupassen oder ihn aufzulösen. Die punktuelle Vorteilsstellung ergibt sich im Vergleich zum ansonsten anwendbaren Art. 388 des griechischen Zivilgesetzbuchs, wonach ansonsten vorausgesetzt wird, daß es sich um besonders schwere unvorhersehbare Ereignisse handelt.

Häufig anzutreffen ist in den nationalen Investitionsschutzgesetzen ein Schutz vor bestimmten Rechtsänderungen, insbesondere der Schutz vor Enteignungen. So enthält beispielsweise das vietnamesische Auslandsinvestitionsgesetz vom 11. Januar 1988 eine Garantieklausel, wonach Investitionen weder enteignet noch beschlagnahmt und Gemeinschafts- oder Privatunternehmen nicht verstaatlicht werden dürfen.[8] In Sec. 28 des tansanischen "Nationalen Gesetzes zur Förderung und zum Schutz von Investment" von 1990 ist geregelt, daß Enteignungen nur nach einem bestimmten Verfahren und im öffentlichen Interesse zulässig sind, und daß in solch einem Falle eine "full and fair" Entschädigung umgehend und frei überweisbar erfolgt.[9] Ein weiteres Beispiel zu speziellem Schutz[10] ist das indonesische "Foreign Investment Law", gemäß dessen Art. 21 etwa Enteignungen nur auf gesetzlicher Grundlage und nur im Falle vorrangiger nationaler Interessen möglich sind.[11]

Umfassender in seinen Schutzbestimmungen ist beispielsweise das iranische Petrol-Gesetz von 1957. Demnach sollen sinngemäß sämtliche Änderungen entgegen den Bedingungen, Privilegien oder Umständen, die in den Vertrag Eintritt gefunden haben, von späteren Änderungen nicht betroffen werden. Insbesondere

---

7 zur Darstellung des griechischen Rechts siehe *Verveniotis*, ICLR 1994, 55 ff.

8 Inhaltsangabe in der Frankfurter Allgemeinen Zeitung 18. Dezember 1987.

9 siehe zur tansanischen Gesetzgebung zum Schutz ausländischer Kapitalanlagen *Bierwagen*, RIW 1992, 986.

10 einen Überblick bietet *Merkt*, Investitionsschutz, Anhang 3.

11 siehe zum indonesischen Auslandsinvestitionsrecht: *Stiller/Sommer*, RIW 1998, 35 ff.

sollen spätere, den vertraglichen Regelungen widersprechende Gesetze ohne Einfluß auf den Vertrag sein.[12]

2. *Bilaterale Investitionsschutzabkommen*

Bilaterale Investitionsschutzverträge sind völkerrechtliche Verträge zwischen dem Gaststaat und dem Heimatstaat des Investors, die in der Staatenpraxis unterschiedlich beliebt sind. Während etwa die USA kaum bilaterale Investitionsschutzabkommen geschlossen haben,[13] lag Deutschland 1997 mit 119 derartigen Verträgen weltweit an der Spitze. Nach einer in den amerikanischen "Legal Materials" veröffentlichten Schätzung existieren insgesamt weltweit 1010 solcher Verträge.[14] Zu einem großen Teil enthalten die Investitionsschutzabkommen sogenannte Abschirmungsklauseln (Protection Clauses). In diesen verpflichten sich die beteiligten Staaten völkerrechtlich die gegenüber den Investoren des anderen Staates eingegangenen Verpflichtungen einzuhalten. Die zentrale Regelung gilt in den Investitionsschutzverträgen den Beschränkungen der Enteignung und dem Entschädigungsstandard.[15] Folge des völkerrechtlichen Charakters der Investitionsschutzverträge ist, daß Ansprüche gegenüber dem Gaststaat auch nur völkerrechtlich durchsetzbar sind. Da der Investor aber prinzipiell keine Völkerrechtssubjektivität hat,[16] kann er nur auf die mediatisierte Durchsetzung seiner Ansprüche im Wege des diplomatischen Schutzes seines Heimatstaates hoffen.[17] Etwas anderes gilt aber dann, wenn in dem völkerrechtlichen Vertrag auch Streitschlichtungsmechanismen enthalten sind, die etwa zur Zuständigkeit eines internationalen Schiedsgerichts führen, vor dem der Investor selbst auftreten kann.[18] Übli-

---

12 Fundstelle bei *David*, Clunet 113 (1986), 79, 84.

13 der Grund liegt darin, daß die USA Schutzklauseln für Kapitalanlagen weniger in speziellen Investitionsschutzabkommen abgeschlossen haben, als eher in traditionellen Verträgen über Freundschaft, Handel und Schiffahrt (Treaties of Friendship, Commerce and Navigation, sog. FCN-Verträge); Invstitionsschutzabkommen werden von den USA erst seit 1982 abgeschlossen; siehe *Banz*, Völkerrechtlicher Eigentumsschutz, S. 121; *Blumenwitz*, EPIL 7 (1984), S. 484.

14 *Frowein*, in: Rechtsprobleme französischer und deutscher Unternehmer bei Investitionen in anderen Ländern, S. 2.

15 *Herdegen*, Internationales Wirtschaftsrecht, § 19 2.

16 Die Stellung von Privatpersonen im heutigen Völkerrecht ist nicht endgültig definiert. Siehe zur Frage der Völkerrechtspersönlichkeit insbesondere von Investoren m.w.N.: *Stoll*, Vereinbarungen zwischen Staat und ausländischem Investor, S. 54 ff.

17 *Herdegen*, Internationales Wirtschaftsrecht, § 19 1.

18 siehe zu Streitschlichtungsregelungen in bilateralen Investitionsverträgen: *Patzina*, Rechtlicher Schutz ausländischer Privatinvestoren, S. 116 ff.

cherweise werden als Streitforen die ICSID, die ICSID Additional Facility oder ein ad-hoc-Schiedsverfahren nach den UNICITRAL-Regeln angeboten.

3. *Multilaterale Investitionsschutzabkommen*

Zur Zeit ist kein multilaterales Investitionsabkommen in Kraft.[19] Seit September 1995 laufen jedoch in der OECD Verhandlungen über ein "Multilaterales Abkommen für Investitionen" (MAI). Das Abkommen soll nicht auf den Kreis der OECD-Staaten beschränkt bleiben, sondern auch Nichtmitgliedern zum Beitritt offenstehen.[20] Von seinem Aufbau entspricht das MAI in weiten Teilen den bilateralen Investitionsschutzverträgen.

II. *Vertragsinterne Schutzmechanismen*

1. *Stabilisierungsklausel*

Eine Stabilisierungsklausel ist eine Klausel in einem internationalen Vertrag, der die Aufgabe zukommt, den Vertrag vor Änderungen zu bewahren. Die Rechtslage soll also so bleiben, wie sie bei Vertragsschluß war, eben "stabil".[21] *Sandrock/Steinschulte* schlagen beispielsweise folgende Formulierung vor: [22]

"Die Vorschriften dieses Rechts (gemeint ist das Vertragsstatut) sollen in derjenigen Fassung maßgeblich sein, in der sie im Zeitpunkt des Wirksamwerdens dieser Rechtswahlklausel gelten; spätere Änderungen des gewählten Rechts sollen also nicht berücksichtigt werden." (Erläuterung hinzugefügt)

---

19 Erwähnung verdient aber die Multilaterale Investitions-Garantie-Agentur (MIGA), die am 12. April 1988 auf Grund eines vom Gouverneursrat der Weltbank vorgelegten Gründungsvertrages errichtet wurde. Hier kann sich der Investor etwa gegen das Enteignungsrisiko versichern; siehe zur MIGA: *Ebenroth/Karl*, RIW 1989, 1 ff; *Herdegen*, Internationales Wirtschaftsrecht § 19 4; *Schubert/Scheele*, WiRO 1999, 105; *Schubert/Hunstein*, WiRO 1999, 145; *Shihata*, Foreign Investment in the Present and a New International Economic Order, S. 137 ff. 1992 hat auch die Weltbank (unverbindliche) Richtlinien für die Behandlung von Auslandsinvestitionen vorgelegt, abgedruckt in ICSID Review-Foreign Investment Law Journal Fall 1992, 297; zu den zahlreichen vergangenen Versuchen, unter Beteiligung möglichst vieler Staaten das Problem eines multilateralen Investitionsschutzes zu lösen siehe *Grossfeld*, Praxis des internationalen Privat- und Wirtschaftsrechts, S. 212 f; *Patzina*, Rechtlicher Schutz ausländischer Privatinvestoren, S. 95 ff.

20 *Karl*, RIW 1998, 432; *ders.*, RIW 1994, 808.

21 *Schröder*, Internationales Vertragsrecht, S. 24.

22 *Sandrock/Steinschulte*, Handbuch Bd. 1, § 1 Rn. 35; der Vorschlag bezieht sich freilich auf eine Versteinerungsklausel; zu den Begrifflichkeiten s. den Zweiten Teil.

Welche anderen Kennzeichen eine Stabilisierungsklausel ausmachen und welche verschiedenen Formen von Stabilisierungsklauseln bislang in der Praxis und im Schrifttum aufgetaucht sind, ist der Ausgangspunkt der Untersuchung im *Zweiten Teil*. Sind verschiedene Vertragsklauseln als Stabilisierungsklausel erkannt worden, dann kann als nächstes untersucht werden, welche Rechtstechniken hinten den diversen Spielarten stehen. Für die rechtliche Bewertung der jeweiligen Stabilisierungstechnik ist zunächst entscheidend, welche gesetzlichen Regelungen über die Wirksamkeit des internationalen Vertrages zu befinden haben.

2. *Der internationale Vertrag*

Die Parteiabsprachen in den beiden Einführungsfällen sind sogenannte internationale Verträge, weil sie Verbindungen zu einem ausländischen Recht haben.[23] Ein internationaler Vertrag besteht in der Regel aus drei eigenständigen Verträgen, nämlich dem Hauptvertrag, dem Verweisungsvertrag und der Gerichtsstandsvereinbarung (oder der Schiedsgerichtsvereinbarung).[24]

Der *Hauptvertrag* erfaßt das Leistungsaustauschverhältnis. Dazu rechnet im ersten Beispielsfall die Pflicht zum Autobahnbau bzw. zur Autobahnsanierung des Konsortiums und die Gegenpflicht des Staates zur Erlaubniserteilung zur Mauterhebung. Im zweiten Fall besteht das Leistungsaustauschverhältnis in der Verpflichtung zur Lieferung von Autoelektrikteilen der deutschen Firma an den ausländischen Autohersteller gegen Entgelt. Der Hauptvertrag enthält also Bestimmungen zu den Vertragsparteien, dem Vertragsgegenstand, Vergütungen usw. Im Hauptvertrag steht aber nicht nur die den Vertrag charakterisierende Hauptleistungspflicht, sondern alle ausformulierten Vertragsbestandteile, welche die Parteien expressis verbis in ihren Vertrag aufgenommen haben.[25]

Der *Verweisungsvertrag* besteht oftmals lediglich aus einem kurzen Satz am Ende des gesamten Vertragswerks.[26] Dennoch handelt es sich um einen eigenständige Vertrag, dessen Gültigkeit nicht von der Gültigkeit des Hauptvertrages abhängt.[27] Mit Hilfe des Verweisungsvertrages wird der rechtliche Rahmen des Vertrages gewählt, es wird also diejenige Rechtsordnung gewählt, die die

---

23 vgl. *Menne*, JuS 1998, 771.

24 *Graf von Bernstorff*, Rechtsprobleme im Auslandsgeschäft, S. 226; *Lorenz*, IPRax 1987, 273; *Schwung*, WM 1984, 1301; für einen Überblick zur Entwicklung der Rechtswahl als Vertrag s. *Moser*, Vertragsabschluss, S. 227 ff.

25 *Graf von Bernstorff*, Rechtsprobleme im Auslandsgeschäft, S. 226.

26 *Lorenz*, RIW 1992, 698.

27 *Menne* JuS 1998, 713; *Reithmann/Martiny-Martiny*, Internationales Vertragsrecht, Rn. 48.

Rechtsbeziehungen der Parteien beherrschen soll.[28] In dem zweiten Beispielsfall wurde das Recht des Heimatstaates des osteuropäischen Autoherstellers zum Vertragsstatut bestimmt. Wenn es nun in diesem Vertragsverhältnis zu Rechtsproblemen zwischen den Parteien kommt, dann sind diese zunächst gemäß den vertraglichen Vereinbarungen zu lösen. Das gewählte osteuropäische Vertragsstatut spielt dabei in zweifacher Hinsicht eine Rolle: Erstens dürfen die vertraglichen Vereinbarungen nicht gegen das zwingende Recht des Vertragsstatutes verstoßen und zweitens greifen die dispositiven Regelungen des Vertragsstatutes ein, wenn der Vertrag zu dem konkreten Rechtsproblem keine entsprechende Regelung enthält.

Ebenfalls am Ende des Gesamtvertrags steht regelmäßig eine Bestimmung über das Forum, das über die Rechtsstreitigkeiten aus dem Vertrag entscheiden soll. Auch diese Abrede ist ein eigenständig zu bewertender Vertrag.[29] Durch solch eine *Gerichtsstandsvereinbarung* können die Parteien nicht nur durch Prorogation einen Gerichtsstand wählen, sondern auch durch Derogation die Zahl der in Betracht kommenden gesetzlichen Gerichtsstände begrenzen oder durch eine *Schiedsgerichtsvereinbarung* die Entscheidung staatlichen Gerichten entziehen und einem Schiedsgericht übertragen. Die Vorteile, die gemeinhin der Schiedsgerichtsbarkeit zugeschrieben werden,[30] gelten verstärkt bei Streitigkeiten bezüglich eines internationalen Vertrags.[31] So können die Parteien beispielsweise Schiedsrichter mit besonderen Kenntnissen des ausländischen und zwischenstaatlichen Rechts bestellen und sich für das Verfahren vor dem Schiedsgericht auf eine bestimmte Sprache einigen.[32]

Es kann nun überlegt werden, in jedem dieser unabhängigen Teile Schutzmechanismen einzubauen, die die Parteien vor nachträglichen Rechtsänderungen bewahren. Entscheidend für die Frage nach der Wirksamkeit der Schutzmechanismen ist dann zunächst das auf den jeweiligen Vertrag anwendbare Recht, wobei für die drei Vertragsteile – Hauptvertrag, Verweisungsvertrag und (Schieds-) Gerichtsstandsvereinbarung – unterschiedliche Normgefüge gelten.

---

28 *Sandrock/Steinschulte*, Handbuch Bd. 1 § 1 II.

29 *Menne*, JuS 1998, 713; ob die Gerichtsstandsvereinbarung als materiellrechtlicher oder als prozeßrechtlicher Vertrag zu qualifizieren ist, ist umstritten; vgl. m.w.N. *Reithmann/Martiny-Hausmann*, Internationales Vertragsrecht, Rn. 2090 ff.

30 *Stein/Jonas-Schlosser*, ZPO, vor § 1025 Rn. 1.

31 *Schütze/Tscherning/Wais*, Handbuch des Schiedsverfahrens, Rn. 2 ff.

32 *Reithmann/Martiny-Hausmann*, Internationales Vertragsrecht, Rn. 2295.

(a) Hauptvertrag

Im Rahmen des Hauptvertrages kommt eine ausdrückliche Regelung in Betracht, wonach alle nachträglichen Änderungen des maßgeblichen Rechts nicht berücksichtigt werden sollen. Über die Rechtmäßigkeit solch einer Abrede entscheidet prinzipiell nur das Vertragsstatut.

Ein entscheidender Unterschied zwischen den beiden Beispielsfällen kommt hier zum Tragen. In dem ersten Beispielsfall liegt ein State Contract vor. Verwendet nun ein Staat in einem Vertrag eine entsprechende stabilisierende Regelung, beschränkt er damit seine eigene staatliche Regelungsgewalt.[33] Der Staat ist eben nicht bloß "Mitspieler", sondern er kann während des "Spiels" auch einseitig die "Spielregeln" ändern.[34] Da der Vertragspartner als Staat also zugleich die Verantwortung für künftige regulatorische Änderungen trägt, soll gerade durch die Stabilisierung die vertragliche Beziehung zu der privaten Partei von einer späteren Einflußnahme des Staates geschützt werden.[35] Der Staat soll die "Spielregeln" während des "Spiels" nicht mehr ändern dürfen. Problematisch ist nun, wann eine solche Stabilisierungsklausel in einem State Contract Regelungsgewalt entfalten kann, ob etwa für die Bejahung der Wirksamkeit einer solchen Vereinbarung es möglich ist, die Stabilisierungsklausel als völkerrechtliche Verpflichtung des Gaststaates zu betrachten.[36] Hier betritt man wieder juristische Bereiche, die im Kontext mit den externen Schutzmechanismen stehen. Da diese nicht Gegenstand der Arbeit sind, wird es im folgenden auf die Besonderheiten bei State Contracts nicht ankommen.

(b) Verweisungsvertrag

Indem die Parteien ein Vertragsstatut bestimmen, wählen sie – wie bereits gesehen – einen für sie in zweifacher Hinsicht bedeutsamen rechtlichen Rahmen. Einerseits wird die Gültigkeit der vertraglichen Vereinbarungen am regulatorischen Umfeld gemessen, andererseits kommt ihm eine lückenfüllende Funktion für in dem Vertrag nicht ausdrücklich geregelte Rechtsfragen zu. Offensichtlich ist, daß die eine etwaige künftige Rechtsänderung ausschließende vertragliche materiellrechtliche Regelung hinsichtlich ihrer Gültigkeit an dem rechtlichen Rahmen des Vertragsstatuts überprüft werden muß. Der Verweisungsvertrag enthält mithin insofern eigentlich keinen selbständigen Schutzmechanismus, er ist vielmehr ein

---

33 *Ebenroth/Bader*, WM 1991, 661.

34 *Faber/Brown*, Third World Quaterly 2 (1980), 100.

35 *Ebenroth/Bader*, WM 1991, 661.

36 *Nassar*, Journal of International Arbitration 1997, 185.

Vehikel dafür, daß die Schutzvereinbarung einem Recht zur Prüfung unterstellt wird, das sie möglichst vollständig als gültig anerkennt. Der Verweisungsvertrag ist also zunächst nur mittelbar für den Schutz von Bedeutung.[37]

Ob der Verweisungsvertrag auch unmittelbare Bedeutung in diesem Zusammenhang erlangen kann, ist eine Kernfrage der Untersuchung. Entscheidend ist, ob mit Hilfe des Verweisungsvertrags der Vertrag vor nachträglichen Rechtsänderungen geschützt werden kann. Zu denken ist etwa an eine Verweisung auf ein Recht, so wie es zu einem bestimmten Zeitpunkt Gültigkeit hatte, also eine Rechtswahl nicht bloß in lokaler sondern zugleich auch in temporaler Hinsicht.[38] Prinzipiell ist für die *kollisionsrechtliche Verweisung* und damit für die Gültigkeit des Verweisungsvertrags das Kollisionsrecht maßgeblich.[39] Kennzeichen des Kollisionsrechts ist zwar die Parteiautonomie, also die Freiheit der Parteien das Vertragsstatut selbst zu bestimmen,[40] ob aber das Kollisionsrecht auch über zeitliche Anwendungsfragen des gewählten Rechts befinden kann, ist fraglich. In einem weiten Sinn kann man das Internationale Privatrecht zwar als das Rechtsgebiet umschreiben, das auslandsbezogene Sachverhalte regelt.[41] In Deutschland wird jedoch nach der Legaldefinition des Art. 3 Abs. 1 S. 1 EGBGB die Aufgabe des IPR enger gefaßt. Demgemäß dient das Internationale Privatrecht dazu, bei Sachverhalten, die eine Verbindung zum Recht eines ausländischen Staates aufweisen, die anwendbare Rechtsordnung zu bestimmen. Das Kollisionsrecht trifft also keine eigene Sachentscheidung, sondern beeinflußt diese nur mittelbar, indem es diejenige Rechtsordnung bestimmt, nach der der Sachverhalt beurteilt wird.[42] Betrachtet man die so definierte Aufgabe, so erscheint die Maßgeblichkeit des IPR für Stabilisierungsklauseln zweifelhaft. Schließlich scheint eine Stabilisierungsklausel eine sachrechtliche Festschreibung des Rechts bewirken zu sollen und sachrechtliche Wirkungen sind nicht Aufgabe des Internationalen Privatrechts. Kontrovers dazu stehen etwa Tendenzen der Materialisierung des Kol-

37 *Firsching/von Hoffmann*, Internationales Privatrecht, § 1 A. II 1.

38 einen Überblick über die französische Rechtsprechung bieten: *Foyer/Courbe*, Conflit de lois dans le temps, 13 Rn. 98 ff; m.w.N. *Courbe*, Les objectifs temporels, S. 393; *Lyon-Caen*, Clunet 105 (1978), 889.

39 *Kropholler*, Internationales Privatrecht, § 40 IV.

40 diese Begrifflichkeit ist unbestritten, vgl. *von Bar*, Internationales Privatrecht Bd. II, Rn. 412; *Kropholler*, Internationales Privatrecht, § 40; *Lüderitz*, Internationales Privatrecht, L I 1; *Neuhaus*, Grundbegriffe, § 33; *Schaack*, Zu den Prinzipien der Privatautonomie, Fn. 1; dennoch wird auch in jüngster Zeit immer wieder ungenau von Privatautonomie gesprochen, wenn Parteiautonomie gemeint ist und umgekehrt, vgl. etwa *Gobert*, RIW 1998, 507 oder *Heermann*, Drittfinanzierte Privatgeschäfte, S. 68.

41 *Münchner Kommentar-Sonnenberger*, Einl. IPR Rn. 3.

42 *Firsching/von Hoffmann*, Internationales Privatrecht, § 1 A. II 1.

lisionsrechts oder vom Kollisionsrecht verursachte Versteinerungsfälle. In Anbetracht dieser unterschiedlichen Ansätze ist herauszuarbeiten, ob das internationale Schuldvertragsrecht, so wie es durch das EVÜ in der Europäischen Union normiert wurde, im Grundsatz zur Regelung einer intertemporalen Frage der lex causae herangezogen werden kann.

Im Hinblick auf das EVÜ ist sodann in spezieller Hinsicht fraglich, ob die dort geregelte Parteiautonomie eine zeitliche Rechtswahl gestattet. Nach dem EVÜ ist es grundsätzlich möglich, die Rechtswahl aufzuteilen[43] oder auch nachträglich ein Recht zu wählen[44]. Nun kann etwa überlegt werden, ob nur die intertemporalen Normen des Vertragsstatuts abwählbar sind. Zu untersuchen ist auch, ob etwa eine von Anfang an bedingte nachträgliche Teilrechtswahl zum Ziel der Petrifizierung führen könnte. Denkt man z.B. an die Änderung der gesetzlichen Zinshöhe in dem zweiten Beispielsfall, so ist fraglich, ob die Parteien eine Vereinbarung hätten treffen können, nach der im Fall einer gesetzlichen Zinsänderung gemäß dem osteuropäischen Vertragsstatut deutsches Recht (oder ein anderes Recht, das 4% Verzugszinsen vorschreibt) für die Frage der gesetzlichen Zinshöhe maßgeblich sein soll.

Diese Fragen zur Stabilisierung durch kollisionsrechtliche Vereinbarung sind Gegenstand des *Dritten Teils*.

Weithin wird angenommen, daß eine zeitliche Stabilisierung nur mittels einer *materiellrechtlichen Verweisung* und nicht durch kollisionsrechtliche Verweisung erreicht werden kann.[45] Bei der materiellrechtlichen Verweisung wird auf

---

43 Art. 3 Abs. 1 S. 2 EVÜ; Art. 27 Abs. 1 S. 2 EGBGB.

44 Art. 3 Abs. 2 S. 1 EVÜ; Art. 27 Abs. 2 S. 1 EGBGB.

45 die Möglichkeit einer kollisionsrechtliche Versteinerung **verneinend**: *Audit*, Droit international privé, S. 263 f; *von Bar*, Internationales Privatrecht Bd. II, § 4 II. 5 f; *Batiffol/Lagarde*, Droit international privé, Bd. I, Rn. 334; *Collier*, Conflict of Laws, S. 198; *Collins*, in: Colloque de Bâle, S. 65; *Deby-Gérard*, Le rôle de la règle de conflit, Rn. 331; *Erman-Hohloch*, Art. 27 Rn. 10; *Van Hecke*, Problèmes juridiques des emprunts internationaux, S. 195 f; I.D.I, Art. 8 in: *Annuaire* I.D.I., Vol. 64, Tome II, Session de Bâle; *Lagarde*, Revue critique de droit international privé 1991, 301 f; *Loussouarn/Bourel*, Droit international privé, S. 245; *Mayer*, Droit international privé, Rn. 256; *Merkt*, Investitionsschutz, S. 196; *Morris/McClean*, The Conflicts of Laws, S. 261; *Münchner Kommentar-Martiny*, Art. 27 Rn 24; *Neuhaus*, Grundbegriffe, § 33 IV 5; *Püls*, Parteiautonomie S. 178; *Reithmann-Martiny*, Internationales Vertragsrecht, Rn. 66; *Rigaux*, Droit international privé, Bd. I, Rn. 387; *ders./Fallon*, Droit international privé, Bd. II, Rn. 1292; *Simitis*, JuS 1966, 217; *Soergel-von Hoffmann*, Art. 27 Rn. 23; *Staudinger-Firsching*, Vor Art.12 aF, Rn. 332; *Staudinger-Magnus*, Art. 27 Rn. 41; *Stoll*, Vereinbarungen zwischen Staat und ausländischem Investor, S. 82 f; *dies.*, RIW 1981, S. 810; *Wengler*, Internationales Privatrecht, Bd. I., S. 545 f; *Wolff*, Private International Law, S. 423 f; *Wood*, Comparative Financial Law, 14-6 ff; **bejahend**: *Bucher*, Droit international privé suisse,

ein Recht verwiesen, das dann Bestandteil des Vertrages werden soll. Folge ist, daß Änderungen in diesem Recht den Vertrag zwar nicht mehr tangieren, daß aber weiterhin das zwingende Recht des Vertragsstatuts maßgeblich bleibt.[46] Mittels einer kollisionsrechtlichen Verweisung hingegen kann man sich auch über das zwingende lokale Recht hinwegsetzen, dafür bleiben aber die Änderungen der zwingenden Normen des gewählten Rechts nach überwiegender Auffassung beachtlich.[47] Will man zumindest durch Verwendung einer materiellrechtlichen Verweisung den Schutz vor dispositiven Rechtsänderungen erreichen, so stellen sich grundsätzliche Fragen zur materiellrechtlichen Verweisung, etwa ob sie ein Verweisungsvertrag wie bei einer kollisionsrechtlichen Verweisung verlangt oder ob eine Einbeziehung in den Vertrag wie bei AGB ausreicht. Fraglich ist auch das Verhältnis von materiellrechtlicher Verweisung zum EVÜ, sowie weitere Einzelheiten hinsichtlich Verweisungsgegenstand, dem Verhältnis von ausdrücklichen Vertragsbestimmungen zu dem inkorporierten Recht, oder der Interpretation des einbezogenen Rechts. Zur Lösung der aufgeworfenen Fragen im Kontext mit der materiellrechtlichen Verweisung soll der *Vierte Teil* beitragen.

(c) Gerichtsstandsvereinbarung/Schiedsgerichtsvereinbarung

Es mag verwundern, die Wahl des Entscheidungskörpers mit einem den Vertrag stabilisierenden Effekt versehen zu wollen. Denn in diesem Teil des internationalen Vertrages kann kein direkter Einfluß auf die den Vertrag entscheidenden Regelungen getroffen werden. Es muß jedoch bedacht werden, daß es letztlich auf das Entscheidungsgremium ankommt, inwiefern den vereinbarten Schutzmechanismen ein durchsetzender Effekt zugebilligt wird.[48] Absicherungsversuche

---

Rn. 333; *Courbe*, Les objectifs temporels, Rn. 378 ff; *Fouchard*, in: Colloque de Bâle, S. 163 f; *Knittel* Geltendes und nicht geltendes Auslandsrecht im Internationalen Privatrecht S. 74 ff; *Palandt-Heldrich*, Art. 32 Rn. 1; *Sandrock*, FS Riesenfeld, S. 21 ebenfalls abgedruckt in: *ders.* Internationales Wirtschaftsrecht S. 29 ff; *ders.*; Handbuch der internationalen Vertragsgestaltung Rn. 34 ff; *Schröder*, Internationales Vertragsrecht S. 30 (etwas kritischer nun *Schröder/Wenner*, Internationales Vertragsrecht (2. Aufl.), Rn. 125 ff; wohl auch *Kappus*, IPRax 1993, 140; **einschränkend bejahend** nur für Verträge ohne erhöhten Sozialbezug *Vischer* FS Keller, S. 552; möglicherweise auch in diese Richtung weisend: *Kropholler*, Internationales Privatrecht, § 52 II 3d.

46 *Kegel*, Internationales Privatrecht, § 18 I 1 b; *Simitis*, JuS 1966, 210 f.

47 s. Fn.45.

48 *Bosch*, Vertragliche Regelungen in internationalen Kreditverträgen, S. 125 weist darauf hin, daß der Grund dafür, daß Stabilisierungsklauseln kaum Eingang in internationale Kreditverträge gefunden haben, darin liegt, daß solche Regelungen wohl

der Parteien gegen eine nachträglich eingeführte Rechtsänderung haben regelmäßig nur dann Aussicht auf Erfolg, wenn das Forum außerhalb des Vertragsstatuts, dessen Änderung in Frage steht, gelegen ist.[49] Weiterhin ist bedenkenswert, daß bislang nur Schiedsgerichte und der Internationale Gerichtshof Stabilisierungsklauseln zu Geltung verholfen haben.[50] Gerade in State Contracts ist die Schiedsgerichtsbarkeit ein verfahrensmäßiges Mittel zur Erhöhung der Rechtssicherheit, da nicht in jedem Fall die Unabhängigkeit und Objektivität der nationalen Gerichte in den Investitonsstaaten gesichert ist.[51] In Anbetracht dessen zeigt sich, daß ein Schutz durch die Bestimmung des maßgeblichen Forums zwar besteht, daß dieser aber in erster Linie faktischer Natur ist; der Fortgang der Arbeit konzentriert sich hingegen auf den rechtlichen Schutz, den die Parteien durch ent-

---

nur in Verbindung mit einer Schiedsgerichtsklausel (die in internationalen Finanzierungsverträgen nur selten vorkommen) zweckmäßig sind; s. zur Bedeutung des Zusammenhangs zwischen Investition und Schiedsgerichtsbarkeit *Jayme,* Rechtsprobleme französischer und deutscher Unternehmer bei Investitionen in anderen Ländern, S. 235 ff.

49 *Vischer*, FS Keller, S. 556.

50 Stabilisierungsklauseln spielten eine Rolle bei: Lena Goldfields, Ltd. ./. Government of the USSR, Cornell L.Q. 36 (1950/51), 42; United Kingdom ./. Iran ICJ Rep. (1952), 93; Saudi Arabia ./. Arabian American Oil Company (ARAMCO), Int.L.Rep. 27 (1963), 117; Sapphire International Petroleums Ltd. ./. National Iranian Oil Company (NIOC) Int.L.Rep. 35 (1967), 136; BP Exploration Company (Libya), Ltd. ./. Government of the Libyan Arab Republic, Int.L.Rep. 53 (1979), 297; Texaco Overseas Petroleum Company (TOPCO), California Asiatic Oil Company (CALASIATIC) ./. Gouvernement de la Republique Arabe de Libye, Clunet 104 (1977), 350; Libyan American Oil Company (LIAMCO) ./. Government of the Libyan Arab Republic, Int.Leg.Mat. 20 (1981), 1; AGIP S.P.A. ./. Gouvernement de la Republique Populaire du Congo, Riv.dir.int. 64 (1981), 863; Elf Aquitaine Iran (France) ./. National Iranian Oil Company, Rev.arb. 1984, 401; American Independent Oil Company (AMINOIL) ./. The Government of the State of Kuwait, Int.Leg.Mat. 21 (1982), 976; Klöckner Industrieanlagen GmbH, Klöckner Belge S.A., Klöckner Handelsmaatschappij ./. Republique Unie du Cameroun, Clunet 111 (1984), 409; QUESTECH, Inc. ./. The Ministry of National Defence of the Islamic Republic of Iran, Iran-U.S. Claims Trib.Rep. 9 (1985 II), 107; Liberian Eastern Timber Corporation (LETCO) ./. Government of the Republic of Liberia, Int.Leg.Mat. 26 (1987), 647; AMOCO International Finance Corporation ./. The Government of the Islamic Republic of Iran, Iran-U.S. Claims Trib.Rep. 15 (1987 II), 189; Mobil Oil Iran Inc. et al. ./. Government of the Islamic Republic of Iran, National Iranian Oil Company (NIOC), Iran-U.S. Claims Trib.Rep. 16 (1987 III), 3; Maritime International Nominees Establishment ./. Government of the Republic of Guinea (Case No. Arb/84/4/1989), 14 Yb Comm. Arb. 82, Article 13; Wintershall AG ./. Government of Qatar, LAR 1990, 81.

51 *Böckstiegel,* Rechtsschutz der Auslandsinvestitionen durch Schiedsgerichte, S. 35.

sprechende Vereinbarungen erreichen können, so daß der verfahrensmäßige Schutz im folgenden *nicht untersucht* wird.

C. Zentrale Fragestellung und Gang der Arbeit

Die einleitenden Erwägungen vorausgeschickt, lautet die hier zu untersuchende, konkrete wissenschaftliche Fragestellung:

Welches sind die Grenzen und Wirkungsweisen der kollisionsrechtlichen und materiellrechtlichen Verweisung im Rahmen einer Stabilisierungsklausel vor dem Hintergrund des EVÜ?

In Anbetracht dieser Fragestellung ist der Gang der vorliegenden Arbeit der folgende:

Der *zweite Teil* beschäftigt sich mit dem Begriff der Stabilisierungsklausel, den unterschiedlichen Spielarten dieser Klausel und den dahinterstehenden denkbaren Rechtstechniken.

Der *dritte Teil* ist der Frage gewidmet, ob in Anbetracht des EVÜ eine zeitliche Fixierung des gewählten Statuts mittels einer kollisionsrechtlichen Verweisung möglich ist.

Der *vierte Teil* hat die materiellrechtliche Verweisung zum Gegenstand und es werden einzelne Fragen zu dieser Verweisungsform untersucht, beispielsweise bezüglich der Notwendigkeit eines Verweisungsvertrages, bezüglich dem Verhältnis der materiellrechtlichen Verweisung zum EVÜ und in Bezug auf mögliche Verweisungsgegenstände.

Am Schluß werden die *Ergebnisse* zusammengefaßt.

Zweiter Teil: Die Stabilisierungsklausel

In diesem Teil wird zunächst untersucht, was der Begriff der Stabilisierungsklausel bedeutet (A.). Im Anschluß werden einige aus Praxis und Schrifttum bekannte Risikoschutzklauseln vorgestellt und dahingehend überprüft, ob es Stabilisierungsklauseln sind (B.). Sodann wird aufgezeigt, nach welchen Grundsätzen Stabilisierungsklauseln bislang kategorisiert wurden und es wird eine eigene Typisierung durchgeführt (C.).

A. Begriff der Stabilisierungsklausel

I. Keine Beschränkung auf die Verwendung in State Contracts

Die Stabilisierungsklausel wurde im Ersten Teil der Untersuchung als Klausel in einem internationalen Vertrag vorgestellt, der die Aufgabe zukommt, den Vertrag vor Änderungen des anwendbaren Rechts zu bewahren.[52] Aus dieser Umschreibung einer Stabilisierungsklausel kann nicht auf einen besonderen Status der Parteien geschlossen werden. Indes wird in der Literatur von Stabilisierungsklauseln zumeist ausschließlich im Zusammenhang mit State Contracts gesprochen.[53] Daß diese Klauseln im Zusammenhang mit Verträgen zwischen Staaten und ausländischen Privaten behandelt werden, ist darauf zurückzuführen, daß in der Praxis bislang Stabilisierungsklauseln in erster Linie bei solchen Verträgen Anwendung fanden.[54] Fraglich ist, ob dieser Umstand einen Rückschluß darauf zuläßt, daß entsprechende Klauseln in Verträgen ohne eine staatliche Beteiligung, also in Abreden zwischen Privaten, nicht als Stabilisierungsklausel bezeichnet werden sollten. Tatsächlich beschränken einige Autoren den Begriff der Stabilisierungs-

52 s. Erster Teil B.II.1.

53 *Catranis*, RIW 1982, 22, 24; *Ebenroth/Bader*, WM 1991, 661; *Ebenroth*, JZ, 1987, 269; *Herdegen*, Internationales Wirtschaftsrecht, S. 206; *Horn*, in: Die Anpassung langfristiger Verträge, S. 22; *Kischel*, State Contracts, S. 72 ff, 356 f; *Mengel*, RIW 1983, 739; *Schanze*, Investitionsverträge, S. 123; *Weil*, Mélanges Rousseau, S. 300.

54 s. zu Fällen, in denen eine Stabilisierungsklausel eine Rolle spielte, Fn. 50

klausel ausdrücklich auf die Verwendung in State Contracts.[55] In Kontrast dazu verwenden andere Autoren[56] und das Institut de Droit International[57] den Begriff der Stabilisierungsklausel ausdrücklich (oder dem Kontext nach)[58] auch bei Verträgen zwischen Privaten. Eine eindeutige Behandlung des Begriffes der Stabilisierungsklausel ist daher nicht festzustellen.[59] Eine Auffassung spiegelbildlich zu der Ansicht, daß Stabilisierungsklauseln nur in State Contracts auftauchen, besteht im Hinblick auf "Versteinerungsklauseln", die nach einer Literaturmeinung nur in Verträgen zwischen Privaten Anwendung finden sollen und nicht ebenfalls in State Contracts.[60]

Der Wortsinn der Bezeichnungen "Stabilisierungsklausel" und "Versteinerungsklausel" legt es jedenfalls nicht nahe, daß sie für eine Unterscheidung nach der Rechtsqualität der Parteien stehen. Übliche Unterscheidungskriterien und Grundlage für unterschiedliche Bezeichnungen sind vielmehr Aufgabe, Formulierung und Technik der Klauseln. Bei anderen Klauseln ist deshalb die Rechtsqualität des Verwenders kein Unterscheidungsmerkmal, das eine unterschiedliche Begrifflichkeit zur Folge hätte. Der Begriff der "Unberührbarkeitsklausel" ist beispielsweise durch Aufgabe, Formulierung und Technik der Klausel geprägt und es gibt keine unterschiedlichen Begriffe für gesetzliche Unberührbarkeits-

---

55 *von Bar*, Internationales Privatrecht Bd. II, S. 356; *Erman-Hohloch*, Art. 27, Rn. 10; *Kahn*, Rev. arbitr. 1985, 657 ff; *Merkt*, Investitionsschutz, S. 35; *Sandrock*, Versteinerungsklauseln, S. 215; *Staudinger-Magnus*, Art. 27, Rn. 40 ff.

56 *Jayme*, IPRax 1991, 429; *Laviec*, Protection et Promotion des Investissements, S. 262 verweist auf eine Verwendung von Stabilisierungsklauseln in Verträgen zwischen privaten Parteien vor dem Jahr 1945.

57 im Zusammenhang mit Fragen zur Parteiautonomie bei internationalen Verträgen unter Privaten wurde auf der 65. Sitzung des Institut de Droit International in Basel von Stabilisierungsklauseln gesprochen; *Annuaire* I.D.I., Vol. 64, Tome I, Session de Bâle, S. 44 f, 63; *Annuaire* I.D.I., Vol. 64, Tome II, Session de Bâle, S. 188 ff; *Jayme*, IPRax 1991, 429.

58 *Bucher*, Droit international privé suisse, Rn. 333; *Delaume*, Transnational Contracts, § 2.06, S. 22 verwendet bei Verträgen zwischen Privaten gleichermaßen die Begriffe "stabilize" und "freeze"; *Kappus*, IPRax 1993, 138; *Schröder/Wenner*, Internationales Vertragsrecht, Rn. 125; *Soergel-von Hoffmann*, Art. 27 Rn. 23.

59 so auch *Münchner Kommentar-Martiny*, Art. 27 EGBGB Rn. 23; *Soergel-von Hoffmann*, Art. 27, Fn. 43 m.w.N.; a.A. *Merkt*, Investitionsschutz, S. 35, der davon ausgeht, daß über den Begriff der Stabilisierungsklausel weitgehend Einigkeit herrscht.

60 *von Bar*, Internationales Privatrecht Bd. II, S. 355; *Schröder*, Internationales Vertragsrecht, S. 30; *Sandrock*, Versteinerungsklauseln, S. 214; andere sprechen auch im Zusammenhang mit State Contracts von Versteinerungsklauseln, vgl. *Hiby*, Desinvestitionen im internationalen Recht, S. 153; *Merkt*, Investitionsschutz, S. 161; *Oschmann*, Festgabe für Sandrock, S. 28; *Reithmann/Martiny-Martiny*, Internationales Vertragsrecht, Rn. 65 ff.

klauseln, also solchen, die einseitig vom Staat bestimmt werden,[61] und Unberührbarkeitsklauseln in internationalen Verträgen.[62]

Beschränkt man den Begriff der Stabilisierungsklausel auf die Verwendung in State Contracts und den Begriff der Versteinerungsklausel auf die Verwendung in Verträge zwischen Privaten, dann besteht zudem die Gefahr, daß man sich den Blick auf die Rechtstechniken versperrt, die hinter den Klauseln stehen, da man die Klauseln begrifflich mit der Rechtsqualität der Parteien und nicht mit der Rechtsqualität der Klauseln verbindet. Damit soll keineswegs behauptet werden, daß es für die rechtliche Bewertung der Klausel nicht darauf ankommen kann, ob ein Vertragspartner ein Staat ist oder nicht. Gerade die Tatsache, daß einem der Vertragspartner Staatsqualität zukommt, kann bestimmte Stabilisierungstechniken erst möglich machen (z.B.: der Staat verspricht dem ausländischem Investor, die Gesetze nicht nachträglich zu seinen Lasten zu ändern). Schlüssig wäre es deshalb auch, wenn solche Klauseln, die ausschließlich durch die Besonderheiten der staatlichen Beteiligung Wirkung entfalten können, "Stabilisierungsklauseln" genannt würden, weil dann nicht das Wesen des Vertragspartners zum Unterscheidungskriterium wird, sondern eine Rechtstechnik, die die staatliche Macht der einen Partei voraussetzt. Gerade aber an der Versteinerungsklausel zeigt sich, daß solch eine Unterscheidung nicht wirklich vollzogen wird: Denn auch wenn zur Stabilisierung in einem State Contract eine Versteinerungstechnik gewählt wird, die ihre Gültigkeit nicht aus den Besonderheiten eines State Contract begründen will, wird solch eine Klausel als Stabilisierungsklausel bezeichnet.[63] Eine ausschließliche Verwendung des Begriffs der Stabilisierungsklausel für Vertragsklauseln, deren zugrunde liegende Technik nur wegen der Beteiligung eines Staates als Vertragspartner Hoffnung auf Wirksamkeit hat, wird also von Literaturstimmen, die Klauseln in privaten Verträgen nicht als Stabilisierungsklauseln ansehen, nicht vollzogen.

Es wird daher vorgeschlagen, gleichlautende Klauseln unabhängig von dem Status der Vertragsparteien auch unter gleichlautende Überschriften zu fassen. Allein die Rechtsqualität einer Partei rechtfertigt noch keine andere Begriffsverwendung für eine sonst identische Vertragsklausel. Daher sind auch Stabilisierungsklauseln begrifflich nicht auf Klauseln in State Contracts beschränkt und der Begriff der Versteinerungsklausel nicht auf Verträge zwischen Privaten.

---

61 *Böckel*, Instrumente der Einpassung neuen Rechts in die Rechtsordnung, S. 70 ff.

62 siehe Zweiter Teil A.III.3.

63 siehe für Beispiele für Versteinerungsklauseln in State Contracts *Merkt*, Investitionsschutz, Fn. 45 ff und Anhang I.

II. Definition der Stabilisierungsklausel

Als Definition für eine Stabilisierungsklausel in der Funktion eines Oberbegriffes wird folgende Formulierung vorgeschlagen:

Eine Stabilisierungsklausel ist eine vertragsinterne Bestimmung in einem internationalen Vertrag, die die Vereinbarungen in diesem Vertrag beständig machen soll, indem sie ihn automatisch pauschal oder partiell vor Rechtsänderungen schützt.

Stabilisierungsklauseln sind nach dieser Definition vertragliche Schutzklauseln mit der Zielvorgabe, den Vertrag automatisch vor verschiedenen rechtlichen Einflüssen zu bewahren. Mit dieser Definition wird der Begriff auf *internationale Verträge* beschränkt.[64] Mit diesem Verständnis der Stabilitätsklausel wird der Begriff auch auf *automatischen* Schutz[65] und auf Schutz vor *nachträglichen Rechtsänderungen*[66] beschränkt. Im übrigen ist damit aber eine weite Definition für Stabilisierungsklauseln gewählt. Stabilisierungsklauseln werden somit als Oberbegriff[67] verstanden und eine Vielzahl von Vertragsschutzklauseln werden von diesem Oberbegriff erfaßt. Dabei ist die Stabilisierungsklausel selbst wiederum lediglich ein Unterfall von Risikoschutzklauseln in internationalen Verträgen, wozu etwa Bestimmungen über die Erfüllungsweise, die Gewährung von Sicherheiten, die Gleichbehandlung der Gläubiger im Konsortium oder den Ersatz von Kosten und Steuern zählen.[68] Demgemäß ergibt sich folgende Einteilung: Zunächst die Familie der Risikoschutzklauseln, darunter die Gruppe der Stabilisierungsklauseln, und schließlich die Spielarten der Stabilisierungsklauseln, die nun im folgenden dargestellt werden.

---

64 siehe zur Abgrenzung zu Abschirmungsklauseln Zweiter Teil A.III.18.

65 von automatischen Anpassungsklauseln spricht in diesem Zusammenhang auch *Hiby*, Desinvestitionen im internationalen Recht, S. 172.

66 ausdrücklich versteht auch *Peter*, Arbitration and Renegotiation, S. 136, unter Stabilisierungsklauseln nur solche, die vor nachträglichen Rechtsänderungen bewahren sollen.

67 auch *Merkt*, Investitionsschutz, S. 35 ff versteht Stabilisierungsklauseln als Oberbegriff, allerdings zum einen auf Klauseln in State Contracts, und zum anderen auf Klauseln, die vor nachträglichen Änderungen des Gaststaatrechts schützen sollen, beschränkt.

68 für Kreditverträge etwa *Bosch*, in: Vertragliche Regelungen in internationalen Kreditverträgen, S. 121; vgl. *Weil*, Mélanges Rousseau, S. 300, der von "clauses de protection" als Oberbegriff für Stabilisierungs- und Unberührbarkeitsklauseln spricht.

III. Typen von Stabilisierungsklauseln

Nun werden Vertragsklauseln vorgestellt, die im Zusammenhang mit dem Begriff der Stabilisierungsklausel (stabilization clause,[69] clause de stabilisation) in der Literatur oder in der Praxis Erwähnung gefunden haben. Wesentliche Charakteristika einer Stabilisierungsklausel sind nach der vorgeschlagenen Definition[70] die Intention der Klausel, die Absprachen eines internationalen Vertrages beständig zu machen und vor späteren Rechtsänderungen automatisch zu schützen. Vor diesem Hintergrund werden die gefundenen Vertragsklauseln dahingehend untersucht, ob sie zur Gruppe der Stabilisierungsklauseln rechnen. Auf die rechtliche Zulässigkeit der Verwendung dieser Klauseln wird hier nicht eingegangen, vielmehr soll die Voraussetzung geschaffen werden, die Rechtmäßikeit der Verwendung bestimmter Stabilisierungstechniken, die hinter den Stabilisierungsklauseln stehen, im Dritten und Vierten Teil der Arbeit zu untersuchen. Die vorgestellten Klauseln sind ein pars pro toto all der denkbaren Varianten und dienen als Überblick.

1. Versteinerungsklausel

Eine Versteinerungsklausel[71] liegt vor, wenn eine Rechtswahl mit der Abrede verbunden wird, daß nur das an einem bestimmten Stichtag geltende Recht gelten und spätere Rechtsänderungen unbeachtlich sein sollen.[72] Das Recht soll also mit demjenigen Inhalt maßgeblich sein, welchen es zu einem bestimmten Zeitpunkt hat.[73] Dies gilt auch für Rechtsänderungen, die sich Rückwirkung beilegen.[74] Die Versteinerungsklausel gehört somit zur Familie der Stabilisierungsklauseln, da durch die Festschreibung eines Rechtszustandes automatisch Rechtsänderungen nach Abschluß des Vertrages irrelevant für den Vertrag sein sollen. Teilweise

---

69 Schreibweise im englischen uneinheitlich, z.T. auch stabilisation clause, vgl. *Bartels*, Contractual Adaptation and Conflict Resolution, S. 15 ff; *Dicey & Morris*, The Conflict of Laws, S. 1218 f; *Maniruzzami*, Journal of International Arbitration 1998, 87.

70 siehe Zweiter Teil A.II.

71 zum Verständnis des Begriffes der juristischen Versteinerung siehe *Steinwenter*, Juristische Blätter 1956, 457.

72 *Palandt-Heldrich*, Art. 32 Rn. 1; *Soergel-von Hoffmann*, Art. 27 Rn. 23.

73 *Münchner Kommentar-Martiny*, Art. 27 Rn. 23; wenn nicht das Recht in seiner Fassung zu einer bestimmten Zeit gewählt wird, sondern wenn die Rede davon ist, daß nachträgliche Rechtsänderungen keine Wirkung für den Vertrag haben sollen, wird laut *Merkt*, Investitionsschutz, S. 44 m.w.N. die Versteinerung lediglich in negativer Form umschrieben.

74 *Reithmann/Martiny-Martiny*, Internationales Vertragsrecht, Rn. 66.

werden derartige Klauseln auch Arretierungsklauseln,[75] Einfrierungsklauseln[76] (freezing clauses[77], clauses gel de droit,[78] clauses de pétrification,[79] clauses pétrifiante[80]) oder "stand still" – Vereinbarung[81] genannt. Manche Klauseln, wie das folgende Beispiel, sollen nicht bloß die Gesetze, sondern ihrem Wortlaut nach auch die Rechtsprechung versteinern:[82]

"Any arbitral tribune (...) shall (...) in interpreting and applying any agreements, documents, legislation, orders, and other instruments with which the dispute is concerned, apply the law of the Republic of Zambia (...) as it existed on the 24th December, 1969, disregarding all legislation, instruments, orders, directions and court decisions having the force of law in Zambia (...) adopted, made, issued or given subsequent to that date, it being the intention of the parties hereto that such decisions shall be made as if decided on that date under Zambian law (...)"

Als Termin für die Versteinerungswirkung wird zumeist der Zeitpunkt des Vertragsabschlusses bestimmt; bekannt sind aber auch Klauseln, die auf andere Zeitpunkte, wie etwa den Zeitpunkt des Wirksamwerdens oder der Unterzeichnung des Vertrages, abstellen.[83] Erwähnung verdient, daß der Begriff der Versteinerungsklausel neuerdings auch in anderem Kontext gebraucht wird, nämlich bei einem Verpflichtungsversprechen der Gesellschafter eines Unternehmens dem Vertragspartner des Unternehmens gegenüber, ihre Anteile während der Dauer des Vertragsverhältnisses zu halten, also die Anteile nicht auf Dritte zu übertragen oder zu verpfänden, und die Unternehmensverträge nicht zu kündi-

---

75 *Heß*, Intertemporales Privatrecht, S. 377; *IPRG Kommentar*, Sachregister; *Vischer*, FS Keller, S. 549.

76 *Kropholler*, Internationales Privatrecht, § 52 II 3. d); *Staudinger-Magnus*, Art. 27 Rn. 41, spricht vom "einfrieren des Zustandes des gewählten Rechts auf einen bestimmten Zeitpunkt"; sowohl von Versteinerungsklauseln als auch von freezing clauses spricht *Hiby*, Desinvestitionen im internationalen Recht, S. 172.

77 *Wälde*, Denver Journal of International Law and Policy 1978, 65; von "freeze provisions" spricht *Hiefner*, Völkerrechtliche Grenzen hinsichtlich der Vertragsfreiheit, S. 131.

78 *Dutoit*, Commentaire, Art. 13 Rn 5; *IPRG Kommentar/Heini*, Art. 13 Rn. 8.

79 *Courbe*, Les objectifs temporels, Rn. 381, 385, 387; *Rigaux/Fallon*, Droit international privé Bd. 2, Rn. 1292.

80 *Annuaire* I.D.I., Vol. 64, Tome II, Session de Bâle, S. 135; *Jayme*, in: *Annuaire* I.D.I., Vol. 64, Tome I, Session de Bâle, S. 45.

81 *Kappus*, IPRax 1993, 140.

82 Fundstelle bei *Peter*, Arbitration and Renegotiation, S. 137 f.

83 *Merkt*, Investitionsschutz, S. 42 m.w.N., der auch auf das Gegenteil von Versteinerungsklauseln in State Contracts, nämlich auf "Tagesrechtsklauseln" (Klauseln, die bestimmen, daß das gaststaatliche Vertragsstatut in seiner Fassung vom jeweiligen Tag anzuwenden ist), hinweist.

gen.[84] Hier geht es aber tatsächlich nicht um die Versteinerung einer Rechtsordnung, sondern um den Verzicht bestimmte rechtliche Möglichkeiten zu realisieren, weshalb der Begriff der Verzichtsklausel hier vorzugswürdig erscheint.[85]

2. *Inkorporationsklausel*

In Zusammenhang mit dem Begriff der Versteinerungsklausel wird teilweise auch der Begriff der Inkorporation oder der Inkorporationsklausel gebracht.[86] Dies scheint auf den ersten Blick richtig, da auch durch die Inkorporationsklausel wie durch die Versteinerungsklausel das Ziel erreicht werden soll, daß spätere Änderungen des gewählten Rechts für die rechtliche Beurteilung des Vertrages nicht mehr maßgeblich sein sollen. Andererseits enthält der Begriff der Inkorporation bereits eine Aussage für eine bestimmte Rechtstechnik, wonach die entsprechenden Normen als Vertragsbestandteil gelten sollen. Das gewählte Recht soll also durch Einbeziehung in den Vertrag vor Änderungen geschützt werden.[87] Entscheidend ist die Integration in den Vertrag als Vertragsbestandteil, so wie etwa auch AGB Vertragsbestandteil werden.[88] Konsequenterweise ist darum der Begriff der Inkorporationsklausel in der Rechtspraxis nicht auf eine Einbeziehung ausländischer Gesetze in den Vertrag beschränkt, sondern umfaßt auch die Aufnahme anderer Regelungsgefüge in den Vertrag. Der Begriff der Inkorporationsklausel findet sich beispielsweise auch im Zusammenhang mit großen Bauprojekten, nämlich bei der Einbeziehung von Regelungen des Hauptvertrages in Subunternehmerverträge. Dort soll die Verwendung einer Inkorporationsklausel dafür Sorge tragen, daß die Regelungen des Hauptvertrages entsprechend gelten,

---

84 *Schneider*, FS Zöllner, Bd. I., S. 545, 551; folgendes Beispiel bietet *Siebel*, Rechtsfragen internationaler Anleihen, S. 454: "Solange Verbindlichkeiten der BASF Brasileira aus der Anleihe ausstehen, wird die BASF AG das rechtliche und das wirtschaftliche Eigentum an den Gesellschaftsanteilen der BASF Brasileira unmittelbar oder mittelbar mehrheitlich halten mit dem Stimmrecht und diese Gesellschaftsanteile nicht verpfänden oder in irgendeiner anderen Weise unmittelbar oder mittelbar belasten oder anderswie darüber verfügen (...)"

85 s. zur Verzichtsklausel Zweiter Teil A.III.4.

86 *Peter*, Arbitration and Renegotiation, S. 137; *Stoll*, Vereinbarungen zwischen Staat und Investor, S. 83; *Weil*, Mélange Rousseau, S. 310.

87 *Stoll*, Vereinbarungen zwischen Staat und Investor, S. 83; auch *Merkt*, Investitionsschutz S. 43, er tritt für eine Unterscheidung von Inkorporationsklauseln und Versteinerungsklauseln ein, da die Inkorporation als materiellrechtliche Rechtswahl zu verstehen sei.

88 s. dazu Vierter Teil B.I.

die verschiedenen Verträge sollen dadurch inhaltlich harmonisiert werden.[89] Zeigt sich also, daß die Inkorporation keine auf den Schutz vor nachträglichen Rechtsänderungen beschränkte Technik ist, so ist dies ein Argument gegen eine Gleichsetzung des Begriffs der Inkorporation mit dem der Versteinerung. Zudem ist zu bedenken, daß die Versteinerung nicht notwendigerweise auf die Inkorporationstechnik angewiesen ist. Eine Versteinerungsklausel kann zwar möglicherweise durch die Rechtstechnik der Inkorporation Geltung erlangen, in Betracht kann als andere Versteinerungstechnik aber auch die Verweisung auf eine Rechtsordnung in ihrem Bestand zu einer bestimmten Zeit kommen, so daß die Normen nicht inkorporiert werden, sondern daß sie in einer temporalen Dimension gewählt werden.[90]

Trennt man daher besser die Begriffe der Inkorporation und der Versteinerung, so ist doch die Inkorporationsklausel wie die Versteinerungsklausel eine typische Stabilisierungsklausel, weil sie den internationalen Vertrag selbständig vor späteren Rechtsänderungen bewahren soll. Als Beispiel für eine Inkorporationsklausel dient folgende Vereinbarung zwischen Texaco-Mauretania, Inc. und Mauretanien:[91]

"La législation minière stabilisée pour la durée de la présente convention fait l'objet des textes dont la liste figure à l'annexe I de la présente convention et en fait partie intégrante (...)"

3. *Unberührbarkeitsklausel*

Unberührbarkeitsklauseln[92] (clauses of non-intervention; clauses d'intangibilité[93]) sind nicht auf den Schutz vor Änderungen im objektiven Recht beschränkt, sondern sollen auch vor hoheitlichen Einzelfallmaßnahmen schützen.[94] Die Erweiterung auf den Schutz vor staatlichen Einzelfallmaßnahmen verdeutlicht, daß die Unberührbarkeitsklauseln nur in Absprache mit dem eingriffsbefugten Staat, also in erster Linie in State Contracts, zu finden sind. Teilweise werden Unberührbarkeitsklauseln auch ausschließlich dahingehend verstanden, daß sie nur vor staatlichen Einzelfallmaßnahmen schützen sollen, nicht aber vor Änderungen im

---

89 s. zu Inkorporationsklauseln in Subunternehmerverträgen *Thode/Wenner*, Internationales Architekten- und Bauvertragsrecht, Rn. 95; *Vetter*, NJW 1987, 2125; s.a. *Soergel-von Hoffmann*, Art. 28 Rn. 207.

90 so etwa *Schröder*, Internationales Vertragsrecht, S. 29 f.

91 Fundstelle bei *Delaume*, Transnational Contracts Bd. 1, § 2.07, Fn. 13.

92 z.T. auch Unantastbarkeitsklausel genannt, vgl. *Kischel*, State Contracts, S. 75.

93 *Bucher*, Droit international privé suisse, Rn. 240; *Laviec*, Protection et promotion des investissements, S. 262; *Weil*, Mélanges Rousseau, S. 308 ff.

94 *Merkt*, Investitionsschutz, S. 53.

objektiven Recht.[95] Nach beiden Auffassungen sind Unberührbarkeitsklauseln jedenfalls als Stabilisierungsklausel zu qualifizieren, denn sie sollen vor nachträglichen Rechtsänderungen (je nach Verständnis vor generellen Rechtsänderungen oder bloß vor individuellen Rechtsänderungen auf Grund von Einzelfallmaßnahmen) selbsttätig schützen. Im Kontrast zur Versteinerungsklausel erfolgt durch die Unberührbarkeitsklausel jedoch keine pauschale Verweisung auf einen bestimmten Rechtszustand.[96] Während durch die Versteinerung und die Inkorporation die Rechtsänderungen den Vertrag nicht mehr betreffen sollen, sollen durch die Unberührbarkeitsklausel die Rechtsänderungen selbst, soweit sie den Vertrag betreffen, nicht möglich sein.[97] Dazu folgendes Beispiel aus einem Ölförderungsvertrag zwischen dem Investor AGIP und Iran/National Iranian Oil Company (NIOC):[98]

"No general or special legislation or administrative measure or any other act whatsoever of or emanting from the Government or any governmental authority in Iran (whether central or local) or from First Party (NIOC) shall annul this Agreement, amend or modify its provisions or prevent or hinder the due and effective performance of its terms. Such annulment, ammendment or modification shall not take place except by the agreement of the parties."

Abzugrenzen sind die hier interessierenden Unberührbarkeitsklauseln in internationalen Verträgen von gesetzlichen Unberührbarkeitsklauseln, die im Zusammenhang mit der Einpassung neuen Rechts stehen.[99] Dabei geht es bei diesen Klauseln zwar auch darum, ein bestimmtes Recht oder eine bestimmte Vorschrift für anwendbar zu erklären, obwohl das Recht oder die Vorschrift in Widerspruch zu einer anderen, jüngeren Norm steht. Der Unterschied zur Unberührbarkeitsklausel in einem internationalem Vertrag besteht jedoch darin, daß bei diesen Unberührbarkeitsklauseln nicht Parteien sich in einem Vertrag auf die Unberührbarkeit ihrer Vereinbarung vor Rechtsänderungen einigen, sondern daß der Hoheitsträger altes Recht durch Verwendung einer Unberührbarkeitsklausel trotz entgegenstehendem neuem Recht weiter gelten lassen will.

---

95 so wohl in erster Linie *Weil*, Mélanges Rousseau, S. 307 ff; ihm folgend: *Leboulanger*, Les Contrats entre États et Entreprises Étrangères, S. 92 ff; a.A. *Kischel*, State Contracts, S. 75.

96 *Reithmann/Martiny-Martiny*, Internationales Vertragsrecht, Rn. 68.

97 *Merkt*, Investitionsschutz, S. 44.

98 Fundstelle bei *Böckstiegel*, Der Staat als Vertragspartner ausländischer Privatunternehmen, S. 227.

99 siehe dazu *Böckel*, Instrumente der Einpassung neuen Rechts in die Rechtsordnung, S. 70 ff; abzugrenzen sind sie auch von Unberührbarkeitsklauseln in völkerrechtlichen Verträgen; vgl. Art. 6 des Vertrages über die abschließende Regelung in Bezug auf Deutschland (sog. "Zwei – plus – Vier – Vertrag"), BGBl. II 1990 S. 1317.

4. Verzichtsklausel

Viele Rechtsänderungen, wie z.B. die Veränderung der Höhe der Verzugszinsen in dem anfangs erwähnten zweiten Einführungsfall,[100] bedeuten für eine Partei einen Vorteil, für die andere einen Nachteil. Durch eine Verzichtsklausel einigen sich beide Parteien im Falle einer solchen Rechtsänderung darauf, von solchen für sie neu entstandenen Rechtsvorteilen keinen Gebrauch zu machen.[101] Durch diese Verzichtserklärung soll automatisch die Vereinbarung vor nachträglicher Rechtsänderung geschützt werden, so daß auch Verzichtsklauseln Stabilisierungsklauseln sind. Eine Verzichtsklausel könnte etwa lauten:
"Für den Fall, daß sich in dem gewählten Recht die Bestimmungen zu Fristen, Verzugszinsen oder der Höhe der Haftungsbegrenzung ändern, verzichten die Parteien bereits jetzt auf eine Geltendmachung der geänderten gesetzlichen Bestimmungen."

Zumindest vorstellbar ist, daß in der Verzichtsklausel nicht nur enumerativ auf Vorteile aus konkreten Rechtsänderungen verzichtet wird, sondern daß die Klausel pauschal formuliert wird, so daß im Rahmen des rechtlich möglichen auf sämtliche, durch Rechtsänderung entstehende Vorteile Verzicht geleistet wird. Oftmals sind Verzichtsklauseln auch Gegenstand der Regelungen in State Contracts.[102] In diesen Fällen verzichtet der Hoheitsträger zumeist auf die Ausübung bestimmter Hoheitsrechte. Im Kontrast zur Unberührbarkeitsklausel verzichtet der Staat aber nicht auf die Befugnis einer nachteiligen Änderung des rechtlichen Rahmens, sondern lediglich auf die Ausübung von Rechten, die durch die Modifikation des regulatorischen Umfelds möglich geworden sind.

5. Handcuffs-Clause

Handcuffs-clauses ("Handschellenklauseln") werden, insoweit sie in der Literatur Erwähnung finden, nicht als Unterfall von Stabilisierungsklauseln genannt, sondern von diesen abgegrenzt.[103] Gegenstand einer handcuffs-clause ist die Vereinbarung, daß auch gesetzliche Ansprüche der Parteien nur dann erhoben werden

---

100 s. Erster Teil A.II.

101 *Vischer*, FS für Max Keller, S. 556.

102 s. Zweiter Teil A.I.

103 *Sandrock*, International Lawyer 1997, 1108, der zu Recht darauf hinweist, daß Zweck der Stabilisierungsklausel der Schutz vor Rechtsänderung ist, während es Zweck der handcuffs-clause ist, dafür zu sorgen, daß etwaige Lücken im Vertrag nicht durch überraschende Rechtsbehelfe gemäß dem Vertragsstatut geschlossen werden.

dürfen, wenn sie sich aus dem Vertrag selbst ergeben.[104] Es wird dabei weniger auf den Anspruch verzichtet, als eher auf seine rechtliche Durchsetzung.[105] Daran, daß letztlich bei der Verwendung einer Handschellenklausel auf bestimmte Rechte bzw. Rechtsbehelfe *verzichtet* wird, offenbart sich die Ähnlichkeit von handcuffs-clauses und Verzichtsklauseln. Die Besonderheit einer handcuffs-clause liegt im Vergleich zur Verzichtsklausel aber nicht bloß in ihrer speziellen Beschränkung auf den Verzicht von Rechtsbehelfen, sondern auch darin, daß sich die handcuffs-clause nicht nur gegen neue, durch Rechtsänderung entstandene Rechtsbehelfe wendet, sondern ganz allgemein gegen alle Rechtsbehelfe, die nicht auf die vertraglichen Regelungen zurückzuführen sind.[106] Ausgeschlossen werden soll also auch gegenwärtiges Recht, insoweit es einer Partei Ansprüche ermöglicht, die nicht in dem Vertrag vorgesehen sind. Auf *Sandrock* geht das folgende Formulierungsbeispiel für eine handcuffs-clause zurück:[107]

"Claims for fulfillment or for any other implementation of this contract, claims for damages allegedly arising out of breach of this contract, and any other claims in connection with this contract can only be raised between the parties and against a third party if and insofar as this contract provides for it. Claims therefore, cannot be raised on the basis of any other rule of law embodied only in the law chosen by the parties as proper law of contract."

Die Beschränkung möglicher Ersatzansprüche hat auf den ersten Blick mit dem Schutz vor nachträglicher Rechtsänderung nichts gemein, so daß die Trennung von Stabilisierungsklausel und handcuffs-clause ihre Berechtigung zu haben scheint. Nach dem hier vertretenen Verständnis des Begriffes der Stabilisierungsklausel ist aber auch die handcuffs-clause zumindest hinsichtlich ihrer Wirkung in beschränktem Umfang ein Unterfall der Stabilisierungsklausel. Denn ihr Stabilisierungseffekt liegt darin, daß andere als ausdrücklich vereinbarte Ansprüche nicht einklagbar sind; infolgedessen sollen auch etwaige durch Gesetzesänderung *neu* entstehende Ansprüche nicht von den Parteien geltend gemacht werden können, ein Schutz vor nachträglichen Rechtsänderungen ist also mitenthalten.

6. Nichtanwendungsklausel

Nichtanwendungsklauseln (non-application-clauses, clauses de inopposabilité) bestimmen, daß nachträgliche Rechtsänderungen nicht auf den Vertrag anzuwenden sind.[108] Auch hier handelt es sich wegen des automatischen Schutzes vor

104 *Münchner Kommentar-Martiny,* Art. 27 Rn. 15.
105 *Sandrock,* International Lawyer 1997, 1109.
106 freilich könnte auch eine Verzichtsklausel entsprechend formuliert werden.
107 *Sandrock,* International Lawyer 1997, 1106.
108 *Reithmann/Martin-Martiny,* Internationales Vertragsrecht, Rn. 67.

nachfolgender Rechtsänderung um eine Spielart der Stabilisierungsklausel. So garantiert beispielsweise Tunesien in einem Ölförderungsvertrag dem Investor für die Laufzeit des Vertrages, daß nachträgliche Änderungen im Recht des Gaststaates nicht auf den Vertrag angewendet werden.[109] Damit ist die Nichtanwendungsklausel zwar nicht in ihrer Formulierung, jedoch in ihrer Wirkung eine Verzichtsklausel.[110]

7. *Nichtverschlechterungsklausel*

Dieser Klauseltypus ist eine Qualifikation der zuvor genannten Nichtanwendungsklausel. Das modifizierte Recht soll durch die Kombination mit einer Nichtverschlechterungsklausel (clause de non-aggravation) nur dann nicht anwendbar sein, wenn sich dadurch die Situation für den begünstigten Vertragspartner verschlechtert. Dazu folgendes Klauselbeispiel aus einem Vertrag zwischen dem Senegal und einem Investor:[111]

"(...), il ne sera pas fait application à Berliet-Sénégal (Name des Investors) pendant la durée de la présente convention d'aucune disposition législative ou réglementaire ayant pour effet d'aggraver de façon notable les conditions d'exploitation ou de gestion de l'entreprise découlant des dispositions de la présente convention et de la législation en viguer à la date de sa prise d'effet (...)" (Erläuterung hinzugefügt)

Da diese Klausel lediglich eine Qualifikationsmöglichkeit einer Stabilisierungsklausel darstellt, ist sie selbst kein Unterfall der Stabilisierungsklausel.

8. *Unvereinbarkeitsklausel*

Zur Unvereinbarkeitsklausel (anti-inconsistency-clause) gilt das zur Nichtverschlechterungsklausel Gesagte entsprechend. Auch diese Klausel ist keine selbständige Stabilisierungsklausel, sondern kann nur solche qualifizieren, indem sie anordnet, daß Rechtsänderungen nur dann nicht auf den Vertrag Einfluß haben sollen, wenn sie mit den Bestimmungen des Vertrages unvereinbar sind.[112] Im folgenden steht als Beispiel für die Unvereinbarkeitsqualifikation in Verbindung mit einer Nichtanwendungsklausel eine Regelung aus einem Ölförderungsvertrag

109 Art. 21 des Vertrages zwischen Tunesien und dem Investor T.R.A.P.S.A., Fundstelle bei *Weil*, Mélanges Rousseau, S. 310 f, Fn. 32.

110 s. Zweiter Teil B.IV.4.

111 Fundstelle bei *Kahn*, Clunet 92 (1965), 371.

112 *Peter*, Arbitration and Renegotiation, S. 137.

zwischen der Pan American International Oil Company und der Iran/National Iranian Oil Company (NIOC):[113]
"The Provisions of the Mining Act of 1957 shall not be applicable to this Agreement, and any other laws and regulations which may be wholly or partly inconsistent with the provisions of this Agreement shall, to the extent of any such inconsistency, be of no effect in respect of the provisions of this Agreement."

9. *"Vorbehaltsklausel"*

Wie die beiden vorgenannten Klauseln ist auch die "Vorbehaltsklausel" nur ein Kombinationsbaustein im Zusammenspiel mit einer Klausel und keine eigenständige Stabilisierungsklausel. Denn im Falle der Qualifikation mittels Vorbehaltsklausel bleibt es einem Vertragspartner anheim gestellt, darüber verbindlich zu entscheiden, ob die Rechtsänderung auf den Vertrag Anwendung finden soll oder nicht. Da durch die Verbindung mit der Vorbehaltsklausel kein automatischer Schutz mehr besteht, wird der Charakter der Stabilisierungsklausel insgesamt grundsätzlich verändert.

10. *Klausel zur Stabilisierung von bestimmten Rechten*

Klauseln zur Stabilisierung von bestimmten Rechten finden Verwendung in State Contracts und sollen dem Investor garantieren, daß beispielsweise seine Eigentumsrechte nicht durch Enteignung angetastet werden.[114] Ein solcher ausdrücklicher Verstaatlichungsverzicht ist im Vergleich zu Versteinerungs- oder Unberührbarkeitsklauseln nicht nur konkreter,[115] sondern es steht zudem der Schutz vor Einzelfallmaßnahmen im Vordergrund, jedenfalls im eigentumsrechtlichen Bereich. Auch diese Klauseln sind "Kombinationsmaterial", nur daß im Kontrast zu Nichtverschlechterungs-, Unvereinbarkeits- und Vorbehaltsklauseln eine Qualifikation hinsichtlich bestimmten zu stabilisierenden Rechten stattfindet und nicht hinsichtlich vertragsbezogener Faktoren. In diesem Zusammenhang wird deshalb anstatt von qualifizierter von partieller Stabilisierung gesprochen.[116] Ob

---

113 Fundstelle bei *Logic*, Rev. belge dr. Int. 2 (1965), S. 392; *Ramazani*, Int.Comp.L.Q. 11 (1962), S. 515.

114 *Bartels*, Contractual Adaptation and Conflict Resolution, S. 15; *Peter*, Arbitration and Renegotiation, S. 138.

115 *Ebenroth/Bader*, WM 1991, 664; ebenso wird von der allgemeinen Stabilisierung das spezielle Verstaatlichungsverbot in American Independent Oil Company (AMINOIL) ./. The Government of the State of Kuwait, Int.Leg.Mat. 21 (1982), 976 unterschieden.

116 *Merkt*, Investitionsschutz, S. 51 – 54.

in concreto bei der Stabilisierung von bestimmten Rechten eine Stabilisierungsklausel vorliegt, hängt davon ab, wie die Klausel insgesamt ausgestaltet ist. Regelmäßig stellen solche partielle Schutzklauseln wegen ihres automatischen Schutzes vor singulären künftigen Rechtsänderungen Stabilisierungsklauseln dar. Häufig geschieht dies in Form einer Verzichtsklausel, indem etwa der Staat auf die Ausübung bestimmter hoheitlicher Rechte verzichtet. Folgende Vertragsklausel über einen Verstaatlichungsverzicht aus einem Vertrag zur Rohstoffförderung zwischen der Firma Bougainville Copper Pty. Ltd. und der Regierung von Papua-Neu-Guinea mag als Beispiel dienen:[117]

"(...) the Administration (...) shall not resume or expropriate or permit the resumption or expropriation of any asset (whether movable or not) of the Company used in connection with any of its operations under this Agreement (...)"

Gegenstand solcher Klauseln können nicht nur Eigentumsrechte sein, sondern etwa auch steuerrechtliche Zusicherungen (Steuerklauseln),[118] die Stabilisierung von Ein- und Ausfuhrbestimmungen, von bestimmten Rechtsgebieten (wie etwa dem Gesellschaftsrecht[119] oder dem Kollisionsrecht[120]) oder die Garantie der freien Konvertibilität von Währungen.[121]

11. Diskriminierungsklausel

Wird das bezeichnete Recht (z.B. Eigentum) nicht pauschal von einer Änderung ausgenommen, sondern nur dann, wenn andere (insbesondere Einheimische) nicht in gleichem Maße betroffen werden, so liegt eine Diskriminierungsklausel (non-discrimination clause; clause de non-discrimination) vor. Man kann insoweit von einer Klausel zur Stabilisierung von bestimmten Rechten sprechen, die unter der Bedingung steht, daß andere in vergleichbarer Position von der Rechtsänderung nicht betroffen werden. Es liegt also neben einer partiellen Einschränkung (Beispiel: Eigentumsrecht) noch zudem eine qualifizierte Einschränkung (Wirksamkeit nur bei Diskriminierung) vor. Die Diskriminierungsklausel ist mithin ebenfalls lediglich eine besondere Form einer Qualifikation, bildet aber

---

117 Bougainville Papua New Guinea 1967, 17.b., abgedruckt bei *Bartels*, Contractual Adaptation and Conflict Resolution, S. 15.

118 *Clagett*, Virginia Journal of International Law Vol. 25:1 1984, 84 f; *Horn*, in: Die Anpassung langfristiger Verträge, S. 23; *Wälde*, Denver Journal of International Law and Policy 1978, Fn. 91; Steuerstabilisierungsklauseln werden teilweise auch als tax freezing bezeichnet, vgl. *von Treskow*, Förderung ausländischer Direktinvestitionen, S. 85.

119 *Kahn*, Revue de l'Arbitrage 1985, 657 ff; *Weil*, Mélanges Rousseau, S. 310.

120 *Merkt*, Investitionsschutz, S. 53 m.w.N.

121 für Beispiele siehe *Bartels*, Contractual Adaptation and Conflict Resolution, S. 16 ff und *Peter*, Arbitration and Renegotiation, S. 139 f.

keinen eigenen Typ einer Stabilisierungsklausel. Da der Schutzbereich der Nichtdiskriminierungsklausel sich nur auf Verwahrung gegen diskriminierende Rechtsänderungen bezieht, ist der Schutzgrad nicht besonders hoch.[122] Anwendungsbereich der Nichtdiskriminierungsklausel ist der State Contract, da der Staat als Vertragspartner über die Machtbefugnis verfügt, den ausländischen Investor durch ungleich wirkende Rechtsänderungen zu belasten.[123] Als Beispiel wird die folgende Klausel aus einem Vertrag über Kupfererzabbau zwischen der Firma Anaconda Chile, Inc. und Chile/Comité de Inversiones Extranjeras zitiert:[124]

"El Estado de Chile otorga al Inversionista Extranjero y Anaconda S.A., en su caso, según se especifica a continación, los siguientes derechos y garantías: (...)

D. Se garantiza al Inversionista Extranjero y a Anaconda S.A. que (...) se sujetarán al régimen jurídico commún aplicables a la inversión nacional no pudiendo discriminarse respecto de ellas, ni directa indirectamente (...) Las disposiciones legales o reglementarias relativas a determinada actividad productiva, se considerán discriminatorias si llegaren a ser aplicable a la generalidad o a la mayor parte de dicha actividad productiva en el país, con exclusión de la Inversión Extranjera autorizada. Igualmente, las disposiciones legales o reglementarias que establezcan regímenes excepcionales de carácter sectorial o zonal, se considerán discriminatorias, si la Inversión Extranjera autorizada no tuivere acceso a ellas, no obstante cumplir las mismas condiciones y requisitos que para su goce se impone a la inversión nacional (...)."

12. Unternehmensmeistbegünstigungklausel

Weithin bekannt sind Meistbegünstigungsklauseln in völkerrechtlichen Verträgen. Aufgrund einer solchen Klausel werden die beteiligten Völkerrechtssubjekte verpflichtet, sich untereinander alle Vergünstigungen innerhalb des von dem Vertrag erfaßten Bereiches zu gewähren, die sie in späteren Verträgen Dritten einräumen.[125] Eine Unternehmensmeistbegünstigungsklausel dient demselben Zweck im Bereich von State Contracts, wenn also auf der einen Vertragsseite kein Völkerrechtssubjekt, sondern ein Unternehmen steht. Die Unternehmensmeistbegünstigungsklausel ist durch den Inhalt gekennzeichnet, daß in einem State Contract dem Investor vom staatlichen Vertragspartner versprochen wird, solche Vorteile beanspruchen zu können, die durch nachfolgende Gesetzgebung anderen Investoren bessere Bedingungen ermöglichen, als die Bedingungen, die

122 *Wälde,* Contract stability, S. 166.

123 siehe zum Schutz durch das völkergewohnheitsrechtliche Diskriminierungsverbot *Patzina,* Rechtlicher Schutz ausländischer Privatinvestoren, S. 81 ff.

124 Fundstelle bei *Merkt,* Investitionsschutz, S. 293 f.

125 *Ipsen,* Völkerrecht, § 12 Rn. 38.

ursprünglich mit ihm vereinbart wurden.[126] Ein selbständiger Schutz vor Rechtsänderung bietet die Unternehmensmeistbegünstigungsklausel nicht, darum zählt sie auch nicht zu den Stabilisierungsklauseln. Der Klauseltyp ist der Diskriminierungsklausel ähnlich und kann wie diese mit Stabilisierungsklauseln durchaus verbunden werden.

13. Internationalisierungsklausel

Unter einer Internationalisierungsklausel versteht man eine Vereinbarung, die auf das Völkerrecht verweist. Teilweise werden derartige Klauseln als flankierende Maßnahmen zu Stabilisierungsklauseln bezeichnet.[127] Dies deutet bereits darauf hin, daß die Internationalisierungsklausel selbst nicht zur Familie der Stabilisierungsklauseln gehört. Bei der Internationalisierung handelt es sich vielmehr um eine Technik, mit deren Hilfe die gewählte Stabilisierungsklausel – beispielsweise eine Versteinerungsklausel – Geltung erlangen soll, indem als (mit-)entscheidendes Recht das Völkerrecht bestimmt wird.[128] Die Internationalisierungsklausel allein dient jedoch nicht dem Schutz vor Rechtsänderung und ist daher keine Stabilisierungsklausel. Oftmals wurde bereits das Vorliegen einer Stabilisierungsklausel in einem State Contract als Indiz für eine Internationalisierung gesehen, ohne daß eine ausdrückliche Internationalisierungsklausel vorgelegen hat.[129] In den libyschen Erdölstreitfällen[130] enthielten die drei zugrunde liegenden State Contracts eine Internationalisierungsklausel, derzufolge internationales Recht zumindest mitentscheidend sein sollte. Eine solche Klausel lautete:[131]

---

126 *Delaume*, Transnational Contracts, § 2.07, S. 27; *ders.*, Rev.belge dr.int. 1968, 360; *Fatouros*, Government Guarantees to Foreign Investors, S. 140 f.

127 *Herdegen*, Internationales Wirtschaftsrecht, § 18, Rn. 2.

128 vgl. *David*, Clunet 113 (1986), 100; *Ebenroth*, JZ 1987, 269; s. Erster Teil B.II.2. (a).

129 *Velten*, Die Anwendung des Völkerrechts auf State Contracts, S. 57 mit Hinweis auf den Revere Copper – Schiedsspruch (Revere Copper and Brass, Inc. (USA) ./. Overseas Private Investment Corporation (OPIC), Int.Leg.Mat. 17 (1978), 1321); *Merkt*, Investitionsschutz, S. 124, weist darauf hin, daß teilweise die Stabilisierungsklausel im Wege der geltungserhaltenden Reduktion zur Internationalisierungsklausel gemacht werde.

130 BP Exploration Company (Libya), Ltd. ./. Government of the Libyan Arab Republic, Int.L.Rep. 53 (1979), 297; Texaco Overseas Petroleum Company (TOPCO), California Asiatic Oil Company (CALASIATIC) ./. Gouvernement de la Republique Arabe de Libye, Clunet 104 (1977), 350; Libyan American Oil Company (LIAMCO) ./. Government of the Libyan Arab Republic, Int.Leg.Mat. 20 (1981), 1.

131 Fundstellen in JDr.int. 104 (1977), S. 377; Rev. arb. 1980, S. 137.

"La présente concession sera régie par et devra être interprétée conformément aux principes de la loi libyenne en ce que ces principes peuvent avoir de commun avec les principes du droit international; (...)"

14. Rentabilitätssicherungsklausel

Durch Verwendung einer Rentabilitätssicherungsklausel sollen nachteilige Auswirkungen auf die Rentabilität des Vertrages ausgeglichen werden, indem der durch die Änderung Benachteiligte einen entsprechenden Entschädigungsanspruch gegen den durch die Änderung Begünstigten erwirbt.[132] Man spricht insoweit auch von Ausgleichsvereinbarungen.[133] Solche Klauseln hinsichtlich der Freiheit von Quellensteuer gehören laut *Horn* zur Standardausstattung einer jeden internationalen Anleihe und eines jeden internationalen Konsortialkreditvertrages.[134] Während bei den bislang vorgestellten Klauseln der Stabilisierungseffekt entweder durch Stabilisierung des auf den Vertrag anwendbaren Rechts oder durch Stabilisierung des Vertrags per se erreicht werden sollte, wird bei Verwendung einer Rentabilitätssicherungsklausel weder das Vertragsrecht noch der Vertrag stabilisiert. Stabilisiert wird aber die Rentabilität des durch den Vertrag geregelten Geschäfts, also das, worauf es den Parteien letztlich entscheidend ankommen dürfte. Damit liegt nach der o.g. Definition aber keine Spielart der Stabilisierungsklausel vor, da kein Schutz vor der Rechtsänderung selbst erreicht werden soll, sondern nur vor ihren finanziellen Auswirkungen auf die Einträglichkeit des Projekts.[135] Als Beispiel dient eine Klausel aus einem Vertrag zwischen Kolumbien und der International Columbia Resources Corporation:[136]

"Si se producen cambios o adiciones en las disposiciones legales que rigen el sistema tributario vigente en la fecha del presente contrato, o si la tasa de impuestos que se ha supuesto es superior o inferior al 52% mencionado en la Cláusula 16.3, (...) se modificará en la cuantía correspondiente la parte del ingreso de participación para CARBOL liquidado en la forma descrita en la citada Cláusula 16.3, de tal manera que las utilidades netas de INTERCOR, después de impuestos, no varíen con relación a la cuantía de las utilidades netas después de impuestos que INTERCOR hubiera obtenido en el caso de haberse mantenido la tasa de impuestos supuesta del 52% antes mencionado."

---

132 *Merkt*, Investitionsschutz, S. 57.
133 *Kischel*, State Contracts, S. 74.
134 *Horn*, in: Die Anpassung langfristiger Verträge, S. 23.
135 ebenso *El Chiati*, Recueil 204 (1987-IV), S. 120; *Kischel*, State Contracts, S. 74.
136 *Fischer/Wälde* 4, 217 – 252; eine deutsche Übersetzung dieser Klausel ist bei *Kischel*, State Contracts, S. 74 zu finden.

15. *Entschädigungsklausel*

In Kontrast zu den Rentabilitätssicherungsklauseln beziehen sich Entschädigungsklauseln nicht auf die Rentabilität schlechthin, sondern sie betreffen den bei State Contracts wichtigen Sonderfall der Enteignung des Investors durch den Gaststaat. Die Entschädigungsklausel hat nicht die Aufgabe, vor der Enteignung zu schützen, sondern lediglich im Falle der Enteignung eine Entschädigung zu garantieren. Diese rein finanzielle Ausgleichsfunktion macht sie mit der Rentabilitätssicherungsklausel vergleichbar. Der Stabilisierungseffekt ist nicht im Vertragsrecht oder im Vertrag zu finden, sondern er ist im Kern rein betriebswirtschaftlicher Natur. Dabei ist es in der Praxis besonders wichtig, den Entschädigungsstandard festzulegen. Denn so eindeutig die völkerrechtliche Entschädigungspflicht sich aus dem Fremdenrecht prinzipiell ergibt ("ob"), so streitig ist doch deren Berechnung und Umsetzung ("wie"). Die *Hull – Formel* (angemessene, prompte, effektive Entschädigung)[137] ist dabei keineswegs mehr allgemein anerkannte Entschädigungsmodalität.[138] Durch eine Festlegung der konkreten Ausführungsart der Entschädigung können die Parteien im State Contract ratsamer Weise bereits im Vorfeld für den Enteignungsfall die Berechnungsmethode und weiteres bestimmen. Dazu wird folgendes Klauselbeispiel aus einem Vertrag zwischen der Regierung von Gabun und verschiedenen Unternehmen genannt, in dem zunächst die Eigentumsrechte stabilisiert werden und dann für den Fall der Enteignung die Entschädigungsmodalität konkretisiert wird:

"La République Gabonaise assure à l'Association qu'elle n'a pas l'intention de la nationaliser ni de la déposséder temporairement ou définivement d'aucun de ses biens ou des revenus afférents à ceux-ci. Cependant, si les circonstances ou une situation critique rendaient impératives de telles mesures, la Repuplique Gabonaise reconnait que, conformément au droit international, elle indemnisera de façon juste et équitable l'Association dans une monnaie convertible au plus tard lors de la nationalisation ou de la confiscation; ce à quoi elle s'engage expressément par les présentes."[139]

Die Entschädigungsklausel ist wegen den gleichen Erwägungen wie zur Rentabilitätssicherungsklausel aber keine Stabilisierungsklausel, da sie nur vor be-

137 die Bezeichnung geht zurück auf den U.S.-amerikanischen Außenminister *Cordell Hull*, der 1938 in einer Protestnote an die mexikanische Regierung die völkerrechtliche Regel einer "prompt, adequate and effective compensation" formulierte; abgedruckt in AJIL 32 (1938), Supplement, S. 193.

138 *Schäfer*, Entschädigungsstandard und Unternehmensbewertung, S. 52 – 100; *Patzina*, Rechtlicher Schutz ausländischer Privatinvestoren, S. 67 f, 76 ff.

139 Fundstelle bei *Bartels*, Contractual Adaptation and Conflict Resolution, S. 16.

stimmten Auswirkungen der Rechtsänderung, nicht aber vor der Rechtsänderung selbst schützt.

16. Neuverhandlungsklausel

Mittels Neuverhandlungsklauseln (Revisionsklauseln; renegotiation clauses[140]) verpflichten sich die Parteien für den Fall bestimmter Ereignisse, wie etwa einer nachträglichen Rechtsänderung, den Vertrag neu zu verhandeln. Dabei betrifft die Klausel in erster Linie kein genaues Anpassungsprogramm, sondern ein Verfahren der gütlichen Einigung über eine Änderung.[141] Stabilisierend ist solch eine Klausel daher nur in beschränktem Umfang, da sie die Änderung nicht automatisch zu verhindern sucht, aber zumindest die Parteien zu einer bewußten Auseinandersetzung mit der geänderten rechtlichen Lage drängt.[142] Vergleichbar ist die Neuverhandlungsklausel mit Regelungen zu einem vertragsbegleitenden Konsensverfahren.[143] Solche finden sich nicht selten bei Langzeitprojekten in Standardvertragsbedingungen oder in Einzelvertragsklauseln, da auf Grund der komplexen Natur der Verträge nicht alle Einzelheiten der Projektrealisierung bereits im Zeitpunkt des Vertragsschlusses festgelegt werden können.[144] Bei Neuverhandlungsklauseln ist wie bei Regelungen zu vertragsbegleitenden Konsensverfahren eine weite Bandbreite des Konkretisierungsgrads der Neuverhandlungspflicht bzw. des Konsensverfahrens möglich. Wann eine genauere Regelung wünschenswert ist und wann nicht, hängt insbesondere von den geregelten Fragen ab. Hinsichtlich der Folgen einer nachträglichen Rechtsänderung wird die praktische Wirksamkeit einer solchen Klausel linear zunehmen mit der vertraglichen Konkretisierung der Neuverhandlungspflicht, insbesondere der Festlegung der Rechtsfolgen für einerseits der Verletzung der Pflicht zur Neuverhandlung und andererseits dem vollständigen Scheitern der Neuverhandlung.[145] Möglich ist auch, die Effektivität einer Neuverhandlungsklausel zu erhöhen, indem die Neuverhandlungsbefugnis in die Hände Dritter, etwa eines Mediators oder eines Schiedsgerichts, gelegt wird.[146] Der Stabilisierungseffekt liegt bei den Neuver-

---

140 *Delaume*, Transnational Contracts, § 2.07., S. 28; *Peter*, Arbitration and Renegotiation, S. 146.

141 *Horn*, in: Die Anpassung langfristiger Verträge, S. 22.

142 zur Rolle der Neuverhandlungsklausel als "contract stabilizer" *Peter*, Arbitration and Renegotiation, S. 146 ff.

143 diese Bezeichnung geht auf *Nicklisch*, in: Vertragsgestaltung und Streiterledigung, S. 121 zurück.

144 *Nicklisch*, in: Vertragsgestaltung und Streiterledigung, S. 121.

145 Leitlinien zur Wirkung nicht erfolgreicher Konsensverfahren gibt *Nicklisch*, in: Vertragsgestaltung und Streiterledigung, S. 126 ff.

146 *Horn*, in: Die Anpassung langfristiger Verträge, S. 51 ff.

handlungsklauseln wie bei den Rentabilitätssicherungsklauseln weder in der Stabilisierung der lex causae noch in einer Stabilisierung des Vertragswerkes. Da die Bestimmungen in dem Vertrag nicht beständig gemacht werden sollen, liegt nach der o.g. Definition kein Unterfall einer Stabilisierungsklausel vor.[147]

17. Gesetzeskraft-/ Vorrangklausel

In State Contracts finden sich Vereinbarungen der Parteien, wonach der Vertrag Gesetzeskraft oder Vorrang vor bestehenden Gesetzen haben soll. Ein Schutz vor nachträglichen Rechtsänderungen wird dadurch jedoch nicht erreicht, allenfalls wird Schutz für nichtgesetzliche hoheitliche Eingriffe geboten. Da kein Schutz vor Rechtsänderungen bezweckt wird, sind diese Klauseln nicht als Stabilisierungsklauseln zu qualifizieren. Dazu folgendes Beispiel aus einem Ölförderungsvertrag zwischen dem Investor AGIP und Iran/National Iranian Oil Company (NIOC):[148]

"This Agreement shall have the force of law in conformity with Art. 2 of the Petroleum Act of July 31, 1957."

Vorrangklauseln, die sich auch auf nachträgliche Rechtsänderungen beziehen, entsprechen Nichtanwendungsklauseln und stellen deswegen auch wie diese eine Stabilisierungsklausel dar.[149]

18. Abschirmungsklausel

Einige Autoren beschränken die Verwendung von Stabilisierungsklauseln nicht auf den Anwendungsbereich des internationalen Vertrages, sondern bezeichnen auch gewisse Klauseln in bilateralen und multilateralen Investitionsschutzabkommen als Stabilisierungsklauseln.[150] In diesen bereits als Abschirmungsklauseln (protection clauses) kennengelernten[151] Klauseln verpflichten sich die beteiligten Staaten völkerrechtlich die gegenüber den Investoren des anderen Staates

147 ebenso unterscheidet auch *Peter,* Arbitration and Renegotiation, S. 146 Stabilisierungs- und Neuverhandlungsklausel. Für ihn steht die erste für "contractual rigidity" und die zweite für "contractual flexibility".

148 Fundstelle bei *Böckstiegel,* Der Staat als Vertragspartner ausländischer Privatunternehmen, S. 227.

149 *Merkt,* Investitionsschutz, S. 44 m.w.N.

150 *Mengel,* RIW 1983, 739; *David,* Clunet 113 (1986), S. 82; zu Investitionsschutzabkommen s. Erster Teil B.I.2.,3.; a.A. etwa *Weil,* Mélanges Rousseau, S. 305 f.

151 s. Erster Teil I.2.

eingegangenen Verpflichtungen einzuhalten.[152] So enthalten beispielsweise von der Bundesrepublik Deutschland geschlossenen Verträge folgende Klausel:[153]

"Jede Vertragspartei wird jede andere Verpflichtung einhalten, die sie in Bezug auf Kapitaleinlagen von Investoren der anderen Vertragspartei auf ihrem Gebiet übernommen hat."

Damit ist eine solche Abschirmungsklausel einerseits zwar eine "stabilisierende" Vereinbarung, weil ihr die Aufgabe zukommt, internationale Investitionsverträge vor Änderungen automatisch zu bewahren. Andererseits aber haben solche Abschirmungsklauseln keinen direkten Einfluß auf den internationalen Investitionsvertrag, weil sie nicht die dort eingegangenen Verpflichtungen auf eine völkerrechtliche Ebene transponieren, sondern lediglich eine völkerrechtliche Parallelverpflichtung des Gaststaates gegenüber dem Heimatstaat des Investors begründen.[154] Da ein wesentliches Merkmal der Stabilisierungsklausel ihr vertragsinterner Schutz ist, sind Abschirmungsklauseln auf Grund ihrer vertragsexternen Wirkungsweise keine Stabilisierungsklauseln.[155]

19. Ergebnis

Stabilisierungsklauseln nach der vorgeschlagenen Definition sind Versteinerungs-, Inkorporations-, Unberührbarkeits-, Nichtanwendungs-, Verzichtsklauseln und handcuffs-clauses. Keine Stabilisierungsklauseln sind Internationalsierungs-, Rentabilitätssicherungs- Entschädigungs-, Neuverhandlungs-, Gesetzeskraft-, Vorrang- und Abschirmungsklauseln. Nichtverschlechterungs-, Diskrimi-

---

152 *Ebenroth/Bader*, WM 1991, 663.

153 *Ebenroth/Bader*, WM 1991, 663, Fn. 18; von zentraler Bedeutung in den deutschen Investitionsschutzverträgen ist die Regelung zur Beschränkung der Enteignung und dem Entschädigungsstandard; in dem als Grundlage dienenden Mustervertrag, abgedruckt in: *Handbuch für Internationale Zusammenarbeit*, S. 1960 ff., Teil II A 65, 11 heißt es: "Kapitalanlagen von Staatsangehörigen oder Gesellschaften einer Vertragspartei dürfen im Hoheitsgebiet der anderen Vertragspartei nur zum allgemeinen Wohl und gegen Entschädigung enteignet werden. Die Entschädigung muß dem Wert der enteigneten Kapitalanlage entsprechen, tatsächlich verwertbar und frei transferierbar sein sowie unverzüglich geleistet werden. Spätestens zum Zeitpunkt der Enteignung muß in geeigneter Weise für die Festsetzung und Leistung der Entschädigung Vorsorge getroffen sein. Die Rechtmäßigkeit der Entscheidung über die Höhe der Entschädigung muß in einem ordentlichen Rechtsverfahren nachgeprüft werden können."

154 *Banz*, Völkerrechtlicher Eigentumsschutz, S. 71; *Ebenroth/Bader*, WM 1991, 663.

155 Vergleichbares gilt hinsichtlich den teilweise auch als Stabilisierungsklausel bezeichneten entsprechenden Regelungen in nationalen Investitonsschutzgesetzen (vgl. *Wälde*, Contract Stability, 165; *David*, Clunet 113 (1986), 87 ff; s.a. Erster Teil B.I.1.

nierungs-, Unvereinbarkeits-, Vorbehalts-, Unternehmensmeistbegünstigungsklauseln und Klauseln zur Stabilisierung bestimmter Rechte können mit verschiedenen Klauseln kombiniert werden, so daß ihre Charakterisierung als Stabilisierungsklausel von dem konkreten Erscheinungsbild abhängt.

B. Typisierungsansätze

I. Der Typisierungsansatz von Weil

Auf *Weil* geht die erste Kategorisierung von Stabilisierungsklauseln zurück.[156] Ausgangslage ist für ihn der Anwendungsbereich in Wirtschaftsentwicklungsverträgen, also in State Contracts. Er verfolgt drei Einteilungsansätze. Zuerst unterscheidet er gesetzliche von vertraglichen Schutzklauseln und versteht nur die letzteren als Stabilisierungsklausel,[157] weshalb etwa Abschirmungsklauseln seiner Auffassung nach keine Stabilisierungsklauseln sind. Sodann teilt er die Stabilisierungsklauseln in zwei Gruppen ein: Die sogenannten *Stabilisierungsklauseln im engeren Sinn* sind die Klauseln, die den Vertrag durch bloße Nichtanwendung neuer Gesetze automatisch vor nachträglicher Rechtsänderung schützen sollen.[158] Dazu sollen die Versteinerungs-, Inkorporations- und Nichtanwendungsklauseln rechnen. *Stabilisierungsklauseln im weiteren Sinne* sind nach seiner Meinung die Unberührbarkeitsklauseln, die bereits den Erlaß von bestimmten Rechtsänderungen durch besondere staatliche Maßnahmen verhindern wollen.[159] Pauschal in deutsche Rechtstermini übertragen, sollen nach *Weils* Verständnis Stabilisierungsklauseln im engeren Sinne vor Änderungen im objektiven Recht (Gesetze, Verordnungen) schützen, während Unberührbarkeitsklauseln den Vertrag vor individuellen Rechtssetzungsakten (Verwaltungsakte) schützen sollen. Diese Einteilung bildet die Basis seiner Untersuchung des juristischen Werts der verschiedenen Klauseln,[160] wobei laut *Weil* juristisch bedenklich nur die Unberührbarkeitsklauseln sind, weil nur diese den Staat in seiner Souveränität berühren.[161] Als weitere Unterscheidungskriterien führt er die Klauselvarianten der Nichtver-

156 *Weil,* Mélanges Rousseau, S. 300 ff; auf seiner Kategorisierung aufbauend *David,* Clunet 113 (1986), 81 ff; *Leboulanger,* Les Contrats entre États et Entreprises Étrangères; der Einteilung ausdrücklich nicht folgend etwa *Kischel,* State Contracts, S. 75.

157 *Weil,* Mélanges Rousseau, S. 305 f.

158 *Weil,* Mélanges Rousseau, S. 307 ff.

159 *Weil,* Mélanges Rousseau, S. 307 ff.

160 *Weil,* Mélanges Rousseau, S. 320 ff.

161 *Weil,* Mélanges Rousseau, S. 322 ff.

schlechterung und des Zustimmungsvorbehalts an.[162] Hinsichtlich der juristischen Technik, die den Klauseln zur Wirksamkeit verhelfen sollen, unterscheidet *Weil* einerseits die Inkorporation und andererseits das Verpflichtungsversprechen des Staates, die Rechtsänderungen nicht auf den Vertrag anzuwenden.[163] Schließlich ordnet *Weil* die Klauseln noch nach ihrem Anwendungsbereich, aufgeteilt nach den stabilisierten Rechtsgebieten, der Anwendungsdauer und dem Anwendungsumfang.[164]

An *Weils* Kern der Kategorisierung wird ausgesetzt, daß die Unterscheidung von Stabilisierungsklauseln im engeren und im weiteren Sinne künstlich sei, denn auch die Unberührbarkeitsklausel verbiete eine Gesetzesänderung mit Wirkung für den durch eine Unberührbarkeitsklausel geschützten Vertrag.[165] Dem wird entgegnet, daß diese Klauseln keineswegs identisch seien, denn durch eine Stabilisierungsklausel im engeren Sinne verpflichte sich der Staat neue Gesetze nicht anzuwenden, wohingegen er durch eine Unberührbarkeitsklausel darauf verzichte, den Vertrag mittels seiner souveränen Vorrechte einseitig zu modifizieren.[166]

II. Der Typisierungsansatz von Merkt

Merkt vollzieht eine Typisierung auf der Grundlage einer Auswertung von 158 State Contracts, die Risikoschutzklauseln enthalten. Er unterscheidet Stabilisierungsklauseln nach vier Kriterien, nämlich im engeren und im weiteren Sinne, nach dem Stabilisierungsumfang, nach echten und unechten Stabilisierungsklauseln und nach der der Kombination von verschiedenen Stabilisierungstechniken (*Mischklauseln*).[167] Er übernimmt von *Weil* die prinzipielle Unterscheidung von Klauseln, die lediglich dafür Sorge tragen sollen, daß neues Recht nicht auf den Vertrag angewendet wird (*Stabilisierungsklauseln im engeren Sinne*) und Klauseln, die die Rechtsänderung per se verhindern sollen (*Stabilisierungsklauseln im weiteren Sinne*).[168] Stabilisierungsklauseln im engeren Sinne sind seiner Darstellung nach Versteinerungsklauseln oder Nichtanwendungsklauseln,[169] Stabili-

---

162 *Weil*, Mélanges Rousseau, S. 311.
163 *Weil*, Mélanges Rousseau, S. 310.
164 *Weil*, Mélanges Rousseau, S. 310 f.
165 *Kischel*, State Contracts, S. 75.
166 *Leboulanger*, Les Contrats entre États et Entreprises Étrangères, S. 92 f; *Merkt*, Investitionsschutz, S. 46; zu einer Stellungnahme dazu s. Zweiter Teil B.IV.2.
167 *Merkt*, Investitionsschutz, S. 39 – 62.
168 *Merkt*, Investitionsschutz, S. 40 f.
169 *Merkt*, Investitionsschutz, S. 41.

sierungsklauseln im weiteren Sinne sind Unberührbarkeitsklauseln.[170] Für ihn sind Unberührbarkeitsklauseln jedoch nur dann Stabilisierungsklauseln, wenn sie vor Änderungen im objektiven Recht schützt, nicht aber wenn sie vor subjektiven hoheitlichen Maßnahmen schützen soll.[171] Er unterscheidet drei Stabilisierungstechniken, und zwar die Versteinerung, die Nichtanwendung und die Unberührbarkeit,[172] wobei die beiden zuletzt genannten Techniken flexibler einsetzbar sein sollen, da durch die Versteinerungstechnik der Vertrag immer vor sämtlichen Rechtsänderungen geschützt werde, ein Schutz nur vor diskriminierenden oder verschlechternden Änderungen dagegen nur mittels der Nichtanwendungs- und Unberühr-barkeitstechnik möglich sei.[173] Die Unterteilung nach dem *Stabilisierungsumfang* vollzieht er sowohl qualitativ als auch quantitativ.[174] Von quantitativ eingeschränkter Stabilisierung spricht *Merkt*, wenn nur bestimmte Regelungsbereiche stabilisiert werden, von qualitativ eingeschränkter Stabilisierung, wenn der Schutz beispielsweise nur im Falle einer diskriminierenden Wirkung eingreift. *Unechte Stabilisierungsklauseln* sind nach seiner Auffassung Rentabilitätssicherungsklauseln, Neuverhandlungsklauseln, Gesetzeskraftklauseln, Vorrangklauseln, Entschädigungsklauseln und solche Stabilisierungsklauseln, die unter dem Vorbehalt stehen, daß der Gaststaat den Vertrag einseitig ändern darf.

III. Weitere Typisierungsansätze

Delaume unterscheidet die Versteinerung ("freeze"), die er auch als Inkorporation bezeichnet, von der Versicherung des Gaststaates gegenüber dem Investor, daß nachfolgende Gesetze auf den Vertrag nicht angewendet werden sollen.[175] *Delaume* sieht damit als prinzipiell unterschiedliche Stabilisierungsmechanismen die Technik der *Versteinerung/Inkorporation* und die Technik der *Nichtanwendung*, die seiner Darstellung nach in der Praxis häufig miteinander verbunden sind.[176] Weiterhin unterscheidet er faktisch *qualifizierte* Stabilisierungsklauseln von solchen ohne Qualifikation,[177] wobei eine Qualifikation etwa die Beschränkung der Stabilisierung auf bestimmte Rechtsgebiete, wie das Steuerrecht, ist. Weiterhin führt er als Qualifikation die sogenannte graduelle Stabilisierung an,

170 *Merkt,* Investitionsschutz, S. 44.
171 *Merkt,* Investitionsschutz, S. 46 f.
172 *Merkt,* Investitionsschutz, S. 63.
173 *Merkt,* Investitionsschutz, S. 61.
174 *Merkt,* Investitionsschutz, S. 50 – 56.
175 *Delaume*, Transnational Contracts, § 2.07, S. 23 ff.
176 *Delaume*, Transnational Contracts, § 2.07, S. 25.
177 *Delaume*, Transnational Contracts, § 2.07, S. 26.

wonach die Stabilisierung in den ersten Perioden der Projektverwirklichung stärker, später dann schwächer wirken soll.[178] Von einer teilweisen Stabilisierung spricht *Delaume*, wenn der Investor vor diskriminierenden Behandlungen geschützt werden soll oder wenn der Vertrag eine Unternehmensmeistbegünstigungsklausel enthält.[179]

Peter unterscheidet vor dem Hintergrund internationaler Investitionsverträge Stabilisierungsklauseln von zweckverwandten Regelungen in nationalen Investitionsschutzgesetzen und von Vorrangklauseln.[180] Er sieht Unberührbarkeits-, Unvereinbarkeits- und Versteinerungsklauseln als Unterfälle der Stabilisierungsklausel an und vollzieht eine Aufteilung nach dem Anwendungsbereich der zu stabilisierenden Rechte.[181]

Leboulanger übernimmt *Weils* grundsätzliche Unterteilung in Stabilisierungs- und Unberührbarkeitsklauseln.[182] Nach seiner Typologie lassen sich die Klauseln mit Hilfe dreier Anhaltspunkte einteilen: Erstens gelten die Klauseln *allgemein* oder nur für *spezielle* Rechtsgebiete, zweitens ist neues Recht nur (un-)anwendbar, wenn keine *Verschlechterung* entsteht und drittens ist die Stabilisierung *absolut* oder *relativ*, daß heißt neues Recht gilt nicht (absolut) oder nur bei Zustimmung des Vertragspartners (relativ).[183] Hinsichtlich der anwendbaren juristischen Technik kommen laut *Leboulanger*, wiederum *Weil* folgend, zwei Varianten in Betracht: Entweder das gewählte Recht wird in den Vertrag inkorporiert oder der Staat erklärt vorab, daß neues Recht keine Anwendung auf den Vertrag findet.[184]

Bartels unterscheidet Stabilisierungsklauseln ausschließlich nach ihrem Anwendungsfeld. Er nennt als Anwendungsgebiete Eigentumsrechte, Steuergesetze, Import/Export – Regulierungen, fremde Währungsbestimmungen, das gesamte auf das Projekt anwendbare Recht und das Projektregime als Ganzes.[185]

IV. Eigener Typisierungsansatz

Die Typisierung dient in dieser Arbeit wie in *Weils* Aufsatz und in *Merkts* Monographie dem Zweck, eine Untersuchung ausgewählter Rechtstechniken zu

---

178 *Delaume*, Transnational Contracts, § 2.07, S. 26.
179 *Delaume*, Transnational Contracts, § 2.07, S. 26.
180 *Peter*, Arbitration and Renegotiation, S. 136.
181 *Peter*, Arbitration and Renegotiation, S. 136 ff.
182 *Leboulanger*, Les Contrats entre États et Entreprises Étrangères, S. 92 f.
183 *Leboulanger*, Les Contrats entre États et Entreprises Étrangères, S. 93.
184 *Leboulanger*, Les Contrats entre États et Entreprises Étrangères, S. 94.
185 *Bartels*, Contractual Adaptation and Conflict Resolution, S. 15 ff.

ermöglichen, mit deren Hilfe das entsprechende Ziel der jeweiligen Klausel erreicht werden soll. Im Unterschied zu *Weil* und *Merkt* ist der Ausgangspunkt jedoch ein anderer, da der Begriff der Stabilisierungsklausel hier weiter gefaßt wird, weil die Stabilisierung von Verträgen zwischen Privaten Untersuchungsgegenstand ist, während bei *Weil* und *Merkt* die Frage im Vordergrund steht, ob State Contracts auf Grund ihrer besonderen Natur stabilisiert werden können.

1. Unterscheidungskriterium

Als Stabilisierungsklauseln wurden Versteinerungs-, Inkorporations-, Unberührbarkeits-, Nichtanwendungs- und Verzichtsklauseln erkannt. Handcuffs-clauses sind, insoweit sie unter den Begriff der Stabilisierungsklauseln fallen, mit den Verzichtsklauseln wesensidentisch. Festgestellt werden sollen die hinter den gefundenen Stabilisierungsklauseln stehenden denkbaren Rechtstechniken, die damit zum zentralen Unterscheidungskriterium für eine Typisierung werden. Dabei ist zunächst entscheidend, ob durch die jeweilige Klausel der Vertrag oder der legislative Rahmen stabilisiert werden soll. Eine Möglichkeit zur Stabilisierung des Normengefüges, in das der Vertrag eingebettet ist, ist nur bei State Contracts denkbar, weil nur dann durch die Doppelstellung des Staates einerseits als Vertragspartner und andererseits als Gesetzgeber die abstrakte Möglichkeit der Stabilisierung der nationalen Vorschriften in Betracht kommt. Soll hingegen der Vertrag und nicht der rechtliche Rahmen stabilisiert werden, dann ist als nächstes für die Frage der einschlägigen Rechtstechnik von Interesse, in welchem Teil des internationalen Vertrages[186] (Hauptvertrag, Verweisungsvertrag oder Gerichtsstandsvereinbarung/Schiedsabrede) der Hebel angesetzt wird, der letztlich die Stabilisierung bewirken soll. Für die Beurteilung der Rechtmäßigkeit des Hauptvertrages gilt in erster Linie das Vertragsstatut, für die Beurteilung der Rechtmäßigkeit des Verweisungsvertrags kommt es auf das Kollisionsrecht an, so daß die Zuordnung der Stabilisierungstechnik zu einem Vertragsteil einen ersten Hinweis darauf gibt, anhand welcher Normgefüge die Zulässigkeit der Stabilisierung zu beurteilen ist.

2. Stabilisierungstechniken

Das für den Vertrag maßgebliche Recht soll bei *Versteinerungsklauseln* in einem bestimmten Zeitpunkt arretiert werden, wofür prinzipiell einerseits die Inkorpo-

---

186 zur regelmäßigen Dreiteilung des internationalen Vertrages s. Erster Teil B.II.2.; *Graf von Bernstorff*, Rechtsprobleme im Auslandsgeschäft, 226; *Lorenz*, IPRax 1987, 273.

ration des jeweiligen Rechts in den Vertrag oder andererseits die intertemporale Wahl des Rechts in Betracht kommt.[187] Bei der zeitlichen Rechtswahl, die teilweise auch als "starre" Verweisung bezeichnet wird,[188] bleiben Rechtsänderungen prinzipiell nach dem Parteiwillen möglich und es soll lediglich der Vertrag nicht von ihnen betroffen werden, so daß der Stabilisierungsgegenstand bei der intertemporalen Rechtswahl nicht das Vertragsstatut, sondern der Vertrag selbst ist, gleichgültig ob ein State Contract vorliegt oder ein Vertrag zwischen Privaten. In dem Vertrag ist die zeitlich dimensionierte Rechtswahl denkbar als Teil des Verweisungsvertrages. Neben die Verweisung auf ein fremdes Recht in örtlicher Hinsicht tritt dann die Verweisung auf einen bestimmten Zeitmoment, indem etwa das ausgesuchte Recht in der Fassung vom 1. Januar 1999 gewählt wird. Die Zulässigkeit einer derartigen kollisionsrechtlichen Stabilisierung wird in der europäischen Literatur kontrovers beurteilt, es überwiegen insgesamt aber die ablehnenden Stimmen.[189] Nur die befürwortende Mindermeinung hat zur Folge,

---

187 s. Zweiter Teil .A.III.2.

188 *Wohlgemuth*, Veränderungen im Bestand des Geltungsgebietes des Vertragsstatuts, S. 78 f.

189 die Möglichkeit einer kollisionsrechtliche Versteinerung **verneinend**: *Audit*, Droit international privé, S. 263 f; *von Bar*, Internationales Privatrecht Bd. II, § 4 II. 5 f; *Batiffol/Lagarde*, Droit international privé, Bd. I, Rn. 334; *Collier*, Conflict of Laws, S. 198; *Collins*, in: Colloque de Bâle, S. 65; *Deby-Gérard*, Le rôle de la règle de conflit, Rn. 331; *Erman-Hohloch*, Art. 27 Rn. 10; *Van Hecke*, Problèmes juridiques des emprunts internationaux, S. 195 f; I.D.I, Art. 8 in: *Annuaire* I.D.I., Vol. 64, Tome II, Session de Bâle; *Lagarde*, Revue critique de droit international privé 1991, 301 f; *Loussouarn/Bourel*, Droit international privé, S. 245; *Mayer*, Droit international privé, Rn. 256; *Merkt*, Investitionsschutz, S. 196; *Morris/McClean*, The Conflicts of Laws, S. 261; *Münchner Kommentar-Martiny*, Art. 27 Rn 24; *Neuhaus*, Grundbegriffe, § 33 IV 5; *Püls*, Parteiautonomie S. 178; *Reithmann-Martiny*, Internationales Vertragsrecht, Rn. 66; *Rigaux*, Droit international privé, Bd. I, Rn. 387; *ders./Fallon*, Droit international privé, Bd. II, Rn. 1292; *Simitis*, JuS 1966, 217; *Soergel-von Hoffmann*, Art. 27 Rn. 23; *Staudinger-Firsching*, Vor Art.12 aF, Rn. 332; *Staudinger-Magnus*, Art. 27 Rn. 41; *Stoll*, Vereinbarungen zwischen Staat und ausländischem Investor, S. 82 f; *dies.*, RIW 1981, 810; *Wengler*, Internationales Privatrecht, Bd. I., S. 545 f; *Wolff*, Private International Law, S. 423 f; *Wood*, Comparative Financial Law, 14-6 ff; **bejahend**: *Bucher*, Droit international privé suisse, Rn. 333; *Courbe*, Les objectifs temporels, Rn. 378 ff; *Fouchard*, in: Colloque de Bâle, S. 163 f; *Knittel* Geltendes und nicht geltendes Auslandsrecht im Internationalen Privatrecht S. 74 ff; *Palandt-Heldrich*, Art. 32 Rn. 1; *Sandrock*, Versteinerungsklauseln, S. 21 ebenfalls abgedruckt in: *ders.* Internationales Wirtschaftsrecht S. 29 ff; *ders.*; Handbuch der internationalen Vertragsgestaltung Rn. 34 ff; *Schröder*, Internationales Vertragsrecht S. 30 (etwas kritischer nun *Schröder/Wenner*, Internationales Vertragsrecht (2. Aufl.), Rn. 125 ff; wohl auch *Kappus*, IPRax 1993, 140; **einschränkend bejahend** nur für Verträge ohne erhöhten Sozialbezug *Vischer* FS

daß für die Berurteilung der Rechtmäßikeit solch einer Stabilisierung auf das Kollisionsrecht, bei den EVÜ-Vertragsstaaten also auf das EVÜ, abzustellen ist, weshalb wegen des im Rahmen des EVÜ angestrebten Entscheidungseinklangs diese Frage in allen EVÜ-Vertragsstaaten konform beantwortet werden müßte.

Mit Hilfe der *Inkorporationstechnik* soll das für den Vertrag maßgebliche Recht in den Vertrag "hineingewählt" werden, so daß es als Vertragsbestandteil nicht mehr für spätere rechtliche Modifikationen des Gesetzgebers empfänglich ist. Auch hier bleibt das Recht selbst veränderbar, nur soll der Vertrag von den Veränderungen nicht mehr betroffen werden. In Deutschland ist anstelle des Begriffes der Inkorporation der Begriff der materiellrechtlichen Verweisung in Abgrenzung zu der kollisionsrechtlichen Verweisung gebräuchlich.[190] Die Bezeichnung als materiellrechtliche Rechtswahl macht bereits deutlich, daß nicht ohne weiteres eine Aussage getroffen werden kann, ob der zentrale Ort dieser Technik im dreiteiligen internationalen Vertrag der Hauptvertrag oder der Verweisungsvertrag ist. Denn einerseits wird auf ein fremdes Recht verwiesen, was dafür spricht, an den Rechtswahlvertrag als Regelungsbereich zu denken, andererseits wird das inkorporierte Recht Vertragsbestandteil, gleich den anderen Regelungen des Hauptvertrages, für die das Kollisionsrecht keine unmittelbaren Regelungen enthält. In der Literatur geht man davon aus, daß für eine materiellrechtliche Rechtswahl die lex causae entscheidend ist und daß daher nur Änderungen im dispositiven Recht abgewählt werden können, während sich neues zwingendes Recht gegenüber der materiellrechtlichen Rechtswahl stets durchsetzt.[191]

Wesentlich zur Darstellung der *Verzichtstechnik* ist zunächst die Unterscheidung zwischen der Verzichtsklausel in einem Vertrag zwischen Privaten und der Verzichtsklausel in einem State Contract.

Die Verzichtserklärung des Hoheitsträgers in einem State Contract hinsichtlich der Ausübung gewisser Rechte kann als ein einseitiges staatliches Ver-

---

Keller, S. 552; möglicherweise auch in diese Richtung weisend: *Kropholler*, Internationales Privatrecht, § 52 II 3d.

190 zur materiellrechtlichen Verweisung s. den Vierten Teil.; hervorzuheben ist, daß "incorporation" in Frankreich allerdings auch als autonome Rechtsbildung verstanden wurde, vgl. *Battifol* ZfRV 1. Jg. 1960, 52; *Deby-Gérard*, La rôle de la règle de conflit, S. 177 ff.

191 *Bauer*, Grenzen nachträglicher Rechtswahl durch Rechte Dritter, S. 4; *Erman-Hohloch* Art. 27 Rn. 10, 27; *Kischel*, State Contracts, S. 107 ff; *Kropholler*, Internationales Privatrecht, § 52 II 3 d); *Mäsch*, Rechtswahlfreiheit und Verbraucherschutz, S. 77 ff; *Münchner Kommentar-Martiny* Art. 27 Rn. 14; *Neuhaus*, Grundbegriffe § 33 IV 5; *Püls*, Parteiautonomie, S. 178; *Reithmann-Martiny*, Internationales Vertragsrecht, Rn. 66; *Simitis* JuS 1966, 217 u. Fn. 62; *Soergel-von Hoffmann* Art. 27 Rn. 23; *Staudinger-Magnus* Art. 27 Rn. 33.

pflichtungsversprechen angesehen werden. Stabilisierungsobjekt ist beispielsweise bei einem Verstaatlichungsverzicht nicht der Vertrag, der von etwaigen Enteignungsmaßnahmen des Staates laut Parteiwillen nicht betroffen werden soll, sondern die Rechtsordnung selbst, da diese nicht mit dem Resultat einer Verstaatlichung der Güter des Investors verändert werden darf. Inwieweit ein Staat sich selbst in dieser Art und Weise zu binden vermag oder nicht, war lange eine ausgiebig diskutierte Frage, die immer noch nicht ganz abschließend geklärt ist. Diskutiert werden hier verschiedene Varianten, die zu einer Bindungswirkung des Staates führen sollen, wobei insbesondere die Internationalisierung des State Contract, etwa durch Verweis auf das Völkerrecht oder auf allgemeine Rechtsgrundsätze, diskutiert wird.[192]

Gänzlich andere Fragen ergeben sich bei der Verwendung von Verzichtsklauseln zwischen Privaten. Findet sich eine solche Klausel in einem internationalen Vertrag ohne Staatenbeteiligung, so soll dadurch der Vertrag selbst stabilisiert werden, wohingegen die Parteien auf das Vertragsstatut keinen Einfluß zu nehmen gedenken und auch nicht nehmen können. Die Frage, inwieweit die Parteien befugt sind, auf neu entstehende Ansprüche vertraglich zu verzichten, ist anhand des Vertragstatuts zu beantworten. Dabei kann es wichtig sein zu differenzieren, ob auf einen Anspruch selbst oder auf einen Rechtsbehelf verzichtet wird, da im zweiten Fall neben dem materiellen Vertragsstatut auch das Prozeßrecht eine Rolle spielt.

Die *Nichtanwendungstechnik* wird in der Literatur teilweise als eigene Stabilisierungstechnik genannt.[193] Der dogmatische Hintergrund einer "Nichtanwendungsvereinbarung" und einer Verzichtserklärung bei State Contracts ist jedoch derselbe, nämlich das Verpflichtungsversprechen des hoheitlichen Vertragspart-

---

192 siehe etwa *Bartels*, Contractual adaptation and conflict resolution, S. 22 ff; *Bippus*, Der internationalrechtliche Schutz von Investitionen im Ausland, S. 194 ff; *Clagett*, Virginia Journal of International Law Vol. 25:1 1984, 87 f; *David*, Clunet 113 (1986), 113 ff; *Ebenroth*, JZ 1987, 265 ff; *ders.*, Code of Conduct, S. 452 ff; *Ebenroth/Bader*, WM 1991, 661 ff; *Herdegen*, Internationales Wirtschaftsrecht, S. 206 ff; *Hiefner*, Völkerrechtliche Grenzen hinsichtlich der Vertragsfreiheit, S. 79 ff; *Horn*, in: Die Anpassung langfristiger Verträge, S. 22 f; *Kahn*, Rev. arbitr. 1985, 657 ff; *Kischel*, State Contracts, S. 356 f; *Laviec*, Protection et promotion des investissements, S. 261 ff; *Leboulanger*, Les contrats entre états et entreprise étrangère, S. 91 ff; *Mengel*, RIW 1983, 739 ff; *Nassar*, Journal of International Arbitration, Vol. 14 No. 3 September 1997, 185 ff; *Stoll*, Vereinbarungen zwischen Staat und ausländischem Investor; *Veith*, Der Schutz von ausländischem Vermögen im Völkerrecht, S. 112 ff; *Wälde*, Denver Journal of International Law and Policy 1978, 66 ff; *Weil*, Mélanges Rousseau, S. 300 ff.

193 *Merkt*, Investitionsschutz, S. 63.

ners gewisse Staatsbefugnisse nicht auszuüben, so daß nicht der Vertrag, sondern der gesetzliche Rahmen des Vertrages Gegenstand der Stabilisierung ist.

Gleiches gilt auf den ersten Blick auch für die *Unberührbarkeitstechnik.* Stellt man aber bei der Verwendung von Unberührbarkeitsklauseln auf den Schutz vor Einzelfallmaßnahmen des Staates ab,[194] so betritt man Bereiche, die etwa im deutschen Recht im Zusammenhang mit dem Verwaltungsvertrag oder im französischen Recht im Kontext mit dem contrat administratif stehen.[195] Stabilisierungsmaterie ist auch hier nicht die vertragliche Vereinbarung, sondern der rechtliche Rahmen des Vertrages, der freilich nicht nur durch allgemeingültige Normen, sondern auch durch staatliche Einzelfallmaßnahmen gestaltet wird. Die zentralen Regelungen hierzu stehen regelmäßig im nationalen Verwaltungsrecht, so daß keine Aussage über die Gültigkeit solcher Vereinbarungen über das jeweilig anwendbare Recht hinaus getroffen werden kann. Jedoch sind von einem nationalen Recht unabhängige Aussagen möglich, wenn man das Verpflichtungsversprechen des Staates von dem nationalen Rechtsordnungsgefüge zu lösen versucht. Dann aber ist die Situation identisch mit der bei Verwendung von Verzichtsklauseln oder Nichtanwendungsklauseln in State Contracts. Darum ist festzuhalten, daß die von *Weil* vertretene Trennung[196] der Unberührbarkeitstechnik von der Nichtanwendungstechnik in State Contracts eine Berechtigung nur dann findet, wenn die Zulässigkeit solcher Vereinbarungen anhand konkreter nationaler Bestimmungen geprüft werden soll. Soll hingegen unabhängig von einer nationalen Rechtsordnung die Frage der Zulässigkeit derartiger Vereinbarungen beantwortet werden, dann ist eine solche Trennung verzichtbar, denn in welches Kleid der Staat die Maßnahmen steckt – etwa in Gestalt eines Einzelgesetzes oder in Gestalt einer Einzelfallmaßnahme – kann für eine vom nationalen Recht losgelösten Betrachtung nicht erheblich sein, da es schließlich oftmals im Ermessen des Staates steht, sich für ein konkretes Regelungsmittel zu entscheiden.

---

194 so wohl in erster Linie *Weil,* Mélanges Rousseau, S. 307 ff; ihm folgend: *Leboulanger,* Les Contrats entre États et Entreprises Étrangères, S. 92 ff; a.A. *Kischel,* State Contracts, S. 75.

195 der Verwaltungsvertrag nach deutschem Recht und der contrat administratif nach französischem Recht sind freilich alles andere als identisch; z.B. handelt es sich im französischen Recht, anders als im deutschen Recht, auch regelmäßig um einen contrat administratif, wenn eine Verwaltungsbehörde Sachen kauft.

196 *Weil*, Mélanges Rousseau, S. 307 ff.

3. Ergebnis

Nach alledem lassen sich die folgenden Ansätze für die Stabilisierung eines internationalen Vertrages unterscheiden, die zugleich Grundlage einer Kategorisierung der Stabilisierungsklauseln sind:

- die zeitliche Rechtswahl,
- die Inkorporation bzw. die materiellrechtliche Verweisung,
- der Verzicht auf durch Rechtsänderung entstehende Rechte bzw. Rechtsbehelfe.

Bei diesen drei in Betracht kommenden Techniken wird der Vertrag stabilisiert, auf die Rechtsänderungen als solche wird kein Einfluß genommen. Für den Verzicht gilt dies freilich nur außerhalb von State Contracts. Ob bei der intertemporalen Rechtswahl und bei der materiellrechtlichen Verweisung das Kollisionsrecht eine Rolle spielt, ist fraglich.

Zu diesen Kategorien treten die folgenden zwei Ansätze, die ausschließlich im Zusammenhang mit State Contracts eine Rolle spielen, die vor der Rechtsänderung selbst schützen sollen:

- das Verpflichtungsversprechen des Staates, nicht durch Gesetze auf den State Contract Einfluß zu nehmen,
- das Verpflichtungsversprechen des Staates, nicht durch Einzelfallmaßnahmen auf den State Contract Einfluß zu nehmen.

Diese Ansätze können jeweils noch dahingehend unterteilt werden, ob die Rechtsänderung per se oder lediglich die Wirkung der Rechtsänderung ausgeschlossen werden soll.

In den nun folgenden Teilen der Arbeit werden die ersten beiden Rechtstechniken näher untersucht.

Dritter Teil: Die kollisionsrechtliche Verweisung

In diesem Teil wird zunächst dargestellt, inwiefern die Rechtsprechung mit der Frage der Stabilisierung durch kollisionsrechtliche Verweisung konfrontiert wurde (A.). Dann werden die im Schrifttum einiger europäischer Länder zu diesem Thema vertretenen Sichtweisen vorgestellt (B.). Die in Rechtsprechung und Lehre gefundenen Argumente werden im Anschluß berücksichtigt, und zwar bei der Untersuchung der Frage, ob eine zeitliche Stabilisierung durch kollisionsrechtliche Verweisung nach den Vorschriften des EVÜ möglich ist (C.). In Anbetracht dessen ist auch der Frage nachzugehen, ob EVÜ und Internationales Privatrecht überhaupt die Möglichkeit bieten können, die temporäre Fassung der lex causae gegen deren eigene späteren Regelungen durchzusetzten.

A. Rechtsprechung zur gewillkürten zeitlichen Versteinerung

I. Deutsche Rechtsprechung

Begibt man sich auf die Suche nach deutscher Rechtsprechung zum Thema Versteinerung und Internationales Privatrecht, so wird man zunächst nicht im Bereich des internationalen Schuldrechts fündig, sondern im Bereich des Ehegüterstatuts.[197] Unter dem Stichwort der "Versteinerungstheorie" oder der "Versteinerung des Güterstandes" wird nach Auffassung der deutschen Judikatur die folgende Situation beschrieben: Ausgangspunkt ist der Unwandelbarkeitsgrundsatz des Art. 15 EGBGB. Das anwendbare materielle Güterrecht eines Staates ist unwandelbar, wenn die Änderung des sachlichen Rechts erst eintritt, nachdem der Ehegatte die für die Anknüpfung wesentliche Beziehung zu diesem Staat verloren hat.[198] Der deutsche Begriff der Versteinerungstheorie wird in diesem Kontext übrigens auch in der französischen Literatur verwandt.[199] Die hier interessierende

197 zu denken ist etwa an die Fälle sudetendeutscher Flüchtlinge, die vor 1938 unter tschechoslowakischem Recht geheiratet hatten und auf deren Ehe spätere Änderungen des tschechoslowakischen Rechts nicht mehr angewendet wurden.

198 BGHZ 40, 32; OLG Hamm NJW 1977, 1591.

199 *Batiffol/Lagarde*, Droit international privé, Bd. I, Rn. 334, Fn. 7; *Mayer*, Droit international privé, Rn. 258; *Rigaux*, Droit international privé, Bd. I., Rn. 388 sprechen etwa von der in Deutschland anerkannten "Versteinerungstheorie".

Frage der Unwandelbarkeit des Statuts im Bereich des internationalen Schuldrechts ist im Unterschied zur Frage der Versteinerung des Güterstatuts ein in der Judikatur nahezu unbekanntes Thema. Soweit ersichtlich mußten sich deutsche Richter nur in einem Zusammenhang – dafür aber mehrmals – mit der Frage der kollisionsrechtlichen Stabilisierung im Bereich des internationalen Schuldrechts befassen.[200] Dabei ging es um Konsequenzen, die aus einem Gesetz der Vereinigten Staaten von Amerika vom 5. Juni 1933 herrührten (Joint Resolution).[201] Stichwortartig zusammengefaßt handeln diese Fälle von dem Umgang mit Fremdwährungsschuldverschreibungen im Falle einer Abwertung der maßgeblichen Währung. Eine herausragende Rolle spielten in diesem Kontext sogenannte "Goldwertklauseln" (auch "Goldklauseln"), denen die Aufgabe zukam, den Wert der Währung in einem bestimmten Zeitpunkt festzuschreiben, nämlich in dem Zeitpunkt, in dem für die Währung noch eine Goldbindung bestand. Diese Situation läßt auf den ersten Blick an zeitgenössische Wertsicherungsklauseln[202] denken, wie sie insbesondere in langfristigen Verträgen vorkommen, nicht aber an eine kollisionsrechtliche zeitliche Fixierung. Zwar dienen Wertsicherungsklauseln in langfristigen Verträgen heute einem vergleichbaren Zweck wie die Goldwertklauseln damals, nämlich einer Begegnung von Inflationsgefahren, jedoch ist in dem hier interessierenden Kontext die transnationale Komponente der Fälle entscheidend. Denn die zentrale Frage ist, ob durch die Vorschaltung des Internationalen Privatrechts Rechtsänderungen im Vertragsstatut in den damaligen Fällen auf kollisionsrechtlichem Wege stabilisiert werden konnten. Ob ein ausländisches Gesetz über Wertsicherungsklauseln oder Preisklauseln nach heutiger Rechtslage im Rahmen des Internationalen Privatrechts als Eingriffsgesetz oder auf anderem Wege unabhängig von der parteiautonomen Rechtswahl Anwendung finden würde, ist eine andere, in der gedanklichen Prüfungsreihenfolge nachran-

---

200 mehrere Entscheidungen hatten sich dagegen mit einem analogen Problem zu beschäftigen, nämlich mit Änderungen des Vertragsstatuts aufgrund eines Souveränitätswechsels, vgl. RGZ 107, 118; 108, 298; 121, 337; 131, 41; tradiert ist auch ein Urteil des BayObLG vom 5. November 1927, JW 1928 II, 2030, wo das Gericht mit einem Anspruch auf Bilanzerteilung konfrontiert, das russische Recht in der Fassung für maßgeblich erachtete, in der es zur Zeit der Begründung des Rechtsverhältnisses bestand.

201 gleiches galt für die Konsequenzen aus einem entsprechendem kanadischem Gesetz aus dem Jahre 1937, womit insbesondere französische Gerichte beschäftigt waren.

202 mit der Einführung des Euro zum 1. Januar 1999 sind § 2 Preisangaben- und Preisklauselgesetz sowie die Preisklauselverordnung in Kraft getreten. Die Zuständigkeit für die Genehmigung von Wertsicherungsklauseln in privatrechtlichen Verträgen ist von der Deutschen Bundesbank und den Landeszentralbanken auf die Bundesanstalt für Wirtschaft in Eschborn übergegangen; Quelle: Tagesnachrichten des Bundesministeriums für Wirtschaft vom 5. Januar 1999.

gige Frage.[203] Ebenso spielen währungsrechtliche Besonderheiten für Wertsicherungsklauseln und Devisenvorschriften insoweit keine Rolle. Zwar ist die Reichweite des Schuldvertragsstatuts im Verhältnis zum Währungsstatut nach wie vor unsicher, insbesondere bei einer Verschiebung des Äquivalenzinteresses,[204] doch fokussiert werden im folgenden gerade die Ausführungen in den Urteilsbegründungen, die nicht auf diese Besonderheiten eingehen, sondern die unabhängig von der währungsrechtlichen Materie Gedanken zur parteiautonomen Versteinerung internationaler Verträge liefern.

Stellvertretend für die Goldklauselfälle vor deutschen Gerichten stehen die folgenden Beispiele.[205]

1. "Goldwertklauseln"

(a) Urteil des OLG Köln in der Sache 2 U 23/35[206]

In dem Fall vor dem OLG Köln[207] nahm die Beklage bei einer New Yorker Bank eine Anleihe in Höhe von 300.000 Dollar auf, wovon der Kläger eine Teilschuldverschreibung in Höhe von 1.000 Dollar erwarb. Die vertraglich bestimmte Dollarwährung wurde wie folgt konkretisiert:

"Goldwährung der Vereinigten Staaten von Amerika von oder entsprechend dem jetzigen Gewicht und Feingehalt."

Aufgrund der o.g. Joint Resolution wurde der Dollar später von seiner Goldbasis gelöst und die Zinsen der Teilschuldverschreibung wurden infolgedessen auf Grundlage des Papierdollars ausgezahlt. Dagegen wandte sich der Kläger, der bezüglich der Zinsen den alten, auf Golddeckung beruhenden Kurs beanspruchte. Während die erste Instanz diesem Begehr entsprach, war das OLG Köln konträrer Auffassung. Das Gericht kam zu dem Schluß, daß amerikanisches Recht entscheidend sei und nach amerikanischem Recht bestünde der geltend gemachte Anspruch nicht. Auch Überlegungen zum Verstoß gegen den damaligen Art. 30 EGBGB (Verstoß gegen die guten Sitten oder den Zweck eines deutschen Gesetzes) und zu einem möglichen Wegfall der Geschäftsgrundlage fruchteten in casu nicht.[208]

---

203 s. m.w.N. zu Eingriffsnormen, *Lorenz* RIW 1987, 578 ff; *Martinek*, IPRax 1987, 277; *Schurig* RabelsZ 54 (1990), 217.

204 m.w.N. *Pfeiffer*, NJW 1999, 3677; s. zu Versteinerungsklauseln und Art. VIII Abschnitt 2 (b) S. 1 IWFÜ *Staudinger-Ebko*, Anhang zu Art. 34 Rn. 56.

205 siehe auch das Urteil des OLG Düsseldorf in: IPRspr. 1934 Nr. 93 b.

206 Urteil vom 13. September 1935, in: JW 1936, 203 f.

207 Senat in Saarlouis.

208 JW 1936, 204.

Bis hierhin ist die Entscheidung nicht von Interesse für die gestellte Frage, ob die Parteien das Recht in zeitlicher Hinsicht beeinflussen können oder nicht. Die Goldwertklausel kann jedoch als partieller, zeitlicher Stabilisierungsversuch des gewählten Rechts verstanden werden, und zwar insofern, daß entsprechende Rechtsänderungen im Vertragsstatut die Absprache nicht tangieren sollten. Das Urteil enthält in Anbetracht dessen folgendes obiter dictum, das sich mit dem gleichfalls einschlägigen Urteil[209] in einem ähnlich gelagerten Fall vor dem Obersten Gerichtshof des Saarlandes beschäftigt. Dort ging man von der Wirksamkeit der Goldklausel aus, weil diese gegen Auswirkungen eines Gesetzes wie der Joint Resolution gerade gerichtet gewesen sei. Vor diesem Hintergrund meinte das OLG Köln:

"Es ist hierzu ausgeführt worden, wenn man einer Vertragspartei, die nicht örtlich dem Gesetze eines fremden Staates unterstellt sei, die Freiheit lasse, zu bestimmen, ob und inwieweit für ihre Verpflichtung Fremdrecht zur Anwendung komme, **dann habe es auch in ihrer Macht gestanden,** bei der Teilschuldverschreibung **die Anwendbarkeit des amerikanischen Rechts dergestalt zu umgrenzen, daß spätere Gesetzesänderungen**, durch welche der Umfang der von der Beklagten unternommenen Verpflichtungen sonst eingeengt worden wäre, **unbeachtet bleiben sollen. Diese Möglichkeit hat allerdings an sich nach den Grundsätzen des internationalen Privatrechts bestanden**, aber die Folgerung, daß der mutmaßliche Wille der Beteiligten bei der Begründung der Schuld soweit gereicht hat, ist ein Trugschluß." (Hervorhebungen des Verfassers)

Die hier zur Entscheidung berufenen Richter des OLG Köln sowie die Richter des Obersten Gerichtshofes des Saarlandes in dem in Bezug genommen Fall gingen also davon aus, daß wenn die Vertragsparteien fremdes Recht in lokaler Hinsicht bestimmen dürfen, daß dann das gewählte Recht von den Parteien auch mit der Folge zeitlich fixiert werden kann, daß spätere Änderungen in diesem Recht für die Parteien unbeachtlich sind. Eine Differenzierung zwischen zwingendem und nachgiebigen Recht findet in den Urteilsausführungen nicht statt. Da die Bestimmungen der Joint Resolution aber als zwingendes Recht qualifiziert werden müssen,[210] ist nach diesem obiter dictum eine kollisionsrechtliche Stabilisierung auch gegenüber zwingendem Recht möglich.

Anders als in dem Sachverhalt, über den der Oberste Gerichtshof des Saarlandes zu entscheiden hatte, hatte es in dem konkretem Fall vor dem OLG Köln nach Meinung der Richter lediglich an einem entsprechenden zeitlichen Fest-

---

209 Urteil des Obersten Gerichtshofs im Saarland 2 U 426/34 (unveröffentlicht).

210 dazu *Duden*, RabelsZ 1935, 624 und zur Frage, weshalb ein öffentlichrechtlicher Charakter der Joint Resolution abzulehnen ist, *ebenda*, S. 622; auch das RG ging von dem zwingenden Charakter der Joint Resolution aus, RG JW 1936, 2059.

schreibungswillen der Parteien gefehlt, weil keiner der Beteiligten daran gedacht hatte, daß ein amerikanisches Gesetz die Goldklausel mit rückwirkender Kraft für nichtig erklären würde. Bereits früher hatte die deutsche Rechtsprechung erkannt, daß grundsätzlich – also ohne anderslautende Vereinbarung bzw. anderen Parteiwillen – das Vertragsstatut in seiner jeweilig gültigen Fassung einschlägig ist, also inklusive aller nach Vertragsschluß eintretender Rechtsänderungen.[211] Nun aber sollte nach Auffassung des OLG Köln und des Obersten Gerichtshof des Saarlandes den Parteien die Macht zustehen, sich aus eigener Kraft von diesem Grundsatz zu lösen und nachträgliche Rechtsänderungen von der Anwendung auf ihre Vertragsabsprachen auszuschließen.

(b) Urteil des RG in der Sache 272/35[212]

Auch in diesem Urteil vom 28. Mai 1936 ging es um eine dem New Yorker Recht unterworfenen Anleihe, die eine Goldwertklausel enthielt, nur daß in dem konkreten Fall nicht über die Zinsen, sondern über die Hauptforderung gestritten wurde. Wie auch in dem vom OLG Köln entschiedenen Fall war eine zentrale Frage, wie das Verhältnis der Joint Resolution zu der Goldwertklausel zu bewerten ist. Während das KG als Berufungsinstanz in dem Fall noch meinte, daß die Rechtswahl New Yorker Rechts nicht auch die "Unterwerfung unter ein künftiges, die getroffene Goldwertabrede für unwirksam erklärendes Gesetz bedeutet habe",[213] war der IV. Senat des Reichsgerichts als Revisionsinstanz anderer Auffassung. In dem Urteil hieß es:[214]

"(...) **es ist nicht möglich, daß** ein Schuldverhältnis der Gesetzgebung eines bestimmten Staates unterworfen, dabei jedoch **ein einzelnes** gegenwärtiges oder befürchtetes **künftiges**, eine Sonderfrage regelndes **Gesetz von der Geltung ausgeschlossen wird, sofern dieses nicht etwa bloß nachgiebiges Recht gibt** und deshalb das Verbot seiner Anwendung der Unterwerfung unter die Gesetzgebungsmacht jenes Staates nicht widerspricht." (Hervorhebungen des Verfassers)

Als Begründung nannte das RG:

"(...); denn nur eine solche uneingeschränkte Unterwerfung unter irgendeine bestimmte gesetzgebende Gewalt gibt die (...) unentbehrliche Gewähr dafür, daß das Schuldverhältnis nötigenfalls auch gegen den selbstsüchtigen Willen des wirtschaftlich stärkeren Partners oder auch beider Partner unter Berücksichtigung

211 RG JW 1928, 1447; RG IPRspr. 1926 Nr. 42.
212 JW 1936, 2058 ff.
213 JW 1936, 2059.
214 JW 1936, 2059; damals kritisch in der Anmerkung zu diesem Urteil *Mügel*, JW 1936, 2062.

der jeweiligen allgemeinen Belange entsprechend den gemeinsamen Rechtsanschauungen der durch die gleiche Gesittung verbundenen Staaten geregelt wird."

Damit machte das RG deutlich, daß nach seiner Auffassung anders als nach den vorgenannten Urteilen der Untergerichte eine kollisionsrechtliche, zeitliche Stabilisierung hinsichtlich zwingenden Rechts bereits prinzipiell nicht möglich ist. Das RG vertrat dies ausdrücklich zwar nur hinsichtlich der Unmöglichkeit der zeitlichen Fixierung *einzelner* Gesetze und nicht hinsichtlich der Versteinerung der *gesamten* gewählten Rechtsordnung, jedoch ist die vom RG mitgelieferte Begründung übertragbar auf die Situation der Einfrierung eines Rechtssystems. Die angeführte Begründung besagt nämlich, daß zum Schutz schwächerer Vertragsparteien und zur Wahrung allgemeiner Interessen ein Vertrag stets einem wandelbaren, auf diese Faktoren Rücksicht nehmenden Recht unterworfen sein muß. Dies gilt freilich bei einem arretierten Rechtssystem in noch stärkerem Maße als bei einem einzelnen versteinerten Gesetz, da diese Gründe bei einer komplett eingefrorenen Rechtsordnung besonders virulent werden. Etwas anderes kann gemäß den Urteilsgründen nur für nachgiebiges Recht gelten, denn das dispositve Recht des fremden Staates ist nach dessen eigenen Vorgaben abdingbar.

Am Rande anzumerken ist, daß das RG in diesem Fall im Ergebnis der Goldwertklausel dennoch zu Erfolg verhalf, da es die Joint Resolution wegen Verstoß gegen den Zweck deutscher Gesetze gemäß dem damaligen Art. 30 EGBGB nicht für anwendbar hielt.

(c) Stellungnahme

Vor dem rechtshistorischen Hintergrund der Urteile ist anzumerken, daß die Unterscheidung von kollisionsrechtlicher und materiellrechtlicher Verweisung erstmals von *Zitelman*[215] und *Haudek*[216] herausgearbeitet wurde.[217] Zeitlich fallen die ausgewählten Urteile zwischen die Arbeiten von *Zitelmann* und *Haudek* und können somit als Beitrag zur Entwicklung der Unterscheidung zwischen materiellrechtlicher und kollisionsrechtlicher Verweisung gewertet werden.

Die Urteile zeigen zwar, daß die deutsche Rechtsprechung bei der Behandlung der Frage der parteiautonomen Arretierung fremden Rechts nicht konform war. Besonders bemerkenswert ist, daß die höchstrichterliche Rechtsprechung des RG bereits der heute überwiegenden Auffassung in der deutschen Literatur[218]

215 *Zitelmann*, Internationales Privatrecht Bd. I, S. 276 f.

216 *Haudek*, Die Bedeutung des Parteiwillens, S. 15 ff.

217 s. dazu Vierter Teil A.I.

218 die Möglichkeit einer kollisionsrechtliche Versteinerung verneinend: *von Bar*, Internationales Privatrecht Bd. II, § 4 II. 5 f; *Erman-Hohloch*, Art. 27 Rn. 10; *Merkt*, Investitionsschutz, S. 196; *Münchner Kommentar-Martiny*, Art. 27 Rn. 24; *Neuhaus*,

entspricht, nämlich daß die zeitliche Arretierung eines von den Parteien ausgesuchten Rechts nur bezüglich dispositiver Normen möglich ist.[219]

2. *Versteinerung der schiedsgerichtlichen Verfahrensordnung*

Mit Urteil vom 5. Dezember 1985 hat der dritte Zivilrechtssenat des BGHs entschieden, daß im Falle der Zuständigkeitsvereinbarung eines ständigen Schiedsgerichts der Parteiwille auch zukünftige Änderungen der Schiedsgerichtsordnung umfassen kann, wenn nicht auf eine bestimmte Fassung der Schiedsgerichtsordnung Bezug genommen wurde.[220] Die Auslegung, daß die Schiedsgerichtsordnung in ihrer jeweils gültigen Fassung gewählt ist, ist laut OLG Hamburg nicht statthaft, wenn die Parteien bei Abschluß des Schiedsvertrages auf eine bestimmte Fassung der Verfahrensordnung des Schiedsgerichts Bezug genommen haben.[221] Wenn gemäß diesen Entscheidungen die Parteien die gewählte Schiedsgerichtsordnung versteinern können, welcher Schluß ist dann für die kollisionsrechtliche Stabilisierung des Vertragsstatuts bei der Rechtswahl zu ziehen? Die Vereinbarung der Zuständigkeit eines Schiedsgerichts ist nach überwiegender Auffassung ein materieller Vertrag und die gewählte Schiedsordnung ist Teil

---

Grundbegriffe, § 33 IV 5; *Püls*, Parteiautonomie, S. 178; *Reithmann-Martiny*, Internationales Vertragsrecht, Rn. 66; *Simitis*, JuS 1966, 217; *Soergel-von Hoffmann*, Art. 27 Rn. 23; *Staudinger-Firsching*, Vor Art.12 aF, Rn. 332; *Staudinger-Magnus*, Art. 27 Rn. 41; *Stoll*, Vereinbarungen zwischen Staat und ausländischem Investor, S. 82 f; *dies.*, RIW 1981, S. 810; *Wengler*, Internationales Privatrecht, Bd. I., S. 545 f; die Möglichkeit einer kollisionsrechtliche Versteinerung bejahend: *Knittel*, Geltendes und nicht geltendes Auslandsrecht im Internationalen Privatrecht S. 74 ff; *Palandt-Heldrich*, Art. 32 EGBGB Rn. 1; *Sandrock*, Versteinerungsklauseln, S. 21 ebenfalls abgedruckt in: *ders.* Internationales Wirtschaftsrecht, S. 29 ff; *ders.*; Handbuch der internationalen Vertragsgestaltung Rn. 34 ff; *Schröder*, Internationales Vertragsrecht S. 30 (etwas kritischer nun *Schröder/Wenner*, Internationales Vertragsrecht (2. Aufl.), Rn. 125 ff); wohl auch *Kappus*, IPRax 1993, 140; *Wohlgemuth*, Veränderungen im Bestand des Geltungsgebietes des Vertragsstatuts, S. 79.

219 Auch behandeln die Urteile die in Betracht kommenden Rechtsinstitute, auf die bei Änderungen im gewählten Recht möglicherweise rekurriert werden kann: nämlich ad primum die hier zur zentralen Frage erhobene Möglichkeit der zeitlichen Rechtswahl, dann der mögliche Verstoß gegen den ordre public und schließlich die Erwägung eines Wegfalls der Geschäftsgrundlage. Letzteres ist eindeutig eine Frage, die anhand der Regeln der lex causae zu beantworten ist, während für die beiden anderen Überlegungen das IPR beachtlich ist. Wie gesehen, wird die "ordre public – Lösung" vom RG bevorzugt, anders als von einigen im Instanzenweg niedrigeren Gerichten, die grundsätzlich eine zeitliche Rechtswahl für möglich erachteten.

220 BGH, MDR 1986, 829.

221 OLG Hamburg, KTS 1983, 499, 503; VersR 1983, 299.

dieser materiellrechtlichen Abrede.[222] Bei der zeitlichen Festschreibung der Verfahrensordnung geht es somit ausschließlich um eine materiellrechtliche Fixierung und für die Frage der Zulässigkeit und Reichweite der kollisionsrechtlichen Stabilisierung haben diese Entscheidungen daher keinerlei Auswirkungen. Eine andere Auffassung vertritt allerdings eine ältere Literaturmeinung zur Schiedsgerichtsbarkeit nach dem Weltbankübereinkommen, wonach in Analogie zu der Norm, die den Parteien die zeitliche Fixierung der Schiedsordnung erlaubt (Art. 44 Satz 1 des Weltbankübereinkommens), geschlußfolgert wird, daß die Parteien das zur Zeit der Vereinbarung geltende Recht wählen dürfen.[223] An dieser Auffassung ist jedoch auszusetzen, daß die für eine Analogie nötige rechtliche Ähnlichkeit der Sachverhalte nicht besteht, weil die Wahl der Schiedsordnung nicht wie die Wahl des Vertragsstatuts auf kollisionsrechtliche Art und Weise geschehen kann.[224]

II. Französische Rechtsprechung

Anders als die deutsche Rechtsprechung wurde die französische Rechtsprechung nicht nur im Zusammenhang mit Goldwertklauseln mit dem Problem der zeitlichen Rechtswahl bzw. der zeitlichen Fixierung der lex causae in internationalen Verträgen konfrontiert, sondern auch in anderen Zusammenhängen. Ein weiterer Unterschied ist die Bedeutung, die den Urteilen auch noch Jahrzehnte nach ihrem Erlaß bis in die heutige Zeit hinein in dem französischen Schrifttum beigemessen wird,[225] wohingegen etwa das "betagte" Urteil des RG trotz seiner in dieser konkreten Frage heute noch zeitgemäßen Anschauung in der deutschen Literatur kaum mehr zitiert wird.[226]

---

222 zur "Vertraglichung" des Schiedsrechts m.w.N. *Berger*, Internationale Wirtschaftsschiedsgerichtsbarkeit, § 23 I.

223 *Pirrung*, Die Schiedsgerichtsbarkeit nach dem Weltbankübereinkommen, S. 154.

224 siehe auch Vierter Teil D.IV.

225 *Courbe*, Les objectifs temporels (1981), Rn. 373; *Delaume*, Transnational Contracts § 2.06. (1989); *Fouchard*, La loi régissant les obligations contractuelles (1983), S. 94; *Jacquet*, Principe d'autonomie (1983), Rn. 32 ff, 63 ff; *Pommier*, Principe d'autonomie (1992), S. 61; an älterer Literatur s. *Deby-Gérard*, La rôle de la règle de conflit (1973), S. 232 ff; *Domke*, La Clause "Dollar-or" (1935), S. 88 f, 92; *Gavalda*, Les conflits dans le temps (1955), Rn. 265 ff, 272 ff, 285 ff, 290 ff.

226 zitiert wird es heute z.B. noch von *Spickhoff*, RabelsZ 56 (1992), 132.

1. "Goldwertklauseln"

(a) Urteil der Cour de Paris vom 24. April 1940[227]

Durch Urteil vom 24. April 1940 entschied die Cour de Paris über einen Sachverhalt ähnlich den Sachverhalten, über die deutsche Gerichte im Kontext mit Goldklauseln zu befinden hatten, nur daß anstelle der amerikanischen Joint Resolution ein insoweit inhaltsgleiches kanadisches Gesetz in das Schuldverhältnis eingriff. Die *Societé des Services Contractuels des Messageries Maritimes* hatte eine kanadische Anleihe aufgelegt, wobei eine Goldwertklausel Bestandteil der Vereinbarung war. Kanada verbot mit Gesetz vom 10. April 1937 in retroaktiver Weise die Verwendung solcher Goldklauseln. Strittig war nun, ob auf Grundlage der Goldklausel oder auf Grundlage des kanadischen Papierdollars geleistet werden mußte. Das Gericht hat sich für die Zulässigkeit einer Regelung wie der Goldwertklausel ausgesprochen und hat das kanadische Recht insoweit nicht für anwendbar gehalten. Die Cour argumentierte dahingehend, daß die Parteien ihr "eigenes Recht machen würden" und daß daher das fragliche Gesetz nicht eingreifen würde. Diese Argumentation der Cour in Richtung rechtsordnungsloser Vertrag wurde nach dem Urteilserlaß sehr stark in der französischen Literatur kritisiert.[228]

(b) Urteil der Cour de cassation vom 21. Juni 1950[229]

Die Cour de cassation hatte nun in nächster Instanz über den eben dargestellten Fall zu entscheiden. In der Vorinstanz wurde die Goldklausel als wirksam erachtet und zu diesem Ergebnis kam auch die Cour de Cassation, allerdings mit einer völlig anderen Begründung: Das Gericht stellte zunächst fest, daß jeder internationale Vertrag notwendigerweise an das Recht eines Staates angeknüpft werden müsse und erteilte damit der Ansicht der Cour de Paris, daß es den Parteien freistünde, den Vertrag überhaupt keinem Recht zu unterstellen, eine klare Absage. In einem weiteren Schritt wurde die Goldklausel dann aber entgegen dem anwendbaren kanadischem Recht für gültig befunden. Dazu hieß es in der Urteilsbegründung:[230]

---

227 Recueil de Sirey 1942 II, 29 ff.

228 siehe etwa die Anmerkung zu dem Urteil von *Niboyet*, Recueil de Sirey 1942 II, 29 ff.

229 Revue critique de droit international privé 1950, 609 f; Recueil de Sirey 1951 I, 1 ff; Clunet 1950, 1196 ff.

230 Revue critique de droit international privé 1950, 610; Recueil de Sirey 1951 I, 3.

"Attendu qu'il appartient aux parties, en un tel contrat, **de convenir, même contrairement aux règles impératives de la loi interne appelée**, à régir leur convention, une clause valeur-or, dont la loi françaises du 23 juin 1928 reconnait la validité en conformité avec la notion françaises de l'ordre public international;

Attendue qu'il résulte des contestations des juges du fond que **les contractants s'étaient référés à la loi canadienne en vigueur lors de la formation du contrat et** (...), **ils avaient, par avance, entendue en soustraire leurs conventions à toutes mesures législatives, susceptibles** (...)"(Hervorhebungen des Verfassers).

Bedeutet dieses Urteil nun, daß die Parteien in Bezug auf die temporäre Fassung der gewählten Gesetze "Herren der Zeit" sind? Der Standpunkt des Gerichts zur Frage, ob es den Parteien freisteht, jede künftig in Kraft tretende gesetzlichen Neuregelungen auszuschließen, wird in der französischen Lehre nicht einheitlich interpretiert.[231] Jedenfalls eindeutig ist die Aussage des Gerichts, daß trotz des zwingenden Charakters des kanadischen Gesetzes, dieses keine Anwendung finden sollte. Dadurch vertrat die Cour de cassation zumindest im Ergebnis eine weitgehende kollisionsrechtliche Stabilisierung. Zwar äußert sich das Gericht nur fallbezogen zu der Wirkung der Goldklausel, da das Ergebnis aber eine partielle Versteinerung des Vertragsstatuts im Bereich der Währungsbestimmungen, die als zwingendes Recht erkannt werden, darstellt, kann die Entscheidung dahingehend interpretiert werden, daß die Parteien zur statischen kollisionsrechtlichen Verweisung ermächtigt sind.

Die französische Literatur kritisierte in Anbetracht dessen, daß es paradox sei, einerseits den internationalen Vertrag stets einem staatlichem Recht zu unterwerfen, andererseits dieses Recht dann aber nicht in der aktuellen Fassung anzuwenden[232] und währungsrechtliche Fragen damit faktisch jeglichen Währungsgesetzen zu entziehen.[233] Trotz der Kritik hielt die Cour de cassation auch in späteren Urteilen prinzipiell an dieser Rechtsprechung fest.[234]

---

231 *Batiffol*, ZfRV 1. Jg. 1960, 50; *Courbe*, Les objectifs temporels, Rn. 373; *Fouchard*, La loi régissant les obligations contractuelles, S. 94; *Jacquet*, Principe d'autonomie, Rn. 63 ff; *Pommier*, Principe d'autonomie, S.75 ff; *Vischer*, Internationales Vertragsrecht, S. 81.

232 *Niboyet*, Anmerkung zu diesem Urteil in Recueil de Sirey 1951 I, 2.

233 *Gavalda*, Les conflits dans le temps, Rn. 292; die Bedeutung des Hinweises der Cour auf das landeseigene Gesetz von 1928 ist in der Urteilsbegründung nicht eindeutig festzustellen. Es wurde insofern an dem Urteil zu Recht bemängelt, daß dieses interne Währungsfragen regelnde französische Gesetz aus dem Jahre 1928 keinen Einfluß auf ausländische Währungsgesetze haben könne, vgl. *Niboyet*, Anmerkung zu diesem Urteil in Recueil de Sirey 1951 I, 2.

234 Urteil vom 29. Oktober 1964, Clunet 1969, 637 mit Anmerkung *Goldman*, 639.

2. *Andere Sachverhalte*[235]

(a) Urteil der Cour de cassation vom 15. Mai 1935[236]

In dem diesem Urteil zu Grunde liegenden Sachverhalt schuldete aus Warenlieferung die französische Vertragspartei der anderen, ausländischen Partei eine größere Summe, die sie trotz mehrfacher Mahnungen nicht beglich. In dem Rechtsstreit mußte das Gericht entscheiden, ob der ausländische Gläubiger Verzugszinsen verlangen konnte. Diese Frage war abhängig davon, ob das anwendbare Recht im Zeitpunkt des Vertragsschlusses oder im aktuellen Zeitpunkt der Entscheidung Anwendung finden sollte, weil zwischenzeitlich eine entsprechende Gesetzesänderung im Vertragsstatut stattgefunden hatte. Dazu führte das Gericht aus: [237]

"(...) qu'en l'absence de tout indication contraire, **les éffets de la convention envisagée devaient être déterminés par la loi** du lieu et **du temps où elle avait été souscrite**;(...)" (Hervorhebungen des Verfassers).

Demzufolge war also das Recht entscheidungserheblich, das im Zeitpunkt des Vertragsschlusses bestand und die spätere Rechtsänderung war für die Parteien ohne Belang. Zudem wurde die zeitliche Fixierung mangels anderer Anhaltspunkte von dem Gericht sogar vermutet, so daß die Versteinerung somit zum Regelfall erhoben wurde. Ohne eine anderslautende Absprache sollte demnach also stets das "alte", im Moment des Vertragsschlusses geltende Recht maßgeblich sein. Es muß als Folge dieser Rechtsprechung angesehen werden, daß Vertragsparteien in Frankreich bei internationalen Verträgen dazu übergingen, vertraglich ausdrücklich zu bestimmen, daß künftige Änderungen im gewählten Recht Anwendung finden sollen.[238] Diese Regel, daß das gewählte Recht grundsätzlich im

---

235 siehe auch das Urteil der Cour de cassation vom 14. April 1934, Recueil de Sirey 1935, 201 f; in diesem Fall ging es um einen Kaufvertrag zwischen einer deutschen und einer französischen Partei, bei dem sich die Frage stellte, ob dieser durch ein nachträgliches, rückwirkendes, deutsches Aufwertungsgesetz betroffen wird. Das deutsche Gesetz wurde nicht von den französischen Richtern angewandt, wobei die Gründe dafür nicht ganz klar sind; dies meint auch *Niboyet* in seiner kritischen Anmerkung zu diesem Urteil (Recueil de Sirey 1935, 201 f).

236 Revue critique de droit international 31 (1936), 463 f; ähnlich bereits zuvor das Urteil der Cour de cassation vom 14. April 1934, G. P. 1925 I., 533.

237 Revue critique de droit international 31 (1936), 464.

238 Ein Arbeitsvertrag zwischen einer französischen und einer mauretanischen Partei enthält die ausdrückliche Regelung, daß auch zukünftige Änderungen des gewählten mauretanischen Rechts maßgeblich sein sollen; der Vertrag war Gegenstand eines Urteils der Cour d'appel de Rennes, Clunet 1978, 885 ff; *Lyoen-Caen* sieht in der Anmerkung zu diesem Urteil eine solche Parteivereinbarung als "clause de style" an,

eingefrorenen Zustand wirken soll, wurde in der Folge aber von der französischen Rechtsprechung dennoch nicht als Grundsatz für das kollisionsrechtlich als maßgeblich befundene Recht postuliert. Vielmehr wurde in späteren Urteilen klargestellt, daß zeitliche Kollisionen im ausländischem Vertragsstatut prinzipiell anhand dessen intertemporaler Regeln zu lösen sind.[239] Nicht zuletzt wegen dem zitierten Urteil ist dies in der französischen Literatur aber gerade dann strittig, wenn das Vertragsstatut parteiautonom gewählt wird.[240]

Fraglich ist in dem Urteil die Reichweite der Stabilisierung, ob also auch zwingendes Recht nach Auffassung des Gerichts versteinert werden konnte oder nur nachgiebiges Recht. In dem Urteil wird nicht erwogen, ob die entscheidende ausländische Regelung zwingender oder dispositiver Natur war. Auf den ersten Blick wird man bei der Frage der Regelung von Verzugszinsen zunächst eher an nachgiebiges Recht denken, da dies jedenfalls der heutigen Rechtslage in Deutschland entspricht. Zumindest zwei Überlegungen sprechen aber dafür, daß das Gericht von einer auch das zwingende Recht umfassenden zeitlichen Fixierung ausging: Einerseits ist die streitentscheidende Regelung über die Verzugszinsen wegen der damaligen besonderen Umstände wahrscheinlich als zwingendes Recht zu qualifizieren, da diese Regelung vom Gesetzgeber getroffen wurde, um durch den Ersten Weltkrieg entstandene Verzögerungen bei der Erfüllung von Schuldverhältnissen nicht einseitig dem Schuldner aufzubürden. Andererseits kann daraus, daß sich das Gericht überhaupt nicht mit der Frage nach dem zwingendem oder dispositivem Charakter der Regelung beschäftigt hat, geschlossen werden, daß dies für das Gericht unerheblich war und daß es seine Aussage nicht auf nachgiebiges Recht beschränkte.

(b) Urteil der Cour de cassation vom 19. Okober 1938[241]

Durch ein deutsches Gesetz aus dem Jahre 1925 wurde auf Grund der Inflation die Mark neu bewertet, was in einigen Fällen vor französischen Gerichten zur Frage der rückwirkenden Anwendbarkeit dieses Gesetzes führte. In drei Urteilen wird die Anwendung des deutschen Gesetzes abgelehnt mit der zentralen Begründung, daß die Anwendung ausländischer rückwirkender Gesetze gegen den

---

weil bei Arbeitsverträgen der Wille der Parteien nicht für die Nichtanwendung neuer Gesetze ausreiche, Clunet 1978, 892; s. zu "Tagesrechtsklauseln" *Merkt,* Investitionsschutz, S. 42.

239 s. etwa das Urteil der Cour de cassation vom 3. März 1987 in Revue critique de droit international privé (77) 1988, 695.

240 s. *Francescakis/Graulich*, Répertoire de droit international, Bd. I, S. 513, 515 u. m.w.N. Dritter Tei B.II.

241 Revue critique de droit international (34) 1939, 127; G.P. 1938, 2, 886.

französischen ordre public verstoße.[242] Im Ergebnis der Nichtanwendung des deutschen Gesetzes gleich, aber mit anderer Begründung, entschied in solch einem weiteren Fall die Cour de cassation im Urteil vom 19. Oktober 1938.[243] Anders als in den zuvor genannten Urteilen beruhte die Entscheidung nicht in erster Linie auf ordre public - Erwägungen im Zusammenhang mit der Rückwirkung neuer Gesetze, sondern auf Ausführungen zur Autonomie des Willens der Parteien. Vergleichbar den Fällen hinsichtlich der Frage nach der Wirksamkeit der Goldklausel wurde die Autonomie der Parteien zum Dreh- und Angelpunkt der Entscheidung. Das Gericht meinte, daß nach dem Willen der Parteien spätere Rechtsänderungen des fremden Rechts "abgeschnitten" werden können.

(c) Urteil der Cour de cassation vom 31. Mai 1972[244]

In diesem Rechtsstreit ging es u.a. um einen zeitlichen Gesetzeskonflikt. Fraglich war diesbezüglich, ob auf ein Arbeitsverhältnis im Senegal aktuelles Recht oder das zum Zeitpunkt des Vertragsschlusses existierende Recht Anwendung finden sollte. Vergleichbar dem Urteil der Cour de cassation vom 15. Mai 1935[245] entschied sich das Gericht für

"(...) la loi (...) en vigueur à la époque de la conclusion du contrat (...)."

Jedoch ist dieses Urteil wegen der weiteren Faktoren, die in diesem Fall von Bedeutung waren, nicht ohne weiteres ein Beispiel für die gerichtliche Anerkennung der kollisionsrechtlichen Stabilisierung. Denn in dem Fall ging im Senegal ein Souveränitätswechsel voraus, und zwar als die ehemalige französische Kolonie zum selbständigen Staat wurde. Der Souveränitätswechsel ist aber für die intertemporale Kollision ein besonderer Umstand, der mit parteiautonomer Regelungsbefugnis nichts gemein hat.[246] Denn der Wechsel der Machtverhältnisse kann für sich allein als Umstand bereits dafür genügen, daß ausnahmsweise die lex causae nicht in ihrer aktuellen Fassung, sondern in einer älteren, vor dem Zeitpunkt des Souveränitätswechsels liegenden Fassung angewandt wird. Dies gilt jedenfalls dann, wenn der Gesetzeswechsel radikaler Art ist. Welcher Faktor

242 Urteil des Tribunal de la Seine vom 9. April 1930, Clunet 1930, 1012; Urteil des Tribunal de Strasbourg vom 6. April 1932, Clunet 1934, 929; Urteil des Tribunal de la Seine vom 26. Mai 1936, Revue critique de droit international 1938, 71.

243 Revue critique de droit international 1939, 127.

244 Revue critique de droit international privé 1973, 684 mit Anmerkung von *Lagarde*, ebenda 685.

245 Revue critique de droit international 31 (1936), 463 f; ähnlich bereits zuvor das Urteil der Cour de cassation vom 14. April 1934, G. P. 1925 I., 533.

246 siehe auch das Urteil der Cour de cassation vom 23. April 1969, Revue critique de droit international privé 1969, 717.

in dem Urteil letztlich ausschlaggebend war, ist der Begründung nicht zu entnehmen. Daher kann dieses Urteil nicht uneingeschränkt als Beispiel für eine gerichtlich anerkannte kollisionsrechtliche Stabilisierung zitiert werden.

3. *Stellungnahme*

Die französischen Urteile werden bis zum heutigen Tag zwar in der französischen Literatur behandelt,[247] was aber nicht bedeutet, daß sie als sonderlich aufschlußreich erachtet werden.[248] Auffällig ist, daß auch die höchstrichterliche französische Rechtsprechung immer wieder eine zeitliche Fixierung des gewählten Rechts für möglich gehalten hat und zwar auch hinsichtlich zwingendem Recht. Dafür erntete sie viel nationale und internationale Kritik, wie etwa von *Delaume*, der dies als "einsamen Kreuzzug ohne Echo in anderen Rechtssystemen" bezeichnet hat.[249]

III. Rechtsprechung anderer Länder im Überblick

Aus der *englischen Rechtsprechung* sind zwei Fälle bekannt, in denen es ebenfalls um Probleme durch abgewertete Währung wegen Lösung vom Goldstandard in internationalen Verträgen ging.[250] Hinsichtlich der Möglichkeit der kollisionsrechtlichen Stabilisierung enthalten diese Urteile mehrdeutige Ausführungen.[251] Aus diesem Grund wurde die englische Rechtsprechung teilweise bewußt in der Diskussion in der internationalen Literatur ausgespart.[252] Eindeutige englische Rechtsprechung existiert zu der grundsätzlichen Berücksichtigung von Modifikationen im Vertragsstatut.[253]

Als ein *belgisches Gericht* mit einem Goldklauselfall konfrontiert wurde, entschied es ähnlich wie das OLG Köln:[254] Eine auf Parteiwillen beruhende Fixierung des Rechts wurde für möglich erachtet, in den konkreten Fällen wurde je-

---

247 s. Fn. 225.

248 *Courbe*, Les objectifs temporels, Rn. 373; *Deby-Gérard*, La rôle de la règle de conflit, S. 234, 264.

249 *Delaume*, Transnational Contracts, § 2.06.

250 *R. v. International Trustee for the Protection of Bondholders A/G*, 1937 A.C. 500 H.L.; Re *Helbert Wagg & Co. Ltd.'s* Claim, 1956 Ch. 323.

251 *Lorenz*, Vertragsabschluß und Parteiwille im internationalen Obligationsrechts Englands.

252 *Batiffol*, ZfRV 1. Jg. 1960, 53.

253 *Rossano v. Manufacturers' Life Insurance Co.* 2 Q.B. 1963, 352, 362; *Kahler And Midland Bank LD*, A.C. 1950, 24; 57.

254 JW 1936, 204.

doch ein entsprechender Wille der Parteien nicht vorgefunden. Als Voraussetzung solch eines Willens nannte das belgische Forum, daß er deutlich zu Tage getreten sein müsse.[255]

In der *Schweizer Judikatur* finden sich zwei einschlägige Urteile, wovon eines auf der Linie des belgischen Urteils und des Urteils des OLG Köln liegt, wo also den Parteien prinzipiell die Macht zugestanden wurde, über die zeitliche Fassung des gewählten Rechts zu befinden.[256] In einem anderen Urteil heißt es dagegen eindeutig:[257]

"Nach den Grundsätzen des internationalen Privatrechts **geht es nicht an, die Verweisung nur auf die Gesetze zu beziehen, die zur Zeit des Vertragsschlusses in Kraft waren**. Die Vereinbarung eines bestimmten Rechts umfaßt vielmehr **in aller Regel** das Recht in seiner jeweiligen Form einschließlich jüngerer Gesetze." (Hervorhebungen des Verfassers)

Damit wird auch eine ausdrücklichen Vereinbarung der Parteien zur Versteinerung des Vertragsstatuts eine Absage erteilt. Die Begründung, daß eine solche Verweisung nach den Grundsätzen des Internationalen Privatrechts nicht möglich sei, ist allerdings wenig aufschlußreich, ebenso die Einschränkung "in aller Regel".

In einem Verfahren vor dem Obersten Gerichtshof in *Österreich* hatte dieser über das Verhältnis Goldwertklausel und Joint Resolution zu befinden. Wie das RG war das österreichische Gericht in seiner Entscheidung vom 25. November 1935 der Auffassung, daß Rechtsänderungen von zwingende Normen im gewählten Recht von den Parteien nicht von vornherein abgewählt werden können.[258]

Aus *Italien* ist ein älteres Urteil bekannt, wonach das maßgebliche Recht in einem bestimmten Zeitpunkt bestehend gewählt werden kann, wenn die Parteien den entsprechenden Willen hinreichend deutlich gemacht haben.[259]

---

255 Urteil der Cour de Cassation Belge vom 24.02.1938 in: Revue critique de droit international privé 1938, 661.

256 Urteil des OG Zürich vom 19.12.1928, zitiert bei *Wohlgemuth*, Veränderungen im Bestand des Geltungsbereichs des Vertragsstatuts, S. 274.

257 Urteil des Handelsgerichts des Kantons Bern vom 23. Februar 1939, SchwJZ 36 (1939/40), 69, 72.

258 Amtsblatt der österreichischen Justizverwaltung 1935, 106.

259 Urteil der Corte di Cassazione vom 6. März 1940, Foro it. 65 (1940 I), 476 f.

IV. *Rechtsprechung der Schiedsgerichte*

1. *Schiedsrechtsprechung der Internationalen Handelskammer*

Die Schiedsrechtsprechung der Internationalen Handelskammer erinnert in ihrer Haltung zur Frage der Zulässigkeit der intertemporalen Petrifizierung an die französische Rechtsprechung der Cour de cassation von 1935.[260] Dafür spricht das folgende Beispiel: In einem Schiedsverfahren aus dem Jahre 1979 ging es um Zahlungsansprüche aus einer Lieferung von Ölprodukten von einem afrikanischen Staatsunternehmen an ein Staatsunternehmen eines anderen afrikanischen Staates. Vertragsstatut war das Recht des Landes, in dem der Verkäufer seinen Sitz hatte. Ob der Anspruch bestand oder nicht war insbesondere abhängig von der Frage, ob das Vertragsstatut in der Fassung zum Zeitpunkt des Vertragsschlusses angewendet werden sollte (dann französischer Code Civil) oder zum Zeitpunkt der Streitentscheidung (dann ein neuer Code Civil). Im Ergebnis wurde das Recht als maßgeblich erachtet, daß am Tage des Vertragsschlusses galt.[261] Die Schiedsrichter vertraten unter Verweis auf das in Art. 2 des französischen Code Civil festgeschriebenen Prinzips der Nicht-Rückwirkung von Gesetzen die folgende Auffassung:

"Les effets des contrats en cours au jour de changement de législation demeurent déterminés **par la loi en viguer au moment de la conclusion**: **tout le développement ultérieur du contrat restera gouverné par la loi initiale, la loi du jour du contrat**." (Hervorhebungen des Verfassers)

Daß der Gesetzesänderung ein Souveränitätswechsel vorausging und daß deshalb noch andere Faktoren streitentscheidend waren, ist der kommentierten Veröffentlichung des Schiedsspruches nicht ausdrücklich zu entnehmen. Hervorzuheben ist, daß in den "Beobachtungen" zu dem Schiedsspruch einerseits zunächst klargestellt wird, daß eigentlich bei zeitlichen Rechtskonflikten das intertemporale Recht des Vertragsstatuts Anwendung findet und daß auch in den parteiautonom geprägten Bereichen des Internationalen Privatrechts keine Ausnahme zu machen sei.[262] Demzufolge wäre das intertemporale Recht des Staates, in dem der Verkäufer seinen Sitz hatte, berufen gewesen. Auf dieses wurde andererseits aber in der Entscheidung nicht Bezug genommen, so daß die Schiedsrichter möglicherweise doch eine kollisionsrechtliche Versteinerung anerkannten.

260 Revue critique de droit international 31 (1936), 463 f; ähnlich bereits zuvor das Urteil der Cour de cassation vom 14. April 1934, G. P. 1925 I., 533.

261 Clunet 107 (1980), 951.

262 Clunet 107 (1980), 955.

2. *Rechtsprechung der Schiedsgerichte bei State Contracts*

In den Schiedsfällen, die sich im Rahmen von State Contracts mit Stabilisierungsklauseln beschäftigten, ging es bei der Diskussion um die Stabilisierung weniger um die Frage einer kollisionsrechtlichen zeitlichen Rechtswahl, als eher um ein völlig anderes Problem, nämlich ob durch die Rechtswahl eines anationalen Rechts (z.B. die Wahl allgemeiner Rechtsgrundsätze oder des Völkerrechts) der Vertrag gegen gaststaatliche Einflußnahme geschützt werden kann.[263] Kernfrage ist in diesem Zusammenhang die Möglichkeit einer Internationalisierung des Vertrages, entweder indem beispielsweise Völkerrecht kollisionsrechtlich gewählt wird oder indem der Vertrag dem Völkerrecht ohne kollisionsrechtlichen Zwischenschritt unterstellt wird. Dabei zielt die Lösung des Vertrags vom Statut des Gaststaates bereits per se auf eine Stabilisierung ab. Daher wurden Stabilisierungsklauseln in einigen Fällen als Indiz für eine Vertragsinternationalisierung angesehen, auf die Frage einer Parteiautonomie in temporärer Hinsicht wurde in den Entscheidungen hingegen nicht abgestellt. Vielmehr dreht sich hier die Diskussion insbesondere um die Einschränkbarkeit der Souveränität des Gaststaates. Infolgedessen sind diese Schiedssprüche für die hier aufgeworfene Frage der zeitlichen kollisionsrechtlichen Stabilisierung nicht aufschlußreich.

V. Stellungnahme

Die weitgehende Nichtexistenz von zeitgenössischen Judikaten zur kollisionsrechtlichen Stabilisierung stützt die auch von international tätigen deutschen Kanzleien bestätigte Annahme, daß entsprechende Regelungen in internationalen Verträgen kaum angetroffen werden.[264] An dieser Praxis hat sich auch nichts dadurch geändert, daß teilweise in Praktikerhandbüchern[265] oder in Praktikeraufsät-

---

263 s. Fn. 50.

264 so auch *Delaume*, Transnational Contracts, § 2.06; *Sandrock* "Versteinerungsklauseln", in Internationales Wirtschaftsrecht, S. 30; laut *Soergel-von Hoffmann* Art. 27 Rn. 23 wurde gelegentlich aber das – allerdings ohnehin dispositive – Haager Kaufrecht von den Parteien versteinert; das Institut de Droit International hält die Frage der Verwendung von Stabilisierungsklauseln in internationalen Verträgen zwischen Privaten für die Handelspraxis für relevant, *Annuaire* I.D.I., Vol. 64, Tome II, Session de Bâle, S. 136.

265 *Sandrock/Steinschulte*, Handbuch der internationalen Vertragsgestaltung, Bd. I., Rn. 34 ff; dagegen rät ausdrücklich *Merkt*, Internationaler Unternehmenskauf, Rn. 97, von der Verwendung von Versteinerungs- bzw. Stabilisierungsklauseln in Verträgen zwischen Privaten ab.

zen[266] die Verwendung von Klauseln in internationalen Verträgen empfohlen wird, die eine kollisionsrechtliche Stabilisierung bewirken sollen. Insoweit sich staatliche Gerichte mit zeitlicher Fixierung beschäftigt haben, datieren die Urteile oder zumindest die maßgeblichen Sachverhalte vor 1940. In keinem der Fälle ging es um einen ausdrücklichen Parteiwillen zur zeitlichen Rechtswahl, sondern um hypothetischen oder allenfalls stillschweigenden Parteiwillen. In den Urteilen kann in der thematischen Behandlung unterschieden werden, ob ein gewähltes Recht ohnehin immer ohne Rücksicht auf nach Vertragsschluß eintretende Rechtsänderungen anzuwenden ist oder ob die Parteien zumindest eine solche Regelung autonom treffen dürfen. Die erste Frage wurde einzig in der älteren französischen Judikatur bejaht und – wie der Schiedsspruch von 1979 der Internationalen Handelskammer zeigt –, scheint diese Ansicht zumindest in der Rechtsprechung der Schiedsgerichte auch noch nicht vollkommen aufgegeben worden zu sein. Im übrigen ist die Rechtsprechung dahingehend einheitlich, daß das maßgebliche Recht grundsätzlich in seiner aktuellen Fassung Anwendung findet. Zu dem zweiten Gesichtspunkt bleibt festzuhalten, daß ein großer Teil der Rechtsprechung landesunabhängig auch die gewillkürte Festschreibung des gewählten Rechts zumindest bei Änderungen im zwingenden Recht ablehnt. Insoweit eine dogmatische Begründung in den Urteilen mitgeliefert wird, wird betont, daß eine entsprechende Festschreibung den Parteien im Internationalen Privatrecht nicht erlaubt sei und daß bei einem Vertrag Interessen zu berücksichtigen sind, die über die der beteiligten Parteien hinausgehen.

B. Schrifttum zur gewillkürten zeitlichen Versteinerung

I. Deutsche Literatur

1. Stellenwert der Fragestellung

Bei einem Überblick über die einschlägige deutsche Literatur mag es auf den ersten Blick erstaunen, daß trotz der eher geringen Bedeutung der Fragestellung in Vertragspraxis und Rechtsprechung die Literaturstimmen zu diesem Thema dennoch verhältnismäßig zahlreich sind. Teilweise ist dies darauf zurückzuführen, daß die kollisionsrechtliche Stabilisierung regelmäßig Gegenstand der Diskussion in der Literatur im Kontext mit Stabilisierungsklauseln in State Contracts gewesen ist.[267] Ein weiterer, historisch gewachsener Aspekt mag die von der Frage-

266 *Kappus*, IPRax 1993, 138.
267 m.w.N. *Soergel-von Hoffmann* Art. 27 Rn. 30.

stellung ausgehende Faszination im Zusammenhang mit der Bestimmung der Reichweite der Parteiautonomie sein. Betrachtet man die Entwicklung des Verständnisses der Parteiautonomie[268] angefangen bei *von Savigny*[269] und *von Wächter*[270] über *Mancini*[271], *Zitelmann*[272], *Mayer*[273] und *Haudek*[274] bis zur Entstehungsgeschichte des EVÜ und dessen Bewährung in der Praxis[275], so taucht die Frage nach einer möglichen zeitlichen kollisionsrechtlichen Stabilisierung oftmals auf im Kontext mit Zulässigkeitsfragen des rechtsordnungslosen Vertrags, der Wahl nicht-staatlichen Rechts, der Teilrechtswahl (gewillkürte depeçage), der nachträglichen Rechtswahl und der Notwendigkeit einer etwaigen Verbindung des Vertrages mit dem gewählten Recht.[276] Diese Themen sind immer wieder behandelt worden, wenn es darum ging, die Grenzen der Parteiautonomie aufzuzeigen. Daher können diese Fragestellungen auch losgelöst von ihrer jeweils praktischen Bedeutung als Mittel zur Konturenbestimmung der Parteiautonomie angesehen werden. Während die Theorie des rechtsordnungslosen Vertrags nahezu keine zeitgenössischen Anhänger mehr hat,[277] ist die Frage der Wahl anationalen Rechts ein nach wie vor häufig diskutiertes Thema,[278] nicht zuletzt wegen entsprechender richtungsweisender schiedsgerichtlicher Praxis.[279] Die Fragen nach der Zulässigkeit der Teilrechtswahl, der nachträglichen Rechtswahl sowie der Wahl neutralen Rechts sind vom EVÜ zumindest grundsätzlich

---

268 allgemein *Wicki*, Dogmengeschichte der Parteiautonomie.

269 *von Savigny*, Band VIII, S. 26 ff.

270 *von Wächter*, AcP 24, 230 ff; 25, 1 ff, 161 ff, 361 ff.

271 siehe zu Mancini *Jayme*, Pasquale Stanislao Mancini; *ders.*, FS Zweigert, S. 145 ff; *ders.*, JuS 1988, 933 ff.

272 *Zitelmann*, Internationales Privatrecht Bd. II, S. 374 ff.

273 *Mayer*, NiemZ 44 (1931), 103 ff.

274 *Haudek*, Die Bedeutung des Parteiwillens im IPR.

275 zu den ersten Erfahrungen mit dem EVÜ in Frankreich siehe *Lagarde*, in: Europäisches Kollisionsrecht, S. 101; in Italien siehe *Pocar*, Europäisches Kollisionsrecht, S. 105.

276 beispielsweise wurden die Redner auf dem Basler Symposium über internationalens Schuldvertragsrecht vom 30. und 31. Oktober 1980 darum gebeten, in ihren Länderberichten Fragen zu beantworten, ob etwa nach dem nationalen Kollisionsrecht die Wahl der lex mercatoria oder eine zeitliche Rechtswahl möglich ist, *Vischer/Klein/Wildhaber (Hrsg.)*, Colloque de Bâle.

277 *von Bar*, Internationales Privatrecht, Bd. II, Rn. 425; *Erman-Hohloch* Art. 27 Rn. 9; *Firsching-von Hoffmann*, Internationales Privatrecht, § 10 Rn. 28; *Kropholler*, Internationales Privatrecht, § 52 II 3 e; *Merkt*, Investitionsschutz, S. 128 ff; *Münchner Kommentar-Martiny*, Art. 27 Rn. 30; *Spickhoff*, RabelsZ 56 (1992), 126; *Staudinger-Magnus* Art. 27 Rn. 45; teilweise a.A. *Lorenz* RIW 1987, 573.

278 m.w.N. *Staudinger-Magnus*, Art. 27 Rn. 34, 45 ff.

279 *Berger* m.w.N. IPRax 1993, 281; zur lex mercatoria als Vertragsstatut vor staatlichen Gerichten siehe *Kappus*, IPRax 1993, S. 137.

beantwortet worden, wenn auch freilich hier im einzelnen vieles im Fluß ist.[280] Auch die hier interessierende Frage der zeitlichen Arretierung tauchte regelmäßig im Umfeld dieser Problempunkte auf, wurde aber im Vergleich zu den vier anderen Problemfeldern eher nur stiefmütterlich "mitgeschleppt" als selbständig behandelt. In Anbetracht dessen zeigt sich, daß die Schere der akademischen Zuwendung zur Frage der zeitlichen kollisionsrechtlichen Stabilisierung und der augenblicklich geringfügigen praktischen Relevanz insbesondere aus der allgemeinen Bedeutung der Parteiautonomie herrührt. Die Frage nach der Möglichkeit einer zeitlichen kollisionsrechtlichen Stabilisierung ist eben immer zugleich eine Frage nach den Grenzen der Parteiautonomie.

2. *Die ablehnenden Literaturstimmen*

Die überwiegenden Stimmen in der deutschen Literatur vertreten die Auffassung, daß eine zeitliche Stabilisierung durch kollisionsrechtliche Verweisung nicht möglich ist.[281] Häufig geäußerter Kritikpunkt an einer kollisionsrechtlichen Stabilisierungsklausel ist die damit zusammenhängende unvollständige Grundlegung des Vertrages in einem nationalem Rechtssystem. Dies ergibt sich als Tenor des folgenden Meinungsquerschnitts: Das Kollisionsrecht würde sonst eine Lösung gestatten, die so in keiner beteiligten Rechtsordnung möglich sei;[282] der Vertrag würde über das Recht gestellt;[283] die Parteien würden sich dem Zugriff staatlichen Rechts entziehen;[284] die Parteiautonomie berechtige nicht dazu, Teile

---

280 siehe etwa zur Frage der Rückwirkung des Statutenwechsels das Urteil des OLG Köln vom 22. Februar 1994 in: IPRax 1995, 393 und dazu die Anmerkung von *Reinhart*, IPRax 1995, 365.m.w.N. und *Mansel*, ZvglRWiss 86 (1987), 6; *Kaye*, The New Private International Law, S. 155 ff; siehe zur Rechtswahl ohne Auslandsbezug m.w.N. *Püls*, Parteiautonomie, S. 172 ff.

281 *von Bar*, Internationales Privatrecht Bd. II, § 4 II. 5 f; *Erman-Hohloch*, Art. 27 Rn. 10; *Merkt*, Investitionsschutz, S. 196; *Münchner Kommentar-Martiny*, Art. 27 Rn. 24, *Neuhaus*, Grundbegriffe, § 33 IV 5; *Püls*, Parteiautonomie, S. 178; *Reithmann-Martiny*, Internationales Vertragsrecht, Rn. 66; *Simitis*, JuS 1966, 217; *Soergel-von Hoffmann*, Art. 27 Rn. 23; *Staudinger-Firsching*, Vor Art.12 aF, Rn. 332; *Staudinger-Magnus*, Art. 27 Rn. 41; *Stoll*, Vereinbarungen zwischen Staat und ausländischem Investor, S. 82 f; *dies.*, RIW 1981, S. 810; *Wengler*, Internationales Privatrecht, Bd. I., S. 545 f.

282 *Münchner Kommentar-Martiny*, Art. 27, Rn. 24; *Reithmann-Martiny*, Internationales Vertragsrecht, Rn. 70; *Wengler* spricht vom "Postulat der Gleichbehandlung der an homogen und heterogen verknüpften Rechtsverhältnissen beteiligten Rechtssubjekte", s. *Wengler*, Internationales Privatrecht, Bd. I., S. 545.

283 *Reithmann-Martiny*, Internationales Vertragsrecht, Rn. 70.

284 *von Bar*, Internationales Privatrecht Bd. II, § 4 II. 5 f; *Soergel-von Hoffmann*, Art. 27, Rn. 23.

der gewählten Rechtsordnung auszuschalten;[285] nur eine "lebendige" Rechtsordnung sei wählbar, die bei Bedarf der Fortentwicklung durch Gesetzgebung und Rechtsprechung fähig ist,[286] dagegen sei die Zulässigkeit einer Rechtswahl, die zu einem toten Recht führt, zweifelhaft.[287]

Auch andere, am Maßstab des EGBGB (EVÜ) ausgerichtete Kritikpunkte werden genannt: *Martiny* weist darauf hin, daß auch die Freiheit der Rechtswahl nicht grenzenlos sei, wie bereits Art. 27 Abs. 3 EGBGB (Art. 3 Abs. 3 EVÜ) zeige.[288] *Von Bar* führt an, eine Abwahl der intertemporalrechtlichen Sachnormen des Vertragsstatuts sei auch unter dem Gesichtspunkt der Teilrechtswahl nicht zulässig.[289]

Schließlich wurden auch praktische Erwägungen als Munition gegen eine kollisionsrechtliche zeitliche Stabilisierung verwandt: So wird wegen der Möglichkeit der nachträglichen Rechtswahl und wegen des ordre public – Schutzes teilweise die Notwendigkeit einer Zulassung der kollisionsrechtlichen Versteinerung in Frage gestellt.[290] Da sich öffentlich-rechtliche Regeln und ausländische Eingriffsnormen ohnehin durchsetzten, wird in praktischer Hinsicht zu Bedenken gegeben, daß die Verwendung einer Stabilisierungsklausel nutzlos sei.[291]

Durchaus anerkannt sind aber Ausnahmen, etwa bei einer radikalen Umgestaltung des Vertragsstatuts infolge eines Herrschaftswechsels. Ob in solchen Fällen der Vertrag objektiv anzuknüpfen ist,[292] oder ob das versteinerte Recht Anwendung finden soll, wird uneinheitlich beurteilt. Entscheidend für die Maßgeblichkeit des versteinerten Rechts ist dann jedenfalls nicht der Parteiwille, sondern die Konsequenz aus – je nach Rechtsansicht – entweder dem Wegfall der Geschäftsgrundlage oder einem ordre public – Verstoß.

Zur Beurteilung der Zulässigkeit der zeitlichen Fixierung ist als Konsequenz dieser Auffassung nicht das Kollisionsrecht der lex fori, sondern die lex causae – und zwar insbesondere deren Übergangsbestimmungen – berufen.[293] Betont wird in Anbetracht dessen, daß mit der kollisionsrechtlichen Verweisung nur eine Ent-

---

285 *Münchner Kommentar-Martiny*, Art. 27, Rn. 24.
286 *Neuhaus*, Grundbegriffe, § 33 IV 5.
287 m.w.N. *Schröder/Wenner*, Internationales Vertragsrecht, Rn. 129.
288 *Reithmann-Martiny*, Internationales Vertragsrecht, Rn. 70.
289 *von Bar*, Internationales Privatrecht Bd. II, § 4 II. 5 f.
290 *Püls*, Parteiautonomie, S. 179 f.
291 *Merkt*, Investitionsschutz, S. 191 ff, im Zusammenhang mit der Maßgeblichkeit der lex fori für die rechtliche Bewertung von Stabilisierungsklauseln und für das spezielle Anwendungsfeld der State Contracts.
292 *Simits*, JuS 1966, 217.
293 *Erman-Hohloch*, Art. 27, Rn. 10; *Münchner Kommentar-Martiny*, Art. 27, Rn. 24; *Reithmann-Martiny*, Internationales Vertragsrecht, Rn. 66, 70; *Soergel-von Hoffmann*, Art. 27, Rn. 23.

scheidung für ein räumlich, nicht aber zeitlich bestimmbares Recht verbunden sei.[294] Setzt man den Begriff der Parteiautonomie mit der Rechtswahlfreiheit gleich, so liegt zumindest in räumlicher Hinsicht nach dieser Anschauung dann kein Problem der Parteiautonomie vor.

Merkt sieht drei ausschlaggebende Gründe, die für die Anwendung der Übergangsbestimmungen der lex causae und gegen die Anwendung des Kollisionsrechts der lex fori sprechen, die er in den Begriffen "Systemgerechtigkeit", "Sachnähe" und "Ordnungsinteresse am äußeren Entscheidungseinklang" zusammenfaßt.[295] Hinter dem Begriff der Systemgerechtigkeit steht die Überlegung, daß wesensmäßig eine intertemporal-privatrechtliche Fragestellung vorliegen soll und daß intertemporal-privatrechtliche und international-privatrechtliche Verweisungsfreiheit zu trennen seien.[296] Während dann nach einer überholten Auffassung nicht das intertemporale Recht der lex causae, sondern die Übergangsbestimmungen der lex fori entscheiden,[297] sieht *Merkt* in der größeren Sachnähe der Übergangsbestimmungen des Vertragsstatuts die Begründung für deren Anwendung.[298] Das Ordnungsinteresse am äußeren Entscheidungseinklang spreche schließlich für die Anwendung des intertemporalen Privatrechts der lex causae, da es auf internationaler Ebene zur Einheitlichkeit der Entscheidungen beitrüge, wenn alle Gerichte das intertemporale Sachrecht der lex causae anstelle ihrer eigenen intertemporalen Regelungen heranzögen.[299]

3. *Alternative Stabilisierungsansätze*

Wird die Möglichkeit einer zeitlichen kollisionsrechtlichen Stabilisierung zwar weithin verneint,[300] so finden sich aber in der ablehnenden Literatur drei verschiedene Ansätze, um auf anderem Wege das Ziel der Unabhängigkeit von der Legislative in zeitlicher Hinsicht zumindest teilweise zu erreichen.

---

294 *Simitis*, JuS 1966, 217.
295 *Merkt*, Investitionsschutz, S. 188 ff.
296 *Merkt*, Investitionsschutz, S. 188.
297 *Raape/Sturm*, Internationales Privatrecht Bd. I., S. 310.
298 *Merkt*, Investitionsschutz, S. 189.
299 *Merkt*, Investitionsschutz, S. 190.
300 *von Bar*, Internationales Privatrecht Bd. II, § 4 II. 5 f; *Erman-Hohloch*, Art. 27 Rn. 10; *Merkt*, Investitionsschutz, S. 196; *Münchner Kommentar-Martiny*, Art. 27 Rn. 24; *Neuhaus*, Grundbegriffe, § 33 IV 5; *Püls*, Parteiautonomie, S. 178; *Reithmann-Martiny*, Internationales Vertragsrecht, Rn. 66; *Simitis*, JuS 1966, 217; *Soergel-von Hoffmann*, Art. 27 Rn. 23; *Staudinger-Firsching*, Vor Art.12 aF, Rn. 332; *Staudinger-Magnus*, Art. 27 Rn. 41; *Stoll*, Vereinbarungen zwischen Staat und ausländischem Investor, S. 82 f; *dies.*, RIW 1981, S. 810; *Wengler*, Internationales Privatrecht, Bd. I., S. 545 f.

(a) "Intertemporale Parteiautonomie"

Wie eben gesehen, ist Folge der Ablehnung der kollisionsrechtlichen Stabilisierung, daß das Recht der lex causae zur Beurteilung der Stabilisierungsklausel entscheidungsberufen ist. Naheliegend ist dann die Überlegung, daß es nach den mit zeitlichen Anwendungsfragen befaßten Bestimmungen der lex causae erlaubt sein kann, eine zeitliche Fixierung des Rechts zu vereinbaren. Da es dann nicht um eine räumliche, sondern um eine ausschließlich intertemporäre Rechtswahl geht, wurde in diesem Zusammenhang der Ausdruck der "intertemporären Parteiautonomie" in Abgrenzung zur bekannten Parteiautonomie in lokaler Hinsicht eingeführt.[301] Die Auffassung, wonach eine intertemporale Stabilisierung erlaubt ist, falls die intertemporalen Normen der lex causae sie gestattet, bietet einerseits Vorteile. So kann der Kritik der vermeintlichen Rechtsordnungslosigkeit des Vertrages entgegnet werden, daß sich die Zulässigkeit der statischen Verweisung nach den Übergangsbestimmungen des Vertragsstatuts richtet.[302] Als Vorteil dieser Ansicht wird auch bezeichnet, daß sogar im Falle einer objektiven Anknüpfung immer noch die Möglichkeit der intertemporalen Parteiautonomie besteht.[303] Andererseits wird eingeräumt, daß kein intertemporales Recht eines Staates bekannt ist, das eine zeitliche Rechtswahlfreiheit ausdrücklich einräumt.[304] Auch im deutschen intertemporalen Recht wird allenfalls eine zögerliche Durchsetzung der Parteiautonomie als Anknüpfungspunkt konstatiert.[305]

(b) "Stabilisierung der Stabilisierung"

Die Idee der "Stabilisierung der Stabilisierung" geht auf *Merkt* zurück und bezieht sich ausschließlich auf die besondere Lage im Kontext mit State Contracts. *Merkt* baut auf der Prämisse auf, daß die intertemporalen Normen der lex causae streitentscheidend sind. Er fragt dann, was bei einer Änderung der Übergangsbestimmungen der lex causae von einer ursprünglich erlaubten Stabilisierung zu einer später verbotenen Stabilisierung geschieht. Ist eine zeitliche Fixierung gemäß den Übergangsbestimmungen möglich gewesen, so soll laut *Merkt* die statische kollisionsrechtliche Stabilisierung bewirken, daß es trotz späterer Rechtsänderungen im intertemporalen Privatrecht bei der ursprünglichen Fassung des Statuts bleibt (sogenannte "Stabilisierung der Stabilisierung").[306]

---

301 *Merkt*, Investitionsschutz.
302 *Merkt*, Investitionsschutz, S. 201.
303 *Merkt*, Investitionsschutz, S. 190 f.
304 *Merkt*, Investitionsschutz, S. 200.
305 m.w.N. *Heß*, Intertemporales Privatrecht, S. 376 ff.
306 *Merkt*, Investitionsschutz, S. 215 ff.

Nicht nur archimedischer Punkt, sondern wohl auch Achillesferse dieser Auffassung ist, daß der Gaststaat auf Grund des State Contract die Befugnis verlieren soll, sein intertemporales Recht nachträglich rückwirkend zu Lasten des Investors zu ändern. Denn im Grunde wird durch die Idee der "Stabilisierung der Stabilisierung" die Problematik der Zulässigkeit der Versteinerung eines Rechtssystems verlagert auf die Frage der Zulässigkeit der Versteinerung der intertemporalen Regeln eines Rechtssystems. Damit scheint aber nichts gewonnen zu sein, weil sich sämtliche, zur Versteinerung des Rechtssystems geäußerten Kritikpunkte in diesem Rahmen wiederholen lassen.

(c) Umdeutung in materiellrechtliche Verweisung

Nicht bloß ausschließlich für den Anwendungsbereich von State Contracts wird vorgeschlagen, die kollisionsrechtlich konzipierte Stabilisierungsklausel gemäß der lex causae in eine materiellrechtliche Verweisung umzudeuten.[307] Dann würde das in Bezug genommene Recht in vertragsklausulierter Form von Änderungen des Gesetzgebers unabhängig fortbestehen können. Jedoch kann dieses in die Abrede einbezogene Recht dann nur gegenüber dem dispositiven Recht des Vertragsstatuts wirken. Hinter dieser Umdeutung wird teilweise der favor negotii – Gedanke gesehen, und es wird zu Bedenken gegeben, daß es fraglich sei, inwieweit vor dem Hintergrund des EVÜ auf den favor negotii – Gedanken abgestellt werden darf.[308]

4. Die befürwortenden Literaturstimmen

Nach anderer Auffassung ist die Berufung des Verweisungsvertrags auf das anzuwendende Recht in einem bestimmten Zeitpunkt möglich.[309] Zum Teil wird diese Ansicht als nahezu selbstverständlich und ohne nähere Auseinandersetzung mit der herrschenden Meinung dargestellt.[310] Insoweit die h.M. berücksichtigt

---

307 *von Bar*, Internationales Privatrecht Bd. II, § 4 II. 5 f; *Jayme*, IPRax 1991, 429.

308 *Merkt*, Invesitionsschutz, S. 120; s. grundlegend *Abend*, Die lex valditatis, S. 197 ff..

309 *Kappus*, IPRax 1993, 140; *Knittel*, Geltendes und nicht geltendes Auslandsrecht, S. 74 ff; *Palandt-Heldrich*, Art. 32, Rn. 1; *Reithmann*, Internationales Vertragsrecht, 1. Auflage, Rn. 9 f; *Sandrock*, Versteinerungsklauseln, S. 21, ebenfalls abgedruckt in: *ders.* Internationales Wirtschaftsrecht, S. 29 ff; *ders./Steinschulte.*; Handbuch der internationalen Vertragsgestaltung Bd. I., Rn. 34 ff; *Schröder*, Internationales Vertragsrecht, S. 30 (differenzierter nun *Schröder/Wenner*, Internationales Vertragsrecht 2. Aufl., Rn. 125 ff); *Wohlgemuth*, Veränderungen im Bestand des Geltungsgebietes des Vertragsstatuts, S. 79; nicht ganz eindeutig *Kropholler*, IPR, § 52 II 3d.

310 *Kappus*, IPRax 1993, 140; *Knittel*, Geltendes und nicht geltendes Auslandsrecht, S. 78, 82; *Palandt-Heldrich*, Art. 32 Rn. 1.

wird, dient als ein Argument für ein weites Autonomieverständnis der Schutz der berechtigten Erwartungen und Vorstellungen der Parteien.[311] *Sandrock* sieht eine Vermutung für die Maßgeblichkeit des Parteiwillens ("in dubio pro libertate contractantium") und folgert daraus, daß in Ermangelung entgegenstehender privater oder öffentlicher Interessen eine Versteinerung durch kollisionsrechtliche Verweisung möglich sein muß.[312] Da es die Parteien in der Hand hätten, durch nachträgliche Rechtswahl und mit ex tunc – Wirkung die für ihren Vertrag anwendbaren Normen auf den Zeitpunkt ihres Inkrafttretens wieder außer Kraft zu setzen, müsse es den Parteien erst recht gestattet sein, die Geltung des Vertragsstatuts auf seinen Bestand für die Zukunft einzufrieren. Denn eine Versteinerung sei ein Minus gegenüber einer Aufhebung und Ersetzung durch ein anderes Statut, da bei der Versteinerung die Identität des bisherigen Vertragsstatuts erhalten bleibe, während die Identität bei der nachträglichen Rechtswahl verloren gehe.[313]

Gegen das Argument, daß ein totes Recht nicht vereinbart werden könne, wird angeführt, daß es im deutschen Internationalen Privatrecht anerkannt sei, daß insbesondere beim Ehegüterrechtsstatut von Emigranten das ausländische Recht teilweise auch in versteinerter Form Berücksichtigung findet.[314] Weiterhin könne es zur Anwendung toten Rechts auch nach dem "Grundsatz der größten Wahrscheinlichkeit" kommen, wenn der Inhalt des maßgeblichen, durch Kollisionsnorm bestimmten Rechts nicht mit ausreichender Sicherheit feststellbar ist und wenn deshalb auf die dort früher geltenden Vorschriften zurückgegriffen wird.[315] Schließlich werde im anglo-amerikanischen Kollisionsrecht auch die These vertreten, daß das neue Recht einer noch nicht anerkannten ausländischen Regierung bzw. Staates im Inland nicht anwendbar ist, wofür das tote Recht des früheren Staates oder der früheren Regierung fortgilt.[316] Gegen das Argument, daß durch die Versteinerung ein rechtsordnungsloser Vertrag entsteht, wird eingewendet, daß bei der Versteinerung der Vertrag einer kompletten, durch zwingende Vorschriften abgesicherten Rechtsordnung unterworfen bleibe.[317] Für die Zulässigkeit einer kollisionsrechtlichen Stabilisierung spreche der grundsätzliche verfassungsrechtliche Schutz vor Nicht-Rückwirkung belastender Gesetze.[318]

---

311 *Schröder*, Internationales Vertragsrecht, S. 29.

312 *Sandrock*, "Versteinerungsklauseln", in: Internationales Wirtschaftsrecht, S. 39 ff.

313 *Sandrock*, "Versteinerungsklauseln", in: Internationales Wirtschaftsrecht, S. 43 f.

314 *Sandrock/Steinschulte*, Handbuch der internationalen Vertragsgestaltung Bd. I Rn. 37; *Sandrock*, "Versteinerungsklauseln", in: Internationales Wirtschaftsrecht, S. 47.

315 *Sandrock*, "Versteinerungsklauseln", in: Internationales Wirtschaftsrecht, S. 47.

316 *Sandrock*, "Versteinerungsklauseln", in Internationales Wirtschaftsrecht, S. 48 m.w.N.

317 *Sandrock*, "Versteinerungsklauseln", in Internationales Wirtschaftsrecht, S. 46.

318 *Sandrock*, "Versteinerungsklauseln", in Internationales Wirtschaftsrecht, S. 50 ff.

Teilweise wird für die Zulässigkeit auch ins Feld geführt, daß gemäß Art. 27 Abs. 1 S. 1 EGBGB (Art. 3 Abs. 1 S. 1 EVÜ) der Parteiwille und nicht der Gesetzgeberwille das Maß aller Dinge sei, und zwar auch hinsichtlich der Frage, in welcher Fassung das gewählte Recht anzuwenden ist.[319]

Wengler meint, daß falls das Kollisionsrecht der lex fori den Parteien die Freiheit einräumt, ein beliebiges staatliches Recht als Schuldstatut zu wählen, dann könnten die Parteien auch nicht gezwungen sein, etwaige Änderungen dieses Rechts mitzuwählen; erlaubt jedoch das fragliche Kollisionsrecht nur die Wahl des Rechts eines solchen Staates, zu dem das Geschäft eine enge Beziehung aufweist, dann liege es hingegen nahe, daß auch die intertemporalen Regelungen des fraglichen Rechts mitgewählt werden müßten.[320] Überträgt man diese Überlegung auf das EVÜ, dann wäre auch die ausdrückliche Ausschließung späterer Rechtsänderungen grundsätzlich statthaft, weil gemäß dem EVÜ die Wahl eines neutralen Rechts prinzipiell erlaubt ist.[321]

In Kontrast zu den ablehnenden Literaturstimmen ist die Folge der Ansicht der befürwortenden Literaturstimmen hervorzuheben, daß die Wirksamkeit einer Stabilisierungsklausel nicht anhand der lex causae, sondern anhand des Kollisionsrechts der lex fori zu überprüfen ist. Teilweise wird ausdrücklich betont, daß eine kollisionsrechtliche Vereinbarung, die sich über die Rechtsänderung hinwegsetzen soll, wirksam ist, wenn die lex fori dies erlaubt.[322]

II. Französische und belgische Literatur

1. Stellenwert der Fragestellung

Die Möglichkeit der zeitlichen Rechtswahl in internationalen Verträgen wird in der französischen und belgischen Literatur ebenfalls wie in der deutschen Literatur oftmals als ein Puzzleteilchen behandelt, daß zur Darstellung des Gesamtbilds der Rolle des Parteiwillens benötigt wird.[323] Darum ist die gestellte Frage in

319 *Kappus*, IPRax 1993, 140.

320 *Wengler*, RabelsZ 1958, 554; identisch *Wohlgemuth*, Veränderungen im Bestand des Geltungsgebietes des Vertragsstatuts, S. 78 f.

321 vgl. *Erman-Hohloch* Art. 27 n. 8; *Lagarde*, Revue critique de droit international 80 (1991), 301; *Münchner Kommentar-Martiny*, Art. 27 Rn. 20; *Soergel-von Hoffmann*, Art. 27 Rn. 7.

322 *Rabel*, The Conflict of Laws, Vol. II, S. 550.

323 so taucht die aufgeworfene Frage etwa in einem Atemzug auf mit Fragen der nachträglichen Rechtswahl, der Wahl neutralen Rechts und der depeçage in dem Diskussionsbeitrag *Fouchards*, in: Colloque de Bâle, S. 163 f.

Frankreich auch eingebettet in die mittlerweile betagte Diskussion zwischen Subjektivisten und Objektivisten. Während die Subjektivisten das maßgebliche Recht im Prinzip nur nach dem Parteiwillen feststellen, traten ihre Gegner für eine grundsätzlich objektive Lokalisierung des Vertrages ein.[324] Für die konkrete Fragestellung bedeutet das, daß laut den Subjektivisten der Parteiwille die intertemporalen Bestimmungen des Vertragsstatuts ausschalten kann, wohingegen nach der objektivistischen Auffassung die Parteien das zeitlich anwendbare Sachrecht nicht unmittelbar bestimmen dürfen.[325] Der grundsätzliche Streit zwischen Subjektivisten und Objektivisten ist mittlerweile durch den Federstrich des Gesetzgebers weithin obsolet geworden, nicht aber die in concreto gestellte Frage nach der Zulässigkeit der zeitlichen Versteinerung.[326]

2. *Die ablehnenden Literaturstimmen*

Eine Untersuchung der zeitgenössischen französischen und belgischen IPR – Literatur zur gestellten Frage zeigt im Grundsatz weitgehende Übereinstimmung mit der herrschenden Lehre in Deutschland. Es entspricht also der überwiegenden Auffassung, daß eine kollisionsrechtliche Stabilisierung nicht möglich ist und daß Änderungen im gewählten Recht im Grundsatz der Bewertung der Übergangsbestimmungen des Vertragsstatuts unterstehen.[327]

Aus der objektivistischen Sicht heraus wird betont, daß der Vertrag ein soziales Phänomen sei und daß er infolgedessen dem Recht der Gemeinschaft unterstehe, in der er wurzelt.[328] Er sei in einem nationalen, lebendigen, sich entwikkelnden Recht lokalisiert.[329] Durch die zeitliche Fixierung würde eine depeçage

---

324 einen Überblick über die Entwicklung geben *Battifol*, Subjectivisme et Objectivisme; *Jacquet*, Principe d'autonomie, Rn. 1 ff; *Pommier*, Principe d'autonomie, Rn. 47 ff; s. a. Vierter Teil A.II.

325 *Battifol*, Subjectivisme et Objectivisme, S. 40; *ders.*, ZfRV 1. Jg. 1960, 52; *Courbe*, Les objectifs temporels, Rn. 368, 384; *Deby-Gérard*, Le rôle de la règle de conflit, Rn. 290 ff; *Fouchard*, in: Colloque de Bâle, S. 94; *Pommier*, Principe d'autonomie, Rn. 59 ff.

326 *Fouchard*, in: Colloque de Bâle, S. 94.

327 *Audit*, Droit international privé, S. 263 f; *Batiffol/Lagarde*, Droit international privé, Bd. I, Rn. 334; *Lagarde*, Revue critique de droit international privé 1991, 301 f; differenzierter *Loussouarn/Bourel*, Droit international privé, S. 245; *Mayer*, Droit international privé, Rn. 256; in Belgien: *Rigaux*, Droit international privé, Bd. I, Rn. 387; *ders./Fallon*, Droit international privé, Bd. II, Rn. 1292; ebenso bereits in Frankreich *Deby-Gérard*, Le rôle de la règle de conflit, Rn. 331 und in Belgien *Van Hecke*, Problèmes juridiques des emprunts internationaux, S. 195 f.

328 *Battifol*, ZfRV 1. Jg. 1960, S. 55.

329 so als Vertreter belgischer Literatur, *Van Hecke*, Problèmes juridiques des emprunts internationaux, S. 196.

vorgenommen, da hinsichtlich der Rechtsänderung das Vertragsstatut nicht mehr anwendbar sein soll; nur sei dies kein normaler Fall einer depeçage, weil das abgewählte Recht nicht durch ein anderes ersetzt werde. Dies sei aber unzulässig, da insoweit der Vertrag sonst jeglichem staatlichem Recht entzogen werde.[330] Zur Begründung der Anwendung der ausländischen Übergangsbestimmungen wird angeführt, daß es zwar Aufgabe der Kollisionsnorm sei, die anwendbare Rechtsordnung zu bestimmen, aber ist dies geschehen, so entscheide diese über das maßgebliche Recht.[331] Anders als bei Problemen des Statutenwechsel ("conflit mobile") fehle es bei diesen Sachverhalten am internationalen Bezug, was gegen die Anwendung der Kollisionsnormen des Forumstaates spreche.[332] Der Konflikt zwischen altem und neuem Recht habe einen rein internen Charakter, den nur die betroffene ausländische lex causae interessiere.[333] Zwar habe der Richter der lex fori sich nicht mit dem Zweck der intertemporalen Bestimmungen zu befassen, der darin bestehe, für die Homogenität des ausländischen Rechts einzustehen, aber dessen ungeachtet sei das intertemporale Recht auch eine Methode der Auslegung des Rechts dem es angehört und dem es als Wesensart eigen ist.[334]

Speziell vor dem Hintergrund des EVÜ wird vertreten, daß eine Stabilisierungsklausel als kollisionsrechtliche Rechtswahl nicht von Art. 3 EVÜ gedeckt werde.[335]

Schließlich sei insbesondere bei rückwirkenden Maßnahmen unter Berücksichtigung diverser Faktoren, wie etwa den für die Änderung ausschlaggebenden politischen Motiven, dem Schutz wohlerworbener Rechte und dem Billigkeitsgrundsatz, eine Nichtbeachtung des neuen Rechts im Rahmen des ordre public – Vorbehalts denkbar.[336]

Nicht zuletzt wegen solcher und weiterer Einschränkungen sind einige französische Kritiker der kollisionsrechtlichen, zeitlichen Stabilisierung lediglich cum grana salis überzeugt und finden Gefallen an dem Gedanken eines spezifischen "internationalen, intertemporalen Privatrechts".[337]

---

330 so als Vertreter belgischer Literatur *Van Hecke*, Problèmes juridiques des emprunts internationaux, S. 196.

331 *Audit*, Droit international privé, S. 263 f.

332 *Audit*, Droit international privé, S. 264 mit Nachweisen zu einer älteren Auffassung, wonach die Übergangsbestimmungen der lex fori maßgeblich sind, s. a. *Francescakis/Graulich*, Répertoire de droit international, Bd. I, S. 512 f.

333 *Loussouarn/Bourel*, Droit international privé, S. 245.

334 *Francescakis/Graulich*, Répertoire de droit international, Bd. I, S. 513.

335 *Lagarde*, Revue critique de droit international privé 1991, 301 f.

336 *Audit*, Droit international privé, S. 264; *Batiffol/Lagarde*, Droit international privé, Bd. I, Rn. 334; *Mayer*, Droit international privé, Rn. 256.

337 *Loussouarn/Bourel*, Droit international privé, S. 245

3. *Die befürwortenden Literaturstimmen*

Nach einer Gegenauffassung in der französischen Literatur ist die kollisionsrechtliche Stabilisierung möglich.[338] Das Recht der Parteien, das Vertragsstatut zu versteinern, soll demzufolge seinen Ursprung in der kollisionsrechtlichen Rechtswahlfreiheit finden.[339] Infolgedessen sind notwendigerweise die Kollisionsnormen der lex fori entscheidungsberufen und nicht die intertemporalen Normen des Sachrechts. Grundsätzlich finde das intertemporale Recht der lex causae zwar Anwendung, es sollen aber Ausnahmen in drei Bereichen in Betracht kommen: Zum einen bei Untauglichkeit oder Nichtvorhandensein des intertemporalen Rechts der lex causae, zum anderen bei einem Verstoß des ausländischen intertemporalen Rechts gegen den französischen ordre public und schließlich dann, wenn das französische Recht Parteiautonomie gewährt.[340] Da im Bereich des internationalen Obligationsrechts die Parteiautonomie anerkannt ist, soll in diesem Bereich dann konsequenterweise auch eine zeitliche Rechtswahl statthaft sein. Bei der Frage, ob das gewählte Recht mit dem Inhalt zur Zeit der Rechtswahl gilt oder ob nachfolgende Rechtsänderungen zu beachten sind, wird oftmals in einem dualistischen Ansatz unterschieden, ob die zeitliche Fixierung ausdrücklich (etwa durch Verwendung einer Versteinerungsklausel) stattfand oder nicht.[341] Als Argument wird von den Befürwortern vorgetragen, daß die Möglichkeit einer parteiautonomen zeitlichen Stabilisierung ihre Rechtfertigung in der doppelten Notwendigkeit der Sicherheit und Vorhersehbarkeit finde, was insbesondere im internationalen Handel gelte.[342] Die Ansicht werde zudem gestützt durch ein Vergleich mit dem Renvoi einerseits und der nachträglichen Rechtswahl andererseits: Da ein Renvoi weithin mit der Begründung abgelehnt werde, daß die Parteien konkrete Antworten suchten und ein vorhersehbares maßgebliches Recht wünschten, dann müßten diese Argumente auch bei der Versteinerungsfrage positiv durchgreifen.[343] Aus der Zulässigkeit der nachträglichen, rückwirkenden Rechtswahl folge, daß es den Parteien anheim stehe, das zeitliche Anwendungsfeld des gewählten Rechts festzulegen; die nachträgliche Rechtswahl mit rückwirkendem Effekt und die Verwendung einer Versteinerungsklausel seien inso-

---

338 *Courbe*, Les objectifs temporels, Rn. 379, s.a. den Diskussionsbeitrag von *Fouchard*, in: *Vischer/Klein* Colloque de Bâle, S. 163 f und die Reaktion von *Klein*, ebenda S. 166; *Lyon-Caen*, Clunet 1978, 891 f.

339 *Courbe*, Les objectifs temporels, Rn.379.

340 *Francescakis/Graulich*, Répertoire de droit international, Bd. I, S. 513, 515.

341 *Courbe*, Les objectifs temporels, Rn. 371, 377 ff; *Fouchard*, in: Colloque de Bâle, S. 94.

342 *Courbe*, Les objectifs temporels, Rn. 379, m.w.N. in Fn. 79.

343 *Courbe*, Les objectifs temporels, Rn. 380.

weit im Ergebnis identisch, weil in beiden Fällen die Modifikationen im ursprünglich gewählten Recht den Vertrag nicht berührten.[344] Besonders der Behauptung der h.M., daß ein ausschließlich internes Rechtsproblem bestünde, wird vielfach nicht gefolgt, da das berufene Sachrecht und der mit dem Fall beschäftigte Richter nicht derselben Rechtsordnung angehörten.[345] Es wird ausgeführt, daß die intertemporalen Regelungen des ausländischen Rechts dem Erhalt seiner Rechtseinheit dienten und auf Bedürfnisse der ausländischen Gesellschaft antworteten.[346] Diese Umstände seien für den Richter der lex fori aber nicht ausschlaggebend.[347] Dagegen würden diese Normen nicht notwendigerweise Belange internationaler Beziehungen berücksichtigten, diese würden vielmehr durch die Konfliktregeln des Forums bedacht.[348] Zudem erschöpfe sich die Funktion des Internationalen Privatrechts nicht in der Bestimmung des fremden Rechts, sondern es solle bei der Anwendung ausländischen Rechts die Einheitlichkeit gewisser Zielvorgaben, die es verfolgt, garantieren.[349]

Ein anderes, zentrales dogmatisches Argument der Befürworter einer kollisionsrechtlichen Stabilisierung geht auf die folgende Überlegung zurück: Es komme durchaus vor, daß Regelungen des Internationalen Privatrechts direkt oder indirekt einen zeitlichen Bezug ausdrückten, so sei etwa die Formregel locus regit actum implizit zeitlich an den Entstehungszeitpunkt des Rechtsgeschäfts gebunden.[350] Solche "zeitlichen Sachnormen des Kollisionsrechts" würden sich jedenfalls gegen die Übergangsbestimmungen der lex causae durchsetzen. Mit der Neutralität der üblichen Konfliktregeln sei dies dagegen unvereinbar.[351] Problematisch und ungewiß sei es aber die zeitliche Zielbestimmung der Kollisionsnormen herauszufinden.[352] Die Rechtswahlfreiheit wird teilweise als solch eine materielle IPR-Norm angesehen, mit der unausweichlichen Folge, daß die Versteinerung als zulässig anzusehen sei.[353]

---

344 *Courbe*, Les objectifs temporels, Rn. 381; *Tomaszewski*, Revue Critique de Droit international privé 1972, S. 596.
345 m.w.N. in Fn. 3, *Batiffol/Lagarde*, Droit international privé, Bd. I, Rn. 334.
346 *Francescakis/Graulich*, Répertoire de droit international, Bd. I, S. 513.
347 *Francescakis/Graulich*, Répertoire de droit international, Bd. I, S. 513.
348 *Courbe*, Les objectifs temporels, Rn. 90 ff.
349 *Courbe*, Les objectifs temporels, Rn. 90 ff.
350 Als alternative Lösung auch von *Audit*, Droit International Privé, S. 264 f vorgestellt, jedoch i.E. ablehnend.
351 *Mayer*, Droit international privé, Rn. 256.
352 *Batiffol/Lagarde*, Droit international privé, Bd. I, Rn. 334; *Francescakis/Graulich*, Répertoire de droit international, Bd. I, S. 515.
353 *Courbe*, Les objectifs temporels, Rn. 383.

Gegen das Argument, daß auf Grund der Versteinerung ein rechtsordnungsloser Vertrag entstehe, wird zum einen vorgebracht, daß der Vertrag der eingefrorenen lex causae und den Kollisionsnormen der lex fori unterliege.[354] Zum anderen wird eingewendet, daß auch das französische Recht das Überleben des älteren Rechts in bestimmten Fällen anerkenne.[355]

Auch bei der prinzipiellen Anerkennung der Versteinerung stellt sich die Frage nach den Grenzen der Parteiautonomie. So soll einer Auffassung nach etwa der Bereich des Arbeitsrechts komplett von einer kollisionsrechtlichen Versteinerung ausgespart sein, da insoweit der Parteiwille nicht ausreiche, sich über die Anwendung neuer Gesetze hinwegzusetzen.[356]

III. Literaturstimmen in anderen europäischen Ländern

1. Schweizer Literatur

Einheitlich wird in der Schweiz die grundsätzliche Maßgeblichkeit des Übergangsrechts des Vertragsstatuts für materielle Änderungen beurteilt.[357] Art. 13 IPRG kann so gelesen werden, daß er dies hinsichtlich des Umfangs der Verweisung klarstellt. Er lautet:
"Die Verweisung dieses Gesetzes auf ein ausländisches Recht umfasst alle Bestimmungen, die nach diesem Recht auf den Sachverhalt anwendbar sind (....)"

Damit können auch die intertemporalen Normen des anwendbaren Rechts gemeint sein. Dagegen kommt gemäß einer älteren, von *Schnitzer* vertretenen Ansicht bei der Rechtswahl – je nach Auslegung – entweder das im Augenblick geltende fremde Recht oder das fremde Recht in seinem jeweiligen Zustand in Betracht. Im Zweifel sei eine zeitlich fixierte Wahl nicht anzunehmen, da dies nicht "die Wahl eines lebenden Rechtssytems, sondern gewissermaßen nur die abgekürzte Inserierung eines Rechtsclichées" sei.[358] Im übrigen wird auch in der älteren Literatur bei einer Änderung des Vertragsstatuts allenfalls eine Korrektur

---

354 *Courbe*, Les objectifs temporels, Rn. 383.
355 *Deby-Gérard*, Le rôle de la règle de conflit, Rn. 330.
356 *Lyon-Caen*, Clunet 1978, 892.
357 *Bucher*, Droit international privé suisse Tome I/2, Rn. 328; *Dutoit*, Commentaire, Art. 13 Rn. 7; *IPRG-Mächler-Erne*, Art. 13, Rn. 7; *IPRG Kommentar/Heini*, Art. 13 Rn. 7; *Knoepfler/Schweizer*, Précis de droit international privé, Rn. 208; *Schnitzer*, Handbuch des internationalen Privatrechts, Bd. I., S. 197; *Sumampouw*, RabelsZ 1966, S. 343; *Vischer*, Internationales Vertragsrecht , S. 80 f.
358 *Schnitzer*, Handbuch des internationalen Privatrechts, Bd. I., S. 197 f.

durch den ordre public[359], den Vorbehalt der "clausula rebus sic stantibus"[360] oder das bona fides Prinzip[361] erwogen.

Hingegen kommt es gemäß neuerer Ansicht bei einer Rechtswahl in Betracht, eine nach Vertragsschluß erfolgte grundlegende Veränderung des anwendbaren Rechts zu Lasten einer Partei auch dann zu ignorieren oder zu korrigieren, wenn kein Fall des ordre public vorliegt.[362] Andere gehen sogar pauschal von der Wirksamkeit einer zeitlichen Fixierung durch Verwendung einer Stabilisierungsklausel aus.[363] In Kontrast dazu wird allerdings vorgebracht, daß die Parteien auf Grund der Rechtswahl den Vertrag einer Rechtsordnung unterstellen, die ein Eigenleben hat und die in ihrer Entwicklung respektiert werden müsse.[364] Die Wirksamkeit einer Versteinerungsklausel müsse daher an dieser Rechtsordnung, und zwar anhand ihrer Übergangsbestimmungen, überprüft werden.[365]

Während *Vischer* früher mit den Argumenten, daß nur ein lebendiger Rechtsorganismus gewählt werden könne und daß die zeitliche gewillkürte Arretierung des Statuts mit einem rechtsordnungslosen Vertrag gleichzusetzen sei, die Möglichkeit einer kollisionsrechtlichen Versteinerung ablehnte,[366] vertrat er zuletzt eine weitaus differenziertere Auffassung. *Vischer* unterscheidet nun hinsichtlich der Frage der Zulässigkeit von Versteinerungsklauseln nach der Art des Vertrages. Bei Verträgen mit erhöhtem Sozialbezug, wie Konsumenten-, Miet- oder Arbeitsverträgen, sei demgemäß eine zeitliche Fixierung ausgeschlossen, bei Handels- und Geschäftskontrakten hingegen sei sie erlaubt.[367] Denn auf Verträge mit erhöhtem Sozialbezug treffe der sozial-funktionale Vertragsbegriff zu, wonach der Parteiautonomie engere Grenzen gesetzt seien, wohingegen im Bereich der "international business and commercial contracts" das Leitbild des klassisch-liberalen Vertragsverständnisses gelte, wo der Ursprung der kollisionsrechtlichen Parteiautonomie liege und wo dem "reliance-Prinzip" der Erwartung und des Vertrauens auf eine reibungslose Abwicklung des Vertrages auf den bei Vertragsschluß gegebenen Grundlagen besondere Bedeutung zukomme.[368] Aber

---

359 *Schnitzer*, Handbuch des internationalen Privatrechts, Bd. I., S. 197 Fn. 18, S. 246.
360 *Sumampouw*, RabelsZ 1966, S. 343.
361 *Vischer*, Internationales Vertragsrecht , S. 82; *ders./von Planta*, Internationales Privatrecht, S. 173.
362 *IPRG Kommentar/Heini*, Art. 13 Rn. 8.
363 *Bucher*, Droit international privé suisse, Rn. 333.
364 *Dutoit*, Commentaire, Art. 13 Rn. 5; *Vischer/von Planta*, Internationales Privatrecht, S. 173.
365 *Dutoit*, Commentaire, Art. 13 Rn. 5.
366 *Vischer*, Internationales Vertragsrecht , S. 80 f; *ders./von Planta*, Internationales Privatrecht, S. 173, Fn. 26.
367 *Vischer*, FS Keller, S. 552 f.
368 *Vischer*, FS Keller, S. 552 f.

auch bei Handels- und Geschäftskontrakten könne die nachträgliche Änderung der lex causae außerhalb des dispositiven Rechts nicht komplett ignoriert werden. Vor dem Hintergrund des IPRG votiert *Vischer* deshalb dafür, im Falle eines Vorliegens einer Versteinerungsklausel das modifizierte Recht nicht unmittelbar, sondern dergestalt anzuwenden, wie dies der Fall sein würde, wenn zwingende Normen eines Drittrechts angewandt werden wollten.[369] Das neue Recht könne somit wie ein anderes auf den Vertrag zwingend Anwendung verlangendes Recht auf den Vertrag einwirken. Ist dies der Fall, könne der Schweizer Richter die neuen Normen dann berücksichtigen, wenn nach schweizerischer Rechtsauffassung gemäß Art. 19 IPRG schützenswerte und offensichtlich überwiegende Interessen einer Partei dies gebieten und der Sachverhalt mit der neuen Bestimmung einen engen Zusammenhang aufweist.[370]

2. *Italienische Literatur*

Ein dauerhafter Ausschluß nachfolgender Rechtsänderungen durch eine zeitlich fixierte Rechtswahl wird in der italienischen Literatur soweit ersichtlich abgelehnt.[371] Als Begründung wird angeführt, daß wenn die Rechtswahl als Anknüpfungspunkt im Internationalen Privatrecht verstanden wird, daß es dann im Ergebnis keinen Unterschied machen könne, ob an die Rechtswahl oder etwa an die Nationalität angeknüpft werde; sobald man das Vertragsstatut gefunden habe, werde es so wie in dem entsprechenden Staat angewendet.[372] Bei einem intertemporalen Konflikt ist dann also das intertemporale Recht dieses Staates berufen und das eigene Internationales Privatrecht ist irrelevant. Den Vertragsparteien sei es aber gestattet, anstatt Vertragsbestimmungen zu entwerfen, sich auch auf Gesetzesbestimmungen, so wie sie in einem bestimmten Zeitpunkt gelten, zu beziehen, so daß diese in vertragliche Bestimmungen umgewandelt würden und die Bestimmung des maßgeblichen Vertragsstatuts nicht beeinflußten.[373] Durch die Gleichsetzung mit Vertragsbestimmungen liegt dann aber keine kollisionsrechtliche Verweisung, sondern eine materiellrechtliche Verweisung vor.

---

369 *Vischer*, FS Keller, S. 552 f.

370 *Vischer*, FS Keller, S. 552 f.

371 *Bonell*, in: Colloque de Bâle, S. 15; *Carbone/Luzzato*, Il contratti del commercio internazionale, S. 144; *Panico*, Etudes Ago Bd. III, S. 267.

372 *Bonell*, in: Colloque de Bâle, S. 15.

373 *Bonell*, in: Colloque de Bâle, S. 15.

3. *Englische Literatur*

Eine Rechtsänderung im Vertragsstatut ist nach der einhelligen Literaturmeinung in England stets beachtlich, da bei einer Rechtswahl anders als bei der Inkorporation nur ein lebendiges Recht wählbar ist, das in der aktuellen Fassung Anwendung findet und nicht in der zum Zeitpunkt des Vertragsschlusses.[374] Zudem könnten die Parteien anderenfalls unliebsamen Normen aus dem Weg gehen, indem sie ihren Vertrag bei Vertragsschluß vordatieren.[375] Daher würden Rechtsänderungen im Vertragsstatut, wie z.B. die Herabsetzung des Zinssatzes oder die Ungültigerklärung von Goldwertklauseln, die vertragliche Vereinbarung verändern.[376] Inwieweit das neue Recht Anwendung findet, sei Sache des Vertragsstatuts.[377] Es möge zwar Vorteile bringen, fremdes Recht anzuwenden, ohne sich gänzlich künftigen Rechtsänderungen zu unterwerfen, dies sei nach englischem Recht jedoch nur durch Inkorporation möglich, wobei ein anderes Recht Vertragsstatut ist.[378] Auch eine Stabilisierungsklausel in einem State Contract soll nach dem EVÜ unwirksam sein.[379] Zum Teil wird sogar vertreten, daß selbst eine Umdeutung einer ungültigen Rechtswahl in eine Inkorporation bei Vorliegen bestimmter Umstände grundsätzlich nicht in Betracht komme, weil bei Überschreitung der Grenzen der Parteiautonomie die Rechtswahl unbeachtlich würde und eine umfassende neue Anknüpfung des Vertrags an ein anderes Vertragsstatut nötig mache.[380]

IV. *Die Auffassung des Institut de Droit International*

Nach Auffassung des Institut de Droit International sind in die Anwendung der lex causae deren intertemporale Normen einbezogen, so daß diese über die Folgen einer Rechtsänderung zu entscheiden haben. Art. 3 der Resolution des Insti-

---

374 *Collier*, Conflict of Laws, S. 198; *Collins*, in: Colloque de Bâle, S. 65; *Kelly*, Int.Comp.L.Q. 1977, S. 857 ff; *Morris/McClean*, The Conflicts of Laws, S. 261; *Wolff*, Private International Law, S. 423 f; *Wood*, Comparative Financial Law, 14-6 ff.

375 *Thomson*, Mod.L.Rev. 43 (1980), S. 656.

376 *Morris/McClean*, The Conflicts of Laws, S. 261; *Wolff*, Private International Law, S. 423 f.

377 *Kelly*, Int.Comp.L.Q. 1977, S. 859.

378 *Cheshire/North*, Private International Law, S. 483 f; *Collins*, in: Colloque de Bâle, S. 65; *Kelly*, Int.Comp.L.Q. 1977, S. 857 ff; *Thomson*, Mod.L.Rev. 43 (1980), S. 656; *Wood*, Comparative Financial Law, 14-7.

379 *Dicey & Morris*, The Conflict of Laws, S. 1219.

380 *Kelly*, Int.Comp.L.Q. 1977, S. 867 ff.

tut de Droit International, der 1982 aus der Sitzung in Dijon hervorging, verdeutlicht dies:

"L'effet dans le temps d'un changement dans le droit applicable est déteminé par ce droit."[381]

Es stellt sich die Frage, ob dies notwendigerweise bedeutet, daß insofern der lex fori keine Bedeutung mehr zukommt. Ein Blick auf den Art. 5 dieser Resolution könnte bei der Beantwortung dieser Frage weiterhelfen. Regelungsgegenstand des Art. 5 ist der Auftrag an das anwendbare Recht und seine Übergangsbestimmungen zu klären, ob die Änderung auch auf abgeschlossene Verträge anzuwenden ist und ob sie auf den Zeitpunkt des Vertragsschlusses zurückwirkt. Art. 5 lautet:

"L'effet de dispositions juridiques rétroactives, qu'elles soient d'origine législative, réglementaire ou jurisprudentielle, devrait normalement être déterminé par référence ou système de droit d'où elles sont issues."[382]

Mit dem Verweis auf "système de droit" wird nicht nur auf das Vertragsstatut, sondern auch auf andere Rechtsordnungen – wie etwa insbesondere das der lex fori – abgestellt.[383] Es bleibt als Auffassung des Institut de Droit International also festzuhalten, daß grundsätzlich die lex causae bezüglich der Frage der Maßgeblichkeit von Rechtsänderungen entscheidungsberufen ist, daß aber auch etwa die Normen der lex fori bei der Frage der Rückwirkung auf abgeschlossene Verträge eine Rolle spielen können.

Zentrales Thema der 65. Sitzung des Institut de Droit International in Basel 1991 war die Parteiautonomie bei internationalen Verträgen unter Privatpersonen.[384] Sachlich ausgeschlossen von der Resolution waren Verträge mit Verbrauchern und Arbeitnehmern.[385] Im Rahmen dieser Sitzung wurde auch über Stabilisierungsklauseln befunden, die die Anwendbarkeit eines Rechts zeitlich fixieren sollen. Bereits 1979 beschäftigte sich das Institut mit solchen Stabilisierungsklauseln, damals allerdings nicht im Zusammenhang mit internationalen Verträgen zwischen Privatpersonen, sondern in State Contracts. Das Institut befürwortete in diesem Kontext die Möglichkeit einer zeitlichen Fixierung des an-

381 *Annuaire* I.D.I., Vol. 59, Tome II, Session de Dijon, S. 249.

382 *Annuaire* I.D.I., Vol. 59, Tome II, Session de Dijon, S. 249.

383 so bereits *Vischer*, FS Keller, S. 547.

384 *Annuaire* I.D.I., Vol. 64, Tome I, Session de Bâle; *Annuaire* I.D.I., Vol. 64, Tome II, Session de Bâle; *Jayme*, IPRax 1991, 429 ff.

385 "Art. 1, 2. Toutefois, la présente résolution ne s'applique pas aux contrats de travail ni aux contrats conclus avec des consommateurs.", *Annuaire* I.D.I., Vol. 64, Tome II, Session de Bâle, S. 206.

wendbaren Rechts.[386] Da es im Gegensatz zu der Athener Resolution auf der Basler Sitzung aber um die Verwendung solcher Klauseln in internationalen Verträgen zwischen Privaten ging, waren nunmehr andere Faktoren zu berücksichtigen.[387]

Jayme als Berichterstatter zeigte im Rahmen der vorbereitenden Arbeiten zur Basler Resolution auf, daß es vor dem Hintergrund eines prinzipiellen, von der Mehrheit der Autoren vertretenen Verbots der Wahl eines in keinem Staat gültigen Rechts zwei Möglichkeiten zur Berücksichtigung der Stabilisierungsklausel gibt: Entweder man interpretiert eine solche Klausel als Kündigungsgrund der Parteien im Falle einer wesentlichen Änderung im Vertragsstatut oder man deutet eine derartige Klausel als materielle Verweisung auf das zum Zeitpunkt des Vertragsschlusses geltenden Recht um.[388] Um eine weitest mögliche Parteiautonomie zu gewährleisten, votierte *Jayme* für die zweite Variante.[389] Eine entsprechende Formulierung wurde für die Resolution vorgeschlagen.[390] *North* gab hinsichtlich dieses Entwurfes in praktischer Hinsicht zu bedenken, daß ein Richter bei einem besonders langzeitigen Vertrag Ermittlungsschwierigkeiten bei der Feststellung des alten maßgeblichen Rechts haben könne.[391]

In dem Abschlußbericht zu den vorbereitenden Arbeiten zur Resolution zeigt *Jayme* den Zusammenhang auf zwischen der Grundlegung des Prinzips der Parteiautonomie und der rechtlichen Bewertung von Stabilisierungsklauseln.[392] Da sich die Resolution des Institut an den staatlichen Richter wende, sei das Rechtssystem eines Staates der entscheidende Ausgangspunkt.[393] Folglich befinde das gewählte staatliche Recht über die Zulässigkeit einer vereinbarten Petrifizierung der Gesetze. Der vorgeschlagene Artikel der Resolution hinsichtlich der Verwendung von Stabilisierungsklauseln versuche einen Zwischenweg durch die Eck-

---

386 Art. 3 der Resolution lautete: "Les parties peuvent convenir que les dispositions d'un droit interne auxquelles elles se réfèrent dans un contrat doivent être entendues dans leur teneur au moment de la conclusion de ce contrat.", *Annuaire* I.D.I., Vol. 58, Tome II, Session d'Athènes, S. 194.

387 *Annuaire* I.D.I., Vol. 58, Tome II, Session d'Athènes, S. 135.

388 *Jayme*, in: *Annuaire* I.D.I., Vol. 64, Tome I, Session de Bâle, S. 44 f.

389 *Jayme*, in: *Annuaire* I.D.I., Vol. 64, Tome I, Session de Bâle, S. 45.

390 "Si les parties conveniennent que les dispositions d'un droit internes auxquelles elles se réfèrent dans un contract doivent être entendue dans leur teneur au moment de la conclusion de ce contrat, le juge etatique est tenu, au moins, de maintenir valable une telle clause de stabilisation comme clause matérielle visant à l'incorporation des règles en vigueur en moment fixé par les parties."; *Annuaire* I.D.I., Vol. 64, Tome I, Session de Bâle, S. 53.

391 *Annuaire* I.D.I., Vol. 64, Tome I, Session de Bâle, S. 58.

392 *Jayme*, in: *Annuaire* I.D.I., Vol. 64, Tome I, Session de Bâle, S. 64, 67.

393 *Jayme*, in: *Annuaire* I.D.I., Vol. 64, Tome I, Session de Bâle, S. 64.

punkte der Autonomie und der strengen Staatlichkeit, wonach einerseits der staatliche Richter kein ungültiges Recht anwenden könne, andererseits dem parteiautonomen Willen – insoweit vom Vertragsstatut sanktioniert – durch eine materielle Inkorporation des zeitlich festgeschriebenen Rechts Rechnung getragen werde.[394]

In den darauffolgenden Beratungen zum Resolutionsentwurf überwogen die Stimmen der Kommissionsmitglieder, wonach die Parteiautonomie auch die Möglichkeit umfasse, ein zum Zeitpunkt des Vertragsschlusses eingefrorenes Recht zu wählen.[395] Weniger Einigkeit herrschte bezüglich der zugrundezulegenden Methode, so daß hinsichtlich der aufgeworfenen Frage der temporären Versteinerung zwei Formulierungsalternativen diskutiert wurden, die wie folgt lauteten:[396]

"Si les parties conviennent que la loi choisie doit être entendue comme celle en viguer au moment de la conclusion du contrat,

- *variante 1:*

cette loi sera appliquée même si elle est ultérieurement modifiée ou abrogée;

- *variante 2:*

cette loi sera appliquée même si elle est ultérieurment modifiée ou abrogée, comme clause matérielle incorporée dans le contrat."

Die erste Alternative scheint eine zeitlich kollisionsrechtliche Stabilisierung zu meinen, während die zweite Alternative die Idee einer Auslegung der Stabilisierungsklauseln als materiellrechtliche Verweisung aus den vorbereitenden Arbeiten aufnimmt. Hervorgehoben wird in der Diskussion der wichtigste Unterschied zwischen den zwei Varianten, nämlich daß nach der zweiten Methode die Gültigkeit materiellrechtlicher Vertragsklauseln von den zwingenden Regelungen des Vertragsstatuts abhängt.[397] In den Beratungen zu den zwei Varianten des Artikels wurden einige problematische Aspekte beleuchtet. An der Möglichkeit der Parteien jegliche künftige Gesetzesänderung auszuschalten kritisiert *El Kosheri*, daß ein staatlicher Richter den Parteien nicht die exorbitante Befugnis zugestehen könnte, sich dem Einfluß staatlichen Rechts zu entziehen.[398] *Mann* empfindet

---

394 *Jayme*, in: *Annuaire* I.D.I., Vol. 64, Tome I, Session de Bâle, S. 75, 78; Art. 7 des Resolutionsentwurfs lautet: "Si les parties convienennt que la loi choisie doit être entendue comme celle en viguer au moment de la conclusion du contrat, le juge étatique est tenu de maintenir valable une telle clausse de stabilisation comme clause matérielle visant à l'incorporation, dans le contrat, des règles en viguer au moment fixé par les parties."

395 *Annuaire* I.D.I., Vol. 64, Tome II, Session de Bâle, S. 134.

396 *Annuaire* I.D.I., Vol. 64, Tome II, Session de Bâle, S. 129, 134 f.

397 *Annuaire* I.D.I., Vol. 64, Tome II, Session de Bâle, S. 134, 193.

398 *Annuaire* I.D.I., Vol. 64, Tome II, Session de Bâle, S. 139.

eine Stabilisierungsklausel gar als unsinnig, da ein Vertrag entweder dem Recht A unterworfen sei und deshalb auch den Entwicklungen dieses Rechtssystems folgen müsse, oder der Vertrag sei dem gewählten Recht nicht unterworfen, um vor Änderungen im gewählten Recht gefeit zu sein, was aber inakzeptabel sei.[399] Infolge diesen Standpunkts wurde de. Sinn einer Regelung von Stabilisierungsklauseln in der Resolution hinterfragt und ein totaler Verzicht auf den betreffenden Artikelentwurf gefordert.[400] *Riad* schlägt vor, die Möglichkeit der Versteinerung der lex causae bei internationalen Verträgen zwischen Privaten in der Resolution ausdrücklich nur auf nicht – zwingendes Recht zu reduzieren, was – worauf andere Stimmen in der Diskussion zu Recht hinweisen[401] – allerdings im Ergebnis mit der zweiten Version des vorgeschlagenen Artikels übereinstimmt. *Lowenfeld* vertritt die Auffassung, beide Versionen seien unvollständig und es sei besser zu formulieren, daß im Falle einer Rechtswahl der Parteien das Recht in dem Zeitpunkt gewählt ist, wenn der Streit entsteht.[402] *Gannagé* sieht eine Verwandtschaft der Probleme zwischen der Zulässigkeit der Verwendung von Stabilisierungsklauseln und der Wahl anationalen Rechts.[403] *Salcedo* setzt an der ersten Alternative aus, daß sie die Parteien in Gesetzgeber umwandeln würde und daß der Parteiwille dem souveränen Willen des Gesetzgebers nicht "Schach bieten" könne.[404] *Waebroeck* ergreift Position für die erste Formulierungsalternative, da nach Art. 9 des Entwurfs die Behandlung zwingenden Rechts hinreichend deutlich sei.[405] Dagegen wendet sich *Salmon*, da speziell auf das zwingende Recht der lex causae abgestellt werden müsse.[406] *Von Overbeck* regt an, andere Unterscheidungskriterien zu berücksichtigen, wie z.B. die Unterscheidung zwischen einem revolutionären Wechsel und einer nur eingeschränkten Änderungen des Vertragsstatuts.[407]

---

399 *Annuaire* I.D.I., Vol. 64, Tome II, Session de Bâle, S. 140 f, 189; zustimmend *Verhoeven*, *Annuaire* I.D.I., Vol. 64, Tome II, Session de Bâle, S. 191; *Schwind*, *Annuaire* I.D.I., Vol. 64, Tome II, Session de Bâle, S. 192.

400 *Annuaire* I.D.I., Vol. 64, Tome II, Session de Bâle, S. 188 ff.

401 *Annuaire* I.D.I., Vol. 64, Tome II, Session de Bâle, S. 143 f, 188 ff.

402 *Annuaire* I.D.I., Vol. 64, Tome II, Session de Bâle, S. 147.

403 *Annuaire* I.D.I., Vol. 64, Tome II, Session de Bâle, S. 150.

404 *Annuaire* I.D.I., Vol. 64, Tome II, Session de Bâle, S. 188 f.

405 *Annuaire* I.D.I., Vol. 64, Tome II, Session de Bâle, S. 189 (S. 174: Art. 9 des Resolutionsentwurfs lautet: "1. La loi choisie s'applique sans préjudice des dispositions impératives de la loi du for qui régissant impérativement la situation quelle que soit la loi applicable au contrat. 2. Les dispositions impératives, au sens du paragraphe précédent, d'un droit autre que la loi du for ne peuvent écarter l'application de la loi choisie que s'il existe un lien étroit entre le contrat et le pays de ce droit et que si elles poursuivent des buts reconnus par l'ordre international.")

406 *Annuaire* I.D.I., Vol. 64, Tome II, Session de Bâle, S. 190.

407 *Annuaire* I.D.I., Vol. 64, Tome II, Session de Bâle, S. 190.

Ergebnis des Meinungsaustausches war die Entscheidung für die zweite Version in gering modifizierter Weise. Von allen Artikeln der Resolution erwies sich dieser Artikel auch nach der Beratung und der Ergänzung als der strittigste, was sich daran zeigt, daß es bei der Abstimmung über diesen Artikel im Vergleich zu der Abstimmung über die anderen Artikeln der Resolution die meisten Gegenstimmen und Enthaltungen gab.[408] Der verabschiedete Art. 8 der Resolution bezüglich "L'autonomie de la volonté des parties dans les contrats internationaux entre personnes privées" lautet schließlich:

"Si les parties conveniennent que la loi choisie doit être entendue comme celle en viguer au moment de la conclusion du contrat, ses dispositions seront appliquées **comme clause matérielles incorporées dans le contrat**; si toutefois, cette loi a été modifiée ou abrogée par des règles qui entendent impérativement régir les contrats en cours, ces règles doivent être appliquées." (Hervorhebungen des Verfassers)

Da durch die Versteinerungsabrede die arretierten Normen in ihrer Bedeutung auf Vertragsabsprachen reduziert werden und da sich demzufolge die zwingenden Normen des Sachrechts immer gegenüber einer Versteinerungsabrede der Parteien durchsetzen, ist als Ergebnis des I.D.I. festzuhalten, daß der zeitlichen kollisionsrechtlichen Stabilisierung eine Absage erteilt wird und, wie *Jayme* es ausdrückt, daß das Instrument der materiellrechtlichen Verweisung validierend eingesetzt wird.[409]

C. Kollisionsrechtliche Versteinerung und das EVÜ

I. Vorbemerkung zur Auslegung

Der Streifzug durch die Rechtsprechung und die rechtswissenschaftliche Literatur verschiedener europäischer Länder führte zur Herausarbeitung verschiedener Argumente, die es nun vor dem Hintergrund der Regeln des EGBGB (EVÜ) zu überprüfen gilt. Dabei ist folgende Besonderheit hervorzuheben: Bei der Auslegung der Art. 27 bis 37 EGBGB ist zu beachten, daß diese Normen der Inkorporation des EVÜ ins deutsche Recht dienen.[410] Nach Art. 36 EGBGB (Art. 18

408 46 Ja-Stimmen, 8 Nein-Stimmen, 4 Enthaltungen, *Annuaire* I.D.I., Vol. 64, Tome II, Session de Bâle, S. 211.

409 *Jayme*, IPRax 1991, 429.

410 zuletzt zur deutschen Inkorporationslösung *Müller*, Die Umsetzung der europäischen Übereinkommen.

EVÜ)[411] ist vor diesem Hintergrund eine autonome, nicht am nationalen Recht orientierte Auslegung der das Internationale Vertragsrecht betreffenden Regeln geboten, um einen Entscheidungseinklang für Fragen des EVÜ in seinen Mitgliedstaaten zu gewährleisten.[412] Nichtsdestotrotz ist nach dem Wortlaut des Art. 36 EGBGB zunächst "das im EGBGB kodifizierte internationale Schuldvertragsrecht" und nicht das EVÜ Gegenstand der Interpretation, was jedoch an der Rechtspflicht der europäisch-einheitlichen Auslegung nicht rührt. Für die anzuwendenden Auslegungsregeln ergibt sich daraus folgendes: Die Auslegung nach Art. 36 EGBGB hat vor allem den üblichen Auslegungskanon der grammatischen, systematischen, historischen und teleologischen Interpretation zu berücksichtigen, wozu sich wegen des Charakters des internationalen Einheitsrechts noch die besondere Methode der rechtsvergleichenden Interpretation gesellt.[413] Das Erfordernis der rechtsvergleichenden Interpretation bedeutet für den nationalen Richter die Pflicht zu berücksichtigen, zu welchem Ergebnis Rechtsprechung und Lehre in den übrigen Vertragsstaaten bei der Auslegung und Anwendung der streitigen Normen des EVÜ gelangt sind.[414] Dabei ist es hilfreich, die Savignyschen Auslegungskriterien unter Berücksichtigung der aus der Rechtsvergleichung gewonnenen Aspekte anzuwenden, und nicht die Rechtsvergleichung von den anderen Auslegungsmethoden getrennt und selbständig durchzuführen.

Schließlich ist trotz der Charakterisierung des EVÜ als internationales Einheitsrecht auch an das Gebot verfassungskonformer Auslegung zu denken.[415]

II. Grammatische Auslegung

Teilweise wird die nach dem Wortlaut des Art. 27 Abs. 1 EGBGB (Art. 3 Abs. 1 EVÜ) zulässige Rechtswahl dahingehend interpretiert, daß sie nicht bloß zu einer räumlichen, sondern auch zu einer zeitlichen Rechtswahl ermächtigt,[416] wohinge-

---

411 zur Abweichung der Formulierung des Art. 36 EGBGB von Art. 18 EVÜ s. *Rein hart*, RIW 1994, 448 f, 451.

412 zur Auslegungszuständigkeit des EuGH s. *Jayme/Kohler*, IPrax 1999, 411; *Martiny*, ZEuP 1997, 127; s. zum Parallelproblem beim EuGVÜ *Scholz*, Das Problem der autonomen Auslegung des EuGVÜ.

413 *Münchner Kommentar-Martiny*, Art. 36 Rn. 15 ff.

414 *Martiny*, ZEuP 1995, 72 ff; *Reinhart*, RIW 1994, 447.

415 *Reinhart*, RIW 1994, 450.

416 *Kappus*, IPRax 1993, 140; gleiches muß für Autoren gelten, die unabhängig vom EVÜ meinen, daß die räumliche Rechtswahlfreiheit automatisch die intertemporäre Wahlfreiheit beinhaltet, z.B. *Bucher*, Droit international privé suisse, Rn. 333; *Courbe*, Les objectifs temporels, Rn 379.

gen die h.L. lediglich von einer durch die lex fori gewährten räumlichen Parteiautonomie ausgeht.[417] Da beide Ansichten jedenfalls nicht außerhalb des sprachlich möglichen Wortsinns liegen, weil die Möglichkeit einer zeitlichen kollisionsrechtlichen Rechtswahl vom Gesetzgeber nicht ausdrücklich geregelt ist, kann allein auf Grund der Auslegung des Wortsinns de lege lata die aufgeworfene Frage nicht eindeutig beantwortet werden. Denn Art. 27 Abs. 1 S. 1 EGBGB und der wortgleiche Art. 3 Abs. 1 S. 1 EVÜ bestimmen lediglich, daß der Vertrag dem von den Parteien gewählten Recht unterliegt. Ob das Recht nur in lokaler oder auch in temporärer Hinsicht bestimmbar ist, läßt sich der Formulierung nicht entnehmen. Auch eine Berücksichtigung der sprachlichen Fassungen des Art. 3 Abs. 1 S. 1 EVÜ anderer Vertragsstaaten führt zu keinem davon verschiedenen Ergebnis, da auch die anderen sprachlichen Fassungen die aufgeworfene Frage genausowenig expressis verbis beantwortet.

III. Systematische Auslegung

Die systematische Auslegung fragt nach dem logisch-systematischen Zusammenhang der einzelnen Vorschrift, also nach dem Kontext in dem die Textstelle steht.[418] Dies wird zwar bei den Art. 27 bis 37 EGBGB durch die deutsche Inkorporationslösung erschwert,[419] aber trotz der Einbindung ins EGBGB ist besonders der Bedeutungszusammenhang im Übereinkommen und die Funktionsweise der Konvention selbst maßgeblich. Die an dem Bedeutungszusammenhang des Gesetzes orientierten Argumente können auf zwei Ebenen unterschieden

---

417 *Audit*, Droit international privé, S. 263 f; *von Bar*, Internationales Privatrecht Bd. II, § 4 II. 5 f; *Batiffol/Lagarde*, Droit international privé, Bd. I, Rn. 334; *Collier*, Conflict of Laws, S. 198; *Collins*, in: Colloque de Bâle, S. 65; *Deby-Gérard*, Le rôle de la règle de conflit, Rn. 331; *Erman-Hohloch*, Art. 27 Rn. 10; *Van Hecke*, Problèmes juridiques des emprunts internationaux, S. 195 f; *Lagarde*, Revue critique de droit international privé 1991, 301 f; *Loussouarn/Bourel*, Droit international privé, S. 245; *Mayer*, Droit international privé, Rn. 256; *Merkt*, Investitionsschutz, S. 196; *Morris/McClean*, The Conflicts of Laws, S. 261; *Münchner Kommentar-Martiny*, Art. 27 Rn 24; *Neuhaus*, Grundbegriffe, § 33 IV 5; *Püls*, Parteiautonomie S. 178; *Reithmann-Martiny*, Internationales Vertragsrecht, Rn. 66; *Rigaux*, Droit international privé, Bd. I, Rn. 387; *ders./Fallon*, Droit international privé, Bd. II, Rn. 1292; *Simitis*, JuS 1966, 217; *Soergel-von Hoffmann*, Art. 27 Rn. 23; *Staudinger-Firsching*, Vor Art.12 aF, Rn. 332; *Staudinger-Magnus*, Art. 27 Rn. 41; *Stoll*, Vereinbarungen zwischen Staat und ausländischem Investor, S. 82 f; *dies.*, RIW 1981, S. 810; *Wengler*, Internationales Privatrecht, Bd. I., S. 545 f; *Wolff*, Private International Law, S. 423 f; *Wood*, Comparative Financial Law, 14-6 ff.

418 *Larenz*, Methodenlehre, S. 212.

419 *Münchner Kommentar-Martiny*, Art. 36 Rn. 17.

werden, und zwar einerseits in abstrakt systematischer Hinsicht ("äußeres System"),[420] die Gesamtheit und Aufgabenstellung der internationalen Schuldvertragsrechtsnormen betreffend, und andererseits in konkret systematischer Hinsicht ("inneres System"), worunter das Zusammenspiel der einzelnen Normen in ihrem jeweiligen Inhalt zu verstehen ist. Diese Unterscheidung ist allerdings wegen der Verbundenheit der Argumente aus beiden Bereichen nicht strikt durchführbar und bietet im folgenden nur einen losen Diskussionsrahmen.

1. Systematische Auslegung nach dem äußeren System

Die in diesem Kontext grundlegende Frage ist, welche Rechtsordnung überhaupt zur Beantwortung des Problems der statischen Verweisung berufen ist. In Betracht kommen in erster Linie das Kollisionsrecht der lex fori und die Übergangsbestimmungen der lex causae. Es könnte auch an die Übergangsbestimmungen der lex fori gedacht werden, was heute aber soweit ersichtlich niemand mehr vertritt.[421] Da diese in keinem direkten Bezug zum anwendbaren Recht stehen, sind sie für die aufgeworfene Frage auch nicht heranzuziehen. Es bleibt im folgenden also zu untersuchen, ob zur Beantwortung der aufgeworfenen Frage das EVÜ herangezogen werden kann oder ob ausschließlich auf die Übergangsbestimmungen des berufenen Sachrechts abzustellen ist. Die wohl h.M. gibt der "lex causae – Lösung" den Vorzug,[422] wonach es folglich auf das EVÜ als Forumsrecht nicht ankommt. Als Grund wird angeführt, daß intertemporale Privatrecht des Vertragsstatuts sei wesensmäßig die zur Entscheidung berufene Rechtsordnung und auf die IPR-Regeln des Forums komme es nicht an,[423] denn die zeitlich bedingte Gesetzeskollision sei ein rein internes Problem der lex causae ohne internationalen Bezug.[424] Demgegenüber steht die Auffassung, daß auf das Internationale Privatrecht der lex fori abzustellen sei, weil dieses – anders als das intertemporale Kollisionsrecht der lex causae – bereits die Belange internationaler Beziehungen berücksichtige (lex fori – Lösung).[425] Besonders französische Befürworter der statischen kollisionsrechtlichen Verweisung widersprechen der

420 *Larenz*, Methodenlehre, S. 208 ff.

421 so etwa *Raape/Sturm*, Internationales Privatrecht, Bd. I., S. 310; ablehnend m.w.N *Francescakis/Graulich*, Répertoire, S. 512.

422 m.w.N. *Merkt*, Investitionsschutz, S. 188.

423 *Loussouarn/Bourel*, Droit international privé, S. 245; *Merkt*, Investitionsschutz, S. 188.

424 *Loussouarn/Bourel*, Droit international privé, S. 245; *Merkt*, Investitionsschutz, S. 188.

425 *Courbe*, Les objectifs temporels, Rn. 90 ff; *Francescakis/Graulich*, Répertoire de droit international, Bd. I, S. 513.

Kritik, ein internationaler Bezug liege nicht vor, mit dem Hinweis, daß eine internationale Komponente darin bestünde, daß der Forumsrichter ein seiner Rechtsordnung verschiedenes Recht anzuwenden habe.[426] Dem ist sicherlich zuzustimmen, doch wird die eigentliche Frage damit nur versteckt, da es auf den internationalen Charakter nicht allein ankommt. Das eigentliche Problem verdeutlicht sich hingegen, wenn man die Frage des internationalen Bezugs bewußt ausschließlich auf den intertemporalen Konflikt konzentriert, indem man fragt, ob auch eine intertemporale Kollision von internationaler Bedeutung ist. Man kann sich die zwei verschiedenen Kollisionsstufen voneinander getrennt vergegenwärtigen: Dies bedeutet, daß der Rechtsanwender auf der ersten Stufe mit Hilfe des lokalen Kollisionsrechts der lex fori das örtlich anwendbare Recht bestimmt und auf der zweiten Stufe das zeitlich anwendbare Recht mit Hilfe des zeitlichen Kollisionsrechts der lex causae. Vor diesem Hintergrund läßt sich die These der Kritiker dahingehend umformulieren, daß das örtliche Kollisionsrecht der lex fori das zeitliche Kollisionsrecht der lex causae nicht zu beeinflussen vermag. Als Antithese zur Ungeeignetheit des EVÜ zur Regelung intertemporaler Fragen sind die Argumente der Befürworter zu berücksichtigen, und zwar einerseits in spezieller Hinsicht das Argument, Versteinerungen seien im Internationalen Privatrecht vieler Länder bekannt,[427] und andererseits in allgemeiner Hinsicht das Argument, die Funktion des Internationalen Privatrecht gehe über die Bestimmung des fremden Rechts hinaus.[428]

(a) Versteinerungen durch das Internationale Privatrecht

Fraglich ist, ob das Internationale Privatrecht dergestalt inhaltlich auf das maßgebliche Recht Einfluß nehmen kann, daß es dieses petrifiziert. Hinsichtlich der Frage nach Versteinerungen im Internationalen Privatrecht ist der Blick als erstes auf das EGBGB und das EVÜ zu richten, wobei zunächst der Art. 27 Abs. 2 S. 2 EGBGB (Art. 3 Abs. 2 S. 2 EVÜ) auffällt. Nach dieser Regelung wird weder die Formgültigkeit des Vertrages noch werden etwaige Rechte Dritter durch eine Änderung der Bestimmung des anzuwendenden Rechts nach Vertragsschluß berührt. Dies bedeutet indes nicht, daß Rechtsänderungen im Vertragsstatut unbe-

---

426 m.w.N. in Fn. 3, *Batiffol/Lagarde*, Droit international privé, Bd. I, Rn. 334.

427 *Deby-Gérard*, Le rôle de la règle de conflit, Rn. 330; *Sandrock/Steinschulte*, Handbuch der internationalen Vertragsgestaltung Bd. I Rn. 37; *Sandrock*, "Versteinerungsklauseln", in: Internationales Wirtschaftsrecht, S. 47.

428 *Schurig* formuliert sehr plastisch, man dürfe nicht "mit der Augenbinde Savignys versehen den vorgezeichneten Weg (der Rechtswahl) entlangtappen, um dann demütig in Empfang zu nehmen, was einen am Ende erwartet", *Schurig*, Kollisionsnorm und Sachrecht, S. 22.

achtlich wären, vielmehr gilt in Bezug auf die Formgültigkeit des Vertrages, daß sie durch Änderungen des anzuwendenden Rechts, also durch Statutenwechsel, nicht berührt wird. Parallel dazu können Rechtspositionen, die Dritte auf Grund des Vertrages erworben haben, durch eine spätere Rechtswahl nicht beeinträchtigt werden. Auch hier ist das modifizierte Statut selbst aber wandelbar. Da auch ansonsten im EVÜ keine zeitliche Fixierung der lex causae vorgesehen ist, bleibt festzuhalten, daß das EVÜ keine Versteinerung des Vertragsstatuts kennt.

Fraglich ist als nächstes, ob Versteinerungen des anwendbaren Rechts auf Grund des Kollisionsrechts der lex fori (wenn schon nicht nach dem EVÜ, dann zumindest) nach dem IPR der Vertragsstaaten möglich sind. Im Falle eines positiven Ergebnisses würde dies dafür sprechen, daß durch das EVÜ jedenfalls im Prinzip eine Versteinerung des Vertragsstatuts denkbar wäre, da dies dem kollisionsrechtlichen Verständnis der Vertragsstaaten entsprechen würde.

Sucht man Beispiele für eine zeitliche Fixierung der lex causae durch kollisionsrechtliche Anordnung der lex fori im *deutschen Internationalen Privatrecht*, so stößt man im EGBGB auf die Artt. 7 Abs. 2, 13 Abs. 1, 22 S. 1, 25 Abs. 1, 26 Abs. 5 S. 1 und 26 Abs. 5 S. 2. Bei näherer Untersuchung zeigt sich jedoch auch bei all diesen Normen – wie bereits bei Art. 27 Abs. 2 S. 2 EGBGB (Art. 3 Abs. 2 S. 2 EVÜ) –, daß diese Vorschriften das maßgebliche Recht lediglich insoweit als unwandelbar festschreiben, als verschiedene durch einen Statutenwechsel verursachte Änderungen ausgeschlossen sind. Das bedeutet, daß das einmal maßgebliche Recht eines Staates nicht durch das Recht eines anderes Staates substituiert werden kann. Dagegen sind die Änderungen in dem ein für allezeit berufenen Statut selbst aber durchaus zu berücksichtigen.[429] Artt. 7 Abs. 2, 13 Abs. 1, 22 S.1, 25 Abs. 1, 26 Abs. 5 S. 1 und 26 Abs. 5 S. 2 EGBGB sind daher keine Beispiele für Versteinerungen im Internationalen Privatrecht.

Nichtsdestotrotz ist im deutschen Internationalen Privatrecht aber eine Versteinerung des anwendbaren Rechts bekannt, und zwar als Ausnahme im Zusammenhang mit Art. 15 Abs. 1 EGBGB. Eine Versteinerung tritt kraft deutscher kollisionsrechtlicher Entscheidung nämlich ein, wenn die innere Entwicklung des maßgebenden Ehegüterstatuts nicht mehr berücksichtigt wird. Ob dies sogar dann gelten soll, wenn das intertemporale Recht der berufenen Rechtsordnung aus-

429 *Erman-Hohloch*, Einleitung Art. 3, Rn. 34; s. etwa zu Art. 15 EGBGB OLG Stuttgart NJW 1958, 1972; OLG Karlsruhe IPRax 1990, 122 ff; etwas ungenau *Firsching/von Hoffmann.*, Internationales Privatrecht, S. 288; zu Art. 13 Abs. 1 vgl. LG München IPRspr. 1950/51 Nr. 68; OLG München IPRspr. 1950/51 Nr. 132; *Münchner Kommentar-Schwimmann*, Art. 13 Rn. 12; *Soergel-Schurig*, Art. 13, Rn. 32; zu Art. 25 Abs. 1 EGBGB s. *Münchner Kommentar-Birk*, Art. 25 Rn. 125 f; *Soergel-Schurig*, Art. 25 Rn. 19.

drücklich anders entscheidet, wird unterschiedlich beurteilt.[430] Die deutsche Rechtsprechung hat eine Versteinerung angenommen, wenn Eheleute durch Verlust ihrer ursprünglichen Staatsangehörigkeit und Verlegung ihres gewöhnlichen Aufenthalts jegliche Beziehung zu dem Staat verloren hatten, der ihr Ehegüterstatut stellte; maßgebend war das ausländische Sachrecht nach dem Stand desjenigen Zeitpunktes, als die Eheleute durch Emigration, Vertreibung oder Flucht dem fremden Staat den Rücken kehrten.[431] Vergleichbare Entscheidungen sind auch aus Frankreich bekannt.[432] Auf den ersten Blick scheint nun, daß diesem Verständnis zu Folge sich das IPR des Forums gegenüber dem intertemporalen Recht der lex causae durchzusetzen vermag und noch vor diesem zur Entscheidung über intertemporale Kollisionen berufen ist. Ob diese Rechtsprechung für die aufgeworfene Frage als Fürsprecher einer zeitlich fixierten Verweisung dienen kann, ist dennoch zweifelhaft, denn in der Literatur hat diese Judikatur weithin Kritik erfahren und es wird betont, daß die Versteinerungslehre in einer Ausnahmesituation entwickelt wurde und dogmatisch in den Zusammenhang des ordre public gehört.[433] Daher ist es zumindest fragwürdig, ob sie sich als Argument dafür anführen läßt, daß durch das Internationale Privatrecht grundsätzlich das anwendbare Recht petrifiziert werden kann.

Aber auch in anderem Kontext ist eine Überwindung neuen Rechts auf Grundlage des Internationalen Privatrechts bekannt: Nicht nur in Deutschland, sondern auch in der Rechtsprechung anderer Vertragsstaaten lassen sich Beispielsfälle dafür finden, daß im Falle eines Souveränitätswechsels altes statt neues Recht der berufenen Rechtsordnung zur Anwendung kam. Da aber in diesen Fällen die Ausnahmesituation und ordre public – Erwägungen ebenfalls im Vordergrund standen, schlagen auch sie keine eindeutige Bresche dafür, daß bei

430 dafür: *Lichtenberger*, DNotZ 1986, 661; dagegen: *Münchner Kommentar-Siehr*, Art. 15, Rn. 45, 62; siehe auch ausführlicher in der Vorauflage: *Münchner Kommentar-Siehr* (2.Auflage), Art. 15, Rn. 55 ff.; s. m.w.N. zu dieser Konstruktion im Schweizer Recht *Bucher*, Droit international privé suisse Tome I/2, Rn. 332.

431 BGHZ 40, 32; BGH FamRz 1976, 612; BayObLGZ 1959, 89; 1961, 123; OLG Hamm NJW 1977, 1591; LG Wuppertal MittRhNotK 1988, 46.

432 m.w.N. *Batiffol/Lagarde*, Droit international privé, Bd. I, Rn. 334; *Francescakis/Graulich*, Répertoire de droit international, Bd. I, S. 514; *Knoepfler/Schweizer*, Précis de droit international privé, Rn. 211; *Mayer*, Droit international privé, Rn. 258, 789.

433 *von Bar*, Internationales Privatrecht Bd. I., Rn. 319; *Erman-Hohloch*, Einleitung Art. 3, Rn. 34.; *Münchner Kommentar-Siehr*, Art. 15, Rn. 45, 62; siehe auch ausführlicher in der Vorauflage: *Münchner Kommentar-Siehr* (2.Auflage), Art. 15, Rn. 55 ff; in Frankreich kritisch etwa: *Francescakis/Graulich*, Répertoire de droit international, Bd. I, S. 514; *Mayer*, Droit international privé, Rn. 258.

zeitlichen Rechtskollisionen zunächst das Internationale Privatrecht des Forumsstaates zu befragen ist.[434]

Weitere Fälle, in denen über das Vehikel des Internationalen Privatrechts altes Recht zur Anwendung gebracht wurde, erscheinen ebenfalls nicht aufschlußreicher. Zu denken ist an den "Grundsatz der größten Wahrscheinlichkeit", wonach altes Recht zur Anwendung kommt, wenn der Inhalt des neuen geltenden Rechts nicht mit ausreichender Sicherheit festzustellen ist.[435] Denn in diesen Fällen ist die Anwendung des alten Rechts weniger IPR – befohlen, sondern eher eine praktikable Notlösung. Vergleichbares läßt sich auch zu der in England vertretenen Ansicht sagen, daß das neue Recht eines de jure oder de facto noch nicht anerkannten ausländischen Staates oder einer noch nicht de jure oder de facto anerkannten ausländischen Regierung nicht im Inland angewandt werde, sondern statt dessen das entsprechende frühere Recht.[436]

Auf den ersten Blick nicht nur als Ausnahme zu erklären sondern als allgemeingültiger Rechtssatz, ist die in nach *englischem Kollisionsrecht* übliche Versteinerung des Erbstatuts bei Erbfolge von Mobilien im Zeitpunkt des Erbfalls. Mit Blick auf ältere Rechtsprechung,[437] meint auch heutzutage die englischen Literatur, daß bei solchen Sachverhalten nachträgliche Rechtsänderungen im anwendbaren Recht nicht zu berücksichtigen sind.[438] Dieser Rechtssatz ist zwar nach wie vor in England gültig, er beruht in erster Linie aber auf der Entscheidung in *Lynch* v. *Provisional Governement of Paraguay*, die trotz einer eindeutigen Stellungnahme von *Lord Penzance* wegen Besonderheiten nicht sonderlich aussagekräftig ist. *Lord Penzance* meinte:

"(...)the question is, in what sense does the English law adopt the law of the domicile? Does it adopt the law of the domicile, as it stands at the time of the death, or does it undertake to adopt and to give effect to all retrospective changes

---

434 auch Lösungen über Wegfall der Geschäftsgrundlage (*Sorgel-von Hoffmann*, Art. 27 Rn. 10) oder über das bona fides Prinzip (*Kropholler*, Internationales Privatrecht, S. 413) werden erwogen; *von Bar*, Internationales Privatrecht Bd. I., Rn. 319 warnt ausdrücklich vor Verallgemeinerungen der Versteinerungslehre.

435 zum Grundsatz der größten Wahrscheinlichkeit s. *Kegel*, Internationales Privatrecht, § 15 V 2, *Raape/Sturm*, Internationales Privatrecht, Bd. I., § 17 II 5 m); *Sandrock*, FS Keller, S. 229 f; zu der Behandlung des Problems in Frankreich s. m.w.N. *Batiffol/Lagarde*, Droit international privé, Bd. I, Rn. 317.

436 *A.M. Luther v. James Sagor & Co.*, 1921 1 K.B., 473 ff; *Carl-Zeiss-Stiftung v. Rayner & Keeler Ltd*, 1967 1 A.C., 853 ff; kritisch: *Lipstein*, Recognition of Governments and the Application of Foreign Laws, S. 183 ff.

437 *Pipon* v. *Pipon* (1744) Amb. 25, 799; *Lynch v. Provisional Governement of Paraguay* (1871) 2 P. & D., 268.

438 *Cheshire/North*, Private International Law, S. 837; *Collier*, Conflict of Laws, S. 268 f.

that the legislative authority of the foreign country may make in that law?(...), I must hold myself limited to the adoption and application of this proposition that the law of the place of domicile **as it existed at the time of the death** ought to regulate the succession to the deceased in this case." (Hervorhebung durch den Verfasser)

Die Besonderheiten des Falls lagen im folgenden: Der Erblasser *Lopez* war Diktator in Paraguay, der, gestorben nach einer Niederlage in einem Krieg gegen Argentinien, Brasilien und Uruguay, seiner irischen Geliebten, Madame Lynch, Vermögensgüter in England hinterließ. Gegen Madame Lynchs Versuche an das englische Vermögen zu gelangen, wendete sich die provisorische Regierung Paraguays mit der Begründung, daß sie durch Dekret nach dem Tode des Diktators dessen Testament für ungültig erklärt und dessen Vermögen konfisziert hatte. Wegen der konfiskatorischen Anspruchsgrundlage lag der Klage der provisorischen Regierung Paraguays nicht wirklich eine erbrechtliche Auseinandersetzung zu Grunde, weshalb in der englischen Literatur die Aussagekraft des Urteils zu Recht relativiert wird.[439]

Aber auch in Bezug auf andere erbrechtliche Fragen wird die zeitliche Festschreibung des Erbstatuts in England diskutiert, und zwar etwa hinsichtlich des Widerrufs des Testaments.[440] Bei weiteren erbrechtlichen Fragen ist die zeitliche Fixierung laut *Dicey & Morris* sogar unstreitig anerkannt, nämlich bei der gesetzlichen Erbfolge bei Mobilien,[441] in Bezug auf die Beurteilung der formellen Voraussetzungen für die Testamentserrichtung,[442] ebenso wohl hinsichtlich der "material or essential validity"[443] (worunter etwa das Pflichtteilsrecht fällt), hinsichtlich der Interpretation des Testaments[444] und hinsichtlich gewisser Rechte des Vermächtnisnehmers.[445]

Auch der Blick ins *französische IPR* zeigt, daß dort in bestimmten Fällen auf das maßgebliche Recht eines vergangenen Zeitpunkts abgestellt wird.[446] So wird in Bezug auf die Ehelichkeit der Kinder auf das maßgebliche Recht im Zeitpunkt

---

439 vgl. *Collier*, Conflict of Laws, S. 269.

440 *Dicey & Morris*, The Conflict of Laws, Volume 2, Rule 144, S. 1050.

441 *Dicey & Morris*, The Conflict of Laws, Volume 2, Rule 134, S. 1023.

442 hier gilt nach englischem Recht, daß rückwirkende Änderungen des Erbstatuts nur Anwendung finden, wenn sie das ursprünglich ungültige Testament validieren, nicht jedoch vice versa, s. *Dicey & Morris*, The Conflict of Laws, Volume 2, Rule 137 (1), S. 1031.

443 *Dicey & Morris*, The Conflict of Laws, Volume 2, Rule 139, S. 1035.

444 *Dicey & Morris*, The Conflict of Laws, Volume 2, Rule 141.

445 *Dicey & Morris*, The Conflict of Laws, Volume 2, Rule 142.

446 auf Versteinerungen des Ehegüterstatus wurde bereits hingewiesen.

der Geburt abgestellt, wobei auch spätere Änderungen des maßgeblichen Rechts dies nicht mehr beeinflussen können.[447]

(b) Materialisierung des EVÜ

Eine Ausschaltung des intertemporalen Kollisionsrechts der lex causae durch das EVÜ setzt grundsätzlich voraus, daß dem EVÜ ein IPR-Verständnis zugrunde liegt, wonach das schuldrechtliche Kollisionsrecht über die schlichte Bestimmung des anwendbaren, nationalen Rechts hinausreicht. Die These, das Internationale Privatrecht bliebe nicht bei der Bestimmung des Sachrechts stehen, muß auf den ersten Blick jedoch angezweifelt werden, da es vornehmste Aufgabe des Internationalen Privatrechts ist, das anwendbare Statut zu ermitteln, nicht aber Belange internationaler Beziehungen in sachentscheidender Weise zu berücksichtigen. Im Grundsatz gilt: Ist einmal durch das Internationale Privatrecht ein Anknüpfungspunkt gefunden, dann entscheidet diese Rechtsordnung.[448] Dies entspricht zumindest dem klassischem Verständnis des Internationalen Privatrechts,[449] das sich in dem folgenden, oft zitierten Bild widerspiegelt: [450]
"Les règles de droit international privé ne jouent que le rôle de bureau de renseignements où, dans les grandes gares, les voyageurs s'informent du guichet qui leur délivera un billet et de la plate-forme sur laquelle ils doivent s'embarquer."

Ob dem EVÜ solch ein klassisches Verständnis zugrunde gelegt wurde, ist aber fraglich. Für solch ein Verständnis spricht das Prinzip des einheitlichen Vertragsstatuts, das ins EVÜ eingegangen ist und wonach das gesamte Vertragsverhältnis einer Rechtsordnung unterstellt ist. Dieses Bedürfnis nach materieller Harmonie findet seinen Ausdruck in den Artt. 31 Abs. 1, 32 EGBGB (Artt. 8 Abs. 1, 10 EVÜ), wonach das Vertragsstatut für Voraussetzungen sowie für Auslegung und Wirkungen des Vertrages gilt. Dieser Grundsatz ist aber in vielerlei Hinsicht auch durchbrochen, so wird etwa die Form (Art. 11 EGBGB) und die Rechts- und Geschäftsfähigkeit (Art. 7 EGBGB) gesondert angeknüpft, ebenso wie die Vertretung und die Vollmacht.

In Kontrast zum klassischen Verständnis der Aufgaben des Kollisionsrechts wird behauptet, daß diese Auffassung des klassischen Kollisionsrechtssystems nicht mehr vorherrschend sei und dem Gedanken einer Materialisierung des

---

447 m.w.N. *Audit*, Droit international privé, S. 582.

448 *Audit*, Droit international privé, S. 263 f; *Bonell*, in: Colloque de Bâle, S. 15.

449 m.w.N. *Schwarz*, Schutzkollisionen, S. 39 f.

450 *Arminjon*, Précis de droit, Bd. I, Nr. 2, S. 18; *Cheshire/North*, Private International Law, S. 8.

Internationalen Privatrechts Platz gemacht habe.[451] Dazu sollen insbesondere US-amerikanische Theorien, wie etwa *Ehrenzweigs* "lex fori"-Theorie[452] beigetragen haben.[453]

Vor dem Hintergrund dieser verschiedenen Ansätze wird im folgenden untersucht, ob das EVÜ tatsächlich en detail über die schlichte Bestimmung des Vertragsstatuts hinausgeht.

(aa) Sozialgesetzliche Inhaltskontrolle durch das EVÜ

Ein Kennzeichen des EVÜ ist der Schutz des Schwächeren, der als Zielvorgabe sogar den Grundsatz der Verweisungsfreiheit überschattet. Der Schwächerenschutz im EVÜ findet seinen Ausdruck in den Artt. 5, 6 EVÜ (Artt. 29, 30 EGBGB). Diese Normen zum Konsumenten- und Arbeitnehmerschutz führen, pauschal ausgedrückt, dazu, daß das im Vergleich von gewähltem Recht und Aufenthaltsrecht[454] bzw. Recht des Arbeitsorts für die schwächere Vertragspartei günstigere Recht Anwendung findet. Die Rechtswahl darf nach den vom EVÜ vorgegebenen Maßstäben nicht dazu führen, daß dem Verbraucher/Arbeitnehmer der Schutz entzogen wird, der ihm von den zwingenden Vorschriften des Aufenthaltrechts/Recht des Arbeitsorts gewährt wird. Auch die objektive Anknüpfung weicht bei Verbraucherverträgen von der in Art. 28 Abs. 2 S. 1 EGBGB (Art. 4 Abs. 2 S. 1 EVÜ) festgelegten Vermutung zu Gunsten der charakteristischen Leistung ab. Statt dessen beruft Art. 29 Abs. 2 EGBGB (Art. 5 Abs. 3 EVÜ) das Recht, das am gewöhnlichen Aufenthalt des Verbrauchers gilt. Die für Arbeitsverträge in Art. 30 Abs. 2 EGBGB (Art. 6 Abs. 2 EVÜ) vorgesehene objektive Anknüpfung an den Arbeitsort läßt sich ebenfalls mit der besonderen Schutzbedürftigkeit des Arbeitnehmers erklären.[455]

In Anbetracht dieses Regelungssystems ist hier die zentrale Frage, ob der Schwächerenschutz über den Zweck einer bloßen Bestimmung des anwendbaren Rechts hinausgeht. Richtigerweise ist zunächst einzuwenden, daß die Artt. 29, 30 EGBGB (Artt. 5, 6 EVÜ) lediglich im Wege der Alternativanknüpfung das

451 *Courbe*, Les objectifs temporels, Rn. 90 ff; *Schwarz*, Schutzkollisionen, S. 40 f; auch in der 1999 in Berlin verabschiedeten Resolution des Institut de Droit International über die Berücksichtigung ausländischen Internationalen Privatrechts kann eine Materialisierung des Internationalen Privatrechts festgestellt werden, vgl. *Jayme*, IPRax 2000, 61; die Resolution ist abgedruckt in IPRax 2000, 51 f.

452 *Ehrenzweig*, FS Wengler, S. 258; *Jayme*, Gedächtnisschrift Ehrenzweig, S. 41 f.

453 *Abend*, Die lex valditatis, S. 214 ff; *Schwarz*, Schutzkollisionen, S. 41 ff.

454 gewöhnlicher Aufenthalt des Verbrauchers.

455 *Kropholler*, Internationales Privatrecht, § 52 V.

anwendbare Recht bestimmen und dieses nicht inhaltlich modifizieren.[456] Zunächst ist damit also nur eine besondere Anknüpfungsvariante in Deutschland erstmals gesetzlich geregelt worden. Es darf aber dabei zum einen nicht die gesetzespolitische Intention des Schwächerenschutzes vergessen werden,[457] da bereits die sozialpolitisch motivierte Zielvorgabe zu der Feststellung führt, daß das EVÜ Aspekte berücksichtigt, die über die reine Bestimmung des anwendbaren Rechts hinausreichen. Zum anderen scheint sogar mit Hilfe des EVÜ faktisch eine Inhaltskontrolle stattzufinden; ob tatsächlich eine Inhaltskontrolle stattfindet und ob für eine solche Funktion das EVÜ ein taugliches Medium ist, ist strittig.[458] Soweit in der sich gegen eine Inhaltskontrolle aussprechenden Literatur vertreten wird, daß in dem EVÜ keine Kontrolle aus inhaltlichen Gründen vorgesehen sei,[459] wird nicht überzeugend beantwortet, wie dann – ohne eine Inhaltskontrolle vorzunehmen – das für die schwächere Partei günstigere Recht festgestellt werden kann. Tatsächlich geht das EVÜ durch die gesetzliche Verankerung des Günstigkeitsprinzips bereits rechtstechnisch über eine reine Bestimmung des maßgeblichen Rechts hinaus, indem es eine ergebnisorientierte, rechtsvergleichende Vorgehensweise vom Rechtsanwender verlangt. Denn bevor die Alternativanknüpfung zu einem Ergebnis führt, muß das materielle Recht der in Betracht kommenden Rechtsordnungen untersucht und verglichen werden. Entscheidend ist, daß die Wirkung des gewählten Rechts auf der Grundlage des Internationalen Privatrechts beschränkt wird, indem zum Schutz der schwächeren Vertragspartei gemäß Artt. 29, 30 EGBGB (Artt. 5, 6 EVÜ) ein Günstigkeitsvergleich zwischen zwei Rechtsordnungen vorgenommen wird. Bejaht man deshalb richtigerweise eine vom EVÜ verlangte Inhaltskontrolle, so ist aber hervorzuheben, daß diese Inhaltskontrolle nicht die Wirksamkeit der Rechtswahlklausel selbst beeinflußt, sondern nur die Rechtswahl in ihrer Wirkung in Bezug auf das Anwendung verlangende ius cogens beschneidet. Vor diesem Hintergrund betont *Jayme* daher zu Recht, daß die Parteiautonomie als solche keiner Kontrolle unterliege, sondern daß sie lediglich durch zwingende Sachnormen eingeschränkt sei.[460] Daher ist genauer von einer wirkungsbezogenen Inhaltskontrolle in Kontrast zu einer rechtswahlbezogenen Inhaltskontrolle zu sprechen.

---

456 vgl. *Münchner Kommentar-Martiny*, Art. 29 Rn. 2; 38.

457 vgl. *Giuliano/Lagarde*- Bericht, ABL. EG C 282 23., S. 23.

458 gegen eine Inhaltskontrolle *Bröckel*, Verbraucherschutz, S. 56 f; für eine Inhaltskontrolle: *Ebenroth/Fischer/Sorek*, ZVglRWiss 88 (1989), 136; *Junker*, IPRax 1993, 1 ff; *Lorenz*, RIW 1987, S. 571; *Münchner Kommentar-Martiny*, Art. 29 Rn. 37; Art. 30 Rn. 23; zu den unterschiedlichen Möglichkeiten des kollisionsrechtlichen Schutzes s. *Kropholler*, RabelsZ 42 (1978), S. 634 ff.

459 *Bröckel*, Verbraucherschutz, S. 56 f.

460 *Jayme*, FS Lorenz, S. 438.

Als Fazit ist festzuhalten, daß das EVÜ in seiner Systematik nicht auf eine sachrechtsunabhängige Bestimmung des anwendbaren Rechts beschränkt ist und in gewissen Situationen die Vornahme einer wirkungsbezogenen Inhaltskontrolle verlangt.

(bb) Andere inhaltliche Einflußnahme durch das EVÜ

Nach der Feststellung, daß in sozialgesetzlicher Hinsicht durch das EVÜ eine partielle Inhaltskontrolle des gewählten Rechts stattfindet, stellt sich die Frage, ob auch weitere Beeinflussungen des bestimmten Vertragsstatus durch das EVÜ bestehen. Im Gegensatz zu dem Problem der intertemporalen Kollision findet sich im EVÜ zur interlokalen Kollision eine ausdrückliche Regelung. Art. 35 Abs. 2 EGBGB (Art. 19 Abs. 1 EVÜ) bestimmt, daß falls ein Staat mehrere Gebietseinheiten umfaßt, von denen jede für vertragliche Schuldverhältnisse ihre eigenen Rechtsvorschriften hat, jede Gebietseinheit für die Bestimmung des anzuwendenden Rechts als Staat gilt. Das bedeutet, daß die Parteien das interlokale Privatrecht der maßgeblichen Rechtsordnung umgehen dürfen und direkt auf die Sachnormen der maßgeblichen Teilrechtsordnung verweisen können. Hinsichtlich der Möglichkeit eine Teilrechtsordnung autonom zu bestimmen entspricht dies auch dem Regelungsinhalt des Art. 4 Abs. 3 S. 1 EGBGB.[461] Wenn das EVÜ sich demnach über das interlokale Privatrecht einer Rechtsordnung hinwegsetzen kann und direkt zum maßgeblichen Sachrecht führt, kann dann nicht gleiches hinsichtlich des intertemporalen Privatrechts gelten? Im Grundsatz wird man dies bejahen müssen. Hieran zeigt sich, daß an dem Ausgangspunkt der Kritik zu bemängeln ist, daß die Feststellung des zur maßgeblichen Rechtsordnung führenden Anknüpfungspunktes bereits selbst einen intertemporalen Zielkorridor beinhalten könnte, genau wie dies gemäß Art. 35 Abs. 2 EGBGB (Art. 19 Abs. 1 EVÜ) hinsichtlich eines interlokalen Zielkorridors möglich ist. In Nähe dazu stehen die Ausführungen einiger Befürworter, wonach es im Kollisionsrecht zeitliche Sachnormen gibt und die Rechtswahlfreiheit solch eine materielle IPR-Norm sein soll.[462] Ein entscheidender Unterschied zwischen dem Einfluß auf das interlokale und auf das intertemporale Recht des Staates, zu dem die Anknüfpfung führt, ist jedoch, daß für die Wahl des interlokalen Rechts das EVÜ eine Regelung bereithält, nicht jedoch für die intertemporäre Wahl. Dies wird später im Rahmen der teleologischen Auslegung noch behandelt.[463]

---

461 s. zu Bedenken der Regelung im Art. 4 Abs. 3 EGBGB *Jayme*, NJW 1988, 1439.
462 *Courbe*, Les objectifs temporels, Rn. 383.
463 s. Dritter Teil C.IV.

(c) Stellungnahme

Gezeigt wurde, daß sich das Internationale Privatrecht einiger Vertragsstaaten des EVÜ in manchen Situationen über das intertemporale Recht und über neues Recht der berufenen Rechtsordnung hinwegsetzt. Zur Erklärung sind zwei Modelle vorstellbar. Entweder werden diese Situationen als Ausnahmen abgetan oder man erkennt an, daß es in der Macht des Internationalen Privatrechts liegt, zu bestimmen, in welcher zeitlichen Fassung eine fremde Norm aufzunehmen ist, also auch, ob die Übergangsbestimmungen der lex causae zu beachten sind oder nicht. Das "Ausnahmemodell" befindet sich in Erklärungszwang, einerseits wegen insgesamt recht zahlreicher Ausnahmen und andererseits wegen den Situationen, denen offenbar kein Ausnahmecharakter anhaftet, wie etwa die zeitliche Fixierung des Erbstatuts hinsichtlich zahlreicher Einzelfragen nach englischem Kollisionsrecht. Deshalb ist auf den ersten Blick der Ansicht den Vorzug zu geben, wonach der Gesetzgeber grundsätzlich frei ist zu bestimmen, in welcher zeitlichen Fassung das mittels eigenem Kollisionsrecht für anwendbar befundene Sachrecht heranzuziehen ist. Die Untersuchung in allgemeiner Hinsicht zur Einflußnahme des EVÜ auf das Sachrecht bestätigt diese These: Die interlokale Parteiautonomie und die sozialgesetzlichen Inhaltskontrolle sprechen für ein dem EVÜ zugrundeliegenden IPR-Verständnis, wonach es Aufgabe dieses Kollisionsrechts ist, auch innerhalb der maßgeblichen Rechtsordnung einen Rahmen für das Anwendungsfeld des berufenen Rechts abzustecken, der nicht komplett mit der gewählten Rechtsordnung deckungsgleich sein muß. Daher ist der lex fori – Lösung der Vorzug zu geben. Ergebnis ist, daß das EVÜ im Prinzip geeignet ist, noch vor dem intertemporalen Kollisionsrecht des Vertragsstatuts den zeitlichen Konflikt zu regeln. Damit ist festzuhalten, daß der Rechtsanwender in einem ersten Schritt auf das IPR der lex fori und erst in einem zweiten Schritt auf die Übergangsbestimmungen der lex causae bei der Frage der Wirksamkeit einer Versteinerungsklausel blicken muß.

Ungeklärt ist bislang aber, ob durch Auslegung des EVÜ eine Aussage zur konkreten Frage der Wirksamkeit der gewillkürten Versteinerung getroffen werden kann und ob deswegen nicht allein das intertemporale Recht der lex causae maßgeblich ist, weil selbst bei der grundsätzlichen Maßgeblichkeit der lex fori aus den EVÜ-Regelungen nicht auf eine entsprechende Parteiautonomie geschlossen werden kann. Allein nach einer am äußeren System des EVÜ orientierten Auslegung läßt sich dies nicht abschließend beantworten.

(d) Exkurs: Kritik in praktischer Hinsicht

Die in praktischer Hinsicht vorgebrachten Argumente gegen die Verwendung von Versteinerungsklauseln können freilich nicht gegen die rechtliche Möglichkeit als solche eingewandt werden, sondern sind allenfalls von kautelarjuristischem Interesse. Da sie aber immer wieder vorgebracht werden, werden sie hier im folgenden als Exkurs behandelt.

Gegen die Zulässigkeit einer parteiautonomen Versteinerung wird das Argument des bereits ausreichenden Schutzes eingewendet. Eine kollisionsrechtliche Versteinerung sei nach einigen kritischen Literaturstimmen nicht notwendig, da die ordre public – Klausel und die Möglichkeit einer nachträglichen Rechtswahl hinreichenden Schutz für diejenigen Situationen böten, für die Versteinerungsklauseln geschneidert seien.[464] An der Richtigkeit dieser Aussage bestehen jedoch Zweifel. Sicherlich können die Parteien gemäß Art. 27 Abs. 2 S. 1 EGBGB (Art. 3 Abs. 2 S. 1 EVÜ) jederzeit eine nachträgliche Rechtswahl durchführen und damit eine ihnen unliebsame Änderung im ursprünglich gewählten Vertragsstatut aus dem Weg gehen, vorausgesetzt man geht mit der h.M. von einer ex tunc – Wirkung der nachträglichen Rechtswahl aus.[465] Der entscheidende praktische Unterschied zu einer Versteinerungsklausel ist aber, daß ein konsensuales Vorgehen der Parteien zu einem Zeitpunkt notwendig ist, in dem die Rechtsänderung bereits vorliegt. Eine nachträgliche Rechtswahl ist nur bei einer entsprechenden Einigung möglich. Da die durch Rechtsänderungen bewirkten Nachteile der einen Partei aber regelmäßig zugleich die Vorteile der anderen Partei bedeuten, wird die für die nachträgliche Rechtswahl notwendige Einigkeit oftmals nicht erreichbar sein. Zudem setzt die nachträgliche Rechtswahl voraus, daß sich die Parteien der Änderung bewußt und hinsichtlich rechtlicher Modifikationen aufmerksam sind, während durch eine Versteinerungsklausel ein automatischer Schutz eintritt. Darum wird durch die Möglichkeit der nachträglichen Rechtswahl kein der Versteinerungsklausel entsprechender Schutzstandard erreicht.

Automatischen und konsensunabhängigen Schutz gewährt dagegen die Überprüfung der Rechtsänderung an der Meßlatte der öffentlichen Ordnung gemäß Art. 6 S. 1 EGBGB (Art. 16 EVÜ). Ohne auf die Schwierigkeiten bei der Konkretisierung der Vorbehaltsklausel einzugehen,[466] ist bereits aus grundsätzlichen Erwägungen heraus festzustellen, daß der Verweis auf den Schutz durch Art. 6 EGBGB die Beschäftigung mit der Wirksamkeit einer kollisionsrechtlichen zeit-

---

464 *Püls*, Parteiautonomie, S. 179 f.

465 BGH NJW 1991, 1292; OLG Frankfurt am Main RIW 1991, 865; *Münchner Kommentar-Martiny*, Art. 27 Rn. 66; *Palandt-Heldrich*, Art. 27 Rn. 10; *Soergel-von Hoffmann*, Art. 27 Rn. 72 f; *Staudinger-Magnus*, Artr. 27 Rn. 109.

466 s. dazu *Jayme*, Methoden der Konkretisierung des ordre public.

lichen Stabilisierung nicht obsolet macht. Denn die Aufgabe der Vorbehaltsklausel ist die eines Notventils, auf das aus Gründen der Rechtssicherheit nicht vorschnell zugegriffen werden darf.[467] Zu bedenken ist auch, daß Entscheidungen, die auf den ordre public anstelle von anderen Kollisionsnormen gestützt sind, einer größeren Gefahr begegnet, im Ausland nicht anerkannt oder vollstreckt zu werden.[468]

Ein anderer Kritikpunkt in praktischer Hinsicht lautet, daß falls die Verwendung von Versteinerungsklauseln erlaubt wäre, die Parteien bereits bestehenden unliebsamen Gesetzen in dem Vertragsstatut ihrer Wahl aus dem Weg gehen könnten, indem sie den Vertrag vordatieren.[469] Gegen dieses Argument muß zunächst eingewendet werden, daß die Gefahr eines Rechtsmißbrauchs immer besteht und daß dies keine spezielle Gefahr im Kontext mit Versteinerungsklauseln ist. Aber auch die wirkliche Gefahr eines Rechtsmißbrauchs im Verbund mit zeitlicher Fixierung ist als eher gering einzustufen. Denn wenn sich die Parteien ohnehin einig sind einer ihnen beiden unangenehmen neuen Regelung des Vertragsstatuts auszuweichen, dann müssen sie sich nicht unbotsmäßig verhalten und den Vertrag vordatieren, sondern können ohnehin nachträglich ein anderes, ihren Wünschen eher entsprechendes Vertragsstatut gemäß Art. 27 Abs. 2 S. 1 EGBGB (Art. 3 Abs. 2 S. 1 EVÜ) bestimmen.

Schließlich ist in praktischer Hinsicht auf das Problem aufmerksam gemacht worden, daß es tatsächliche Ermittlungsschwierigkeiten hinsichtlich des eingefrorenen Rechts gerade im Zusammenhang mit Langzeitverträgen geben könne.[470] Dieses Problem ist durchaus nicht von der Hand zu weisen, doch kann im Einzelfall wegen der Verfügbarkeit der notwendigen Quellen am Forumsort älteres ausländisches Recht sogar leichter zu ermitteln sein als aktuelles. Im übrigen wäre eine Verfahrensweise denkbar, die im Prinzip der Ermittlung ausländischen Rechts entspricht, so daß im Falle der unsicheren Feststellbarkeit auf das Recht zu einem anderen, möglichst naheliegenden Zeitpunkt abzustellen wäre.

2. *Systematische Auslegung nach dem inneren System*

Auf der sekundären Ebene in konkret systematischer Hinsicht ist insbesondere auf den Normkontext abzustellen. Die Aufmerksamkeit gilt hier den Regeln zur Parteiautonomie im EVÜ und die möglichen Konsequenzen für die Frage nach der Zulässigkeit der zeitlichen Rechtswahl.

---

467 *Kropholler*, Internationales Privatrecht, S. 226.
468 *Kropholler*, Internationales Privatrecht, S. 226.
469 *Thomson*, Mod.L.Rev. 43 (1980), S. 656.
470 *North*, *Annuaire* I.D.I., Vol. 64, Tome I, Session de Bâle, S. 58.

(a) Nachträgliche Rechtswahl und die Wahl neutralen Rechts

Einige Befürworter ziehen einen "erst-recht-Schluß" von der Zulässigkeit der nachträglichen Rechtswahl und der Zulässigkeit der Wahl neutralen Rechts auf die Zulässigkeit einer versteinernden Rechtswahl.[471] Ob dieses argumentum a majore ad minus jeweils überzeugt, ist abhängig von der Frage, ob man in diesen Fällen wertungsmäßig gleichliegende Tatbestände sieht oder nicht.[472]

Im Vergleich mit der Möglichkeit der nachträglichen Rechtswahl wird angeführt, daß in beiden Fällen nachträgliche Rechtsänderungen umgangen werden können.[473] Jedoch besteht ein wesentlicher Unterschied darin, daß bei der nachträglichen Rechtswahl das Recht mit der unerwünschten Veränderung durch eine andere Rechtsordnung substituiert wird, wohingegen bei der zeitlichen Fixierung das nicht mehr aktuelle Recht gerade nicht ersetzt wird. Deshalb bestehen wertungsmäßig keine vergleichbaren Tatbestände und keine Möglichkeit für einen "erst-recht-Schluß" zur nachträglichen Rechtswahl.

Hinter dem "erst-recht-Schluß" zu der Möglichkeit der Wahl neutralen Rechts steht der Gedanke, daß wenn das Kollisionsrecht des Forumsstaates den Parteien die Freiheit gewährt, ein beliebiges staatliches Recht zu wählen, nicht einzusehen sei, daß sie gezwungen wären, etwaige Änderungen mitzuwählen.[474] Bei dieser Argumentation wird postuliert, daß wenn in einer Hinsicht weite Parteiautonomie gewährt wird, dies auch in anderer Hinsicht zu gelten hat. Gleiches gilt für die Argumentation, die Versteinerung sei im Vergleich zur nachträglichen Aufhebung und Ersetzung ein Minus. Diese Argumentationen überzeugen jedoch nicht, weil die Parteiautonomie auch im EVÜ nicht grenzenlos ist. Deshalb weisen die Kritiker zu Recht auf Art. 27 Abs. 3 EGBGB (Art. 3 Abs. 3 EVÜ) hin.[475]

(b) Teilrechtliche Abwahl der intertemporalen Normen

Es gilt nun dem Gedanken nachzugehen, ob eine Versteinerung durch das Kollisionsrecht nicht schlicht dadurch erreichbar ist, daß im Rahmen einer Teilrechtswahl die Übergangsbestimmungen der lex causae nicht mitgewählt werden.

471 *Sandrock*, "Versteinerungsklauseln", in Internationales Wirtschaftsrecht, S.43 f; *Courbe*, Les objectifs temporels, Rn. 381; *Tomaszewski*, Revue Critique de Droit international privé 1972, S. 596.

472 s. zum argumentum a majore ad minus *Larenz*, Methodenlehre, S. 278.

473 *Courbe*, Les objectifs temporels, Rn. 381; *Tomaszewski*, Revue Critique de Droit international privé 1972, S. 596.

474 *Wengler*, RabelsZ 1958, 554; identisch *Wohlgemuth*, Veränderungen im Bestand des Geltungsgebietes des Vertragsstatuts, S. 78 f.

475 *Reithmann-Martiny*, Internationales Vertragsrecht, Rn. 70.

Gemäß Art. 27 Abs. 1 S. 3 EGBGB (Art. 3 Abs. 1 S. 3 EVÜ) können die Parteien die Rechtswahl für den ganzen Vertrag oder nur für einen Teil treffen. Dies wird nun einheitlich nicht dahingehend verstanden, daß die übrigen Teile des Vertrags zwingend objektiv anzuknüpfen sind, sondern daß die Parteien auch verschiedene Teile des Vertrages unterschiedlichen Rechtsordnungen unterstellen können.[476] Die Grenze der möglichen gewillkürten Aufspaltung von anwendbaren Rechtsordnungen auf den Vertrag liegt dort, wo die depeçage zu widersprüchlichen Ergebnissen führen würde.[477] Dies beinhaltet auch die Voraussetzung, daß der Vertragsteil inhaltlich abtrennbar ist. Speziell gegen eine Abwahl der Übergangsbestimmungen wird eingewandt, daß dann der temporale Teil der Gesamtabrede nach dem Willen der Parteien jedem staatlichem Recht entzogen wäre.[478] Diese Kritik beschäftigt sich nicht mit der Frage der Abspaltbarkeit der Übergangsbestimmungen, sondern zielt in die Richtung, daß der versteinerte Vertrag teilweise rechtsordnungslos würde. Auf die Frage der teilweisen Rechtsordnungslosigkeit muß man nicht primär abstellen, da die entscheidende Frage im Zusammenhang mit einer Teilrechtswahl zunächst auch lauten kann, ob der Vertragsteil überhaupt abtrennbar ist, was im Einzelfall nicht einfach festzustellen ist. So wird etwa die Frage, ob die Parteien für die Erfüllung der Leistungspflicht der einen und für die Gegenleistungspflicht der anderen Partei unterschiedliche Rechte vereinbaren können, kontrovers beurteilt.[479] Für die aufgeworfene Frage der Abspaltbarkeit der intertemporalen Normen ist zu bedenken, daß die Übergangsbestimmungen sich auf konkrete materiellrechtliche Regeln beziehen. Daher sind die intertemporalen Regelungen nicht von den materiellrechtlichen, deren zeitliches Anwendungsfeld zu bestimmen sie konstruiert sind, abzutrennen. Mangels Abspaltbarkeit der intertemporalen Regelungen ist es daher bereits nicht möglich, eine Versteinerung des Vertragsstatuts dadurch zu erreichen, daß man es unter Ausschluß dessen intertemporalen Rechts wählt.

(c) Faktische Versteinerung

Für die Zulässigkeit von kollisionsrechtlichen Versteinerungsklauseln würde sprechen, wenn man mit Hilfe der vom EVÜ zur Verfügung gestellten rechtlichen Instrumentarien zumindest faktisch eine (partielle) zeitliche Fixierung erreichen

---

476 *von Bar*, Internationales Privatrecht Bd. II, § 4 II.2. c); *Firsching/von Hoffmann*, Internationales Privatrecht, S. 388.

477 *Giuliano-Lagarde*-Bericht, ABL. EG C 282 23. Jahrgang, S. 49.

478 *von Bar*, Internationales Privatrecht Bd. II, § 4 II. 5 f.

479 dagegen: *Palandt-Heldrich*, Art. 27 Rn. 9; *Rauscher*, Internationales Privatrecht, S. 220; *Jayme*, FS für Kegel, S. 263, dafür *Lorenz*, IPRax 1987, S. 272; *Münchner Kommentar-Martiny*, Art. 27 Rn. 36.

könnte. Um dies herauszufinden, soll eine Teilfrage des zweiten Einführungsfalles herausgegriffen werden. In dem Beispielsfall wurde in dem osteuropäischen Vertragsstatut der Verzugszinssatz von 4% auf 8% erhöht.[480] Unter der Hypothese, daß der osteuropäische Gesetzgeber diese Regelung der Disposition der Parteien entzogen hat, soll nun überlegt werden, ob mit Hilfe des deutschen Kollisionsrecht der Zinssatz faktisch auf der ursprünglichen Höhe von 4% festgehalten werden kann. Zur Erreichung dieses Ziels könnte etwa an eine Rechtswahl gedacht werden, die bestimmt, daß für den Vertrag polnisches Recht gilt, daß aber für den Fall, daß das polnische Recht die Höhe der Verzugszinsen zwingend ändert, für die Frage der Verzugszinsen ein Recht maßgeblich sein soll, daß eine Höhe von 4% Verzugszinsen vorsieht. An solch einer Kür ist zunächst die Vornahme einer Teilrechtswahl unproblematisch. Die Parteien können sich nach Art. 27 Abs. 1 S. 3 EGBGB (Art. 3 Abs. 1 S. 3 EVÜ) für den Fall des Verzuges auf das Eingreifen einer vom Vertragsstatut verschiedenen Rechtsordnung in Bezug auf die Zinshöhe einigen.[481] Ebenfalls unproblematisch zulässig ist die bedingte Rechtswahl mit ex tunc Wirkung.[482] Dies gilt auch dann, wenn die Bedingung in einer materiellen Änderung des ansonsten anwendbaren Rechts liegt.[483] Sehr fragwürdig hingegen ist die Bestimmung des nun anwendbaren Rechts, denn dieses wird nicht konkret bezeichnet, sondern es soll abstrakt ein Recht maßgeblich sein, das eine bestimmte materielle Regelung enthält. Eine solche offen ergebnisbezogene Rechtswahl würde aber von keinem Richter – nicht nur wegen der schwierigen Bestimmbarkeit – anerkannt werden.[484] Möglich ist aber als Alternative bei der bedingten Teilrechtswahl kein konkretes Recht anzugeben, sondern statt dessen die Bestimmung des anwendbaren Rechts etwa einem Dritten zu überlassen.[485] Der aus England[486] stammende und von *Wengler*[487] aufgegriffene Einwand gegen die Verwendung einer floating choice of law clause, wonach zu jedem Zeitpunkt das maßgebliche Recht bestimmbar sein muß, ist durch den Hinweis überwunden, daß bis zur Ausübung des Wahlrechts das Vertragsstatut

480 s. Erster Teil A.II.

481 *Königer*, Die Bestimmung der gesetzlichen Zinshöhe nach dem deutschen IPR, S. 72.

482 *Münchner Kommentar-Martiny*, Art. 27 Rn. 16; *Raape*, FS Boehmer, S. 119; *Soergel-von Hoffmann*, Art. 27 Rn. 21.

483 *Schröder/Wenner*, Internationales Vertragsrecht, Rn. 55, 147 f.

484 *Wengler*, Internationales Privatrecht, Bd. I., S. 545 f.

485 *Abend*, Die lex valditatis, S. 288 f; *Münchner Kommentar-Martiny*, Art. 27, Rn. 16; *Reithmann/Martiny*, Internationales Vertragsrecht, Rn. 48; a.A. *Wengler*. ZfRV 23 (1982), 25 f.

486 s. zum englischen Standpunkt m.w.N: *Danilowicz*, International Lawyer 20 (1986), 1005; *Pierce*, Mod.L.Rev. 50 (1987), 176.

487 *Wengler*. ZfRV 23 (1982), 25. f

nach den Grundsätzen der objektiven Anknüpfung zu bestimmen ist.[488] Geht man also von der Möglichkeit aus, die Bestimmung des Vertragsstatuts einem Dritten zu überlassen, so ist es auch möglich, daß die Vertragsparteien diesem Dritten gegenüber inhaltliche Auflagen machen, unter deren Berücksichtigung der Dritte das maßgebliche Vertragsstatut bestimmen soll. Die inhaltlichen Auflagen wären dann dergestalt denkbar, daß durch die Rechtswahl ein bestimmter von den Parteien angegebener Rechtszustand erreicht wird. In dem Beispielsfall wäre also eine bedingte Rechtswahl möglich, die von einer Vereinbarung mit dem Dritten begleitet wird, daß dieser für den Fall, daß der gesetzliche Zinsfuß im polnischen Recht über 4% steigt, ein Vertragsstatut nachträglich partiell für die Parteien wählt, das eine Verzugszinshöhe von 4% bestimmt (oder die Höhe des Zinsfußes der Disposition der Parteien überläßt). Gleichsam vorstellbar ist es, an Stelle der Einschaltung eines Dritten eine privatautonome Abrede zwischen den Parteien herbeizuführen, wonach im Falle einer Rechtsänderung im gewählten Recht sich die Parteien selbst gegenseitig verpflichten, eine erneute, nachträgliche Rechtswahl durchzuführen und für die sie interessierende Rechtsfrage eine Vertragsstatut zu wählen, daß mit dem vorherigen Vertragsstatut in seiner alten Fassung ergebnisgleich ist. Da also im Grundsatz eine Versteinerung des Vertragsstatutes in ergebnisorientierter tatsächlicher Hinsicht in dem dargelegten Beispielsfall möglich scheint, ist es – um in *Wenglers* Worten zu sprechen[489] – nicht leicht zu sagen, was eigentlich hinter der Sorge vor der Versteinerung eines Privatrechtsverhältnisses steht. Jedoch ist solch eine Regelung eine Neuverhandlungklausel und damit keine Stabilisierungsklausel mehr,[490] wobei der neu zu verhandelnde Gegenstand die nachträgliche Teilrechtswahl ist. Denn durch die notwendige Zwischenschaltung einer neuen ausdrücklichen Rechtswahl verliert die Absprache ihren automatischen Schutz. Zudem wird auch die faktisch erreichte Versteinerung nicht allein mit kollisionsrechtliche Mittel erlangt, weil zwischen den Parteien bzw. zwischen den Parteien und dem Dritten ein materiellrechtlich selbständig zu beurteilender Vertrag hinzukommen muß, der die Parteien oder einen Dritten zu einer bestimmten Rechtswahl verpflichtet. Richtet sich etwa der Dritte nicht nach dieser Vereinbarung, so wird das Ziel der Versteinerung nicht erreicht, wenn auch die Nichteinhaltung der Absprache etwaige Schadensersatzpflichten gemäß dem auf diese Vereinbarung anwendbaren Recht nach sich ziehen mag. Weiterhin ist zu bedenken, daß ein entsprechendes inhaltsgleiches Statut zunächst einmal gefunden werden muß. Existiert es nicht oder wird es nicht gefunden, geht eine derartige Stabilisierung ins Leere. Und es ist zu beachten, daß die vorgeschlagene

488 *Reithmann/Martiny*, Internationales Vertragsrecht, Rn. 48.
489 *Wengler*, RabelsZ 23 (1958), S. 554.
490 s. Zweiter Teil A.III.16.

Konstruktion faktisch nur durch eine Teilrechtswahl für ganz konkrete Rechtsfragen Sinn machen kann, was die Abspaltbarkeit der jeweiligen Rechtsfrage voraussetzt. Schließlich liegt bei solch einer Konstruktion auch der Vorwurf der Gesetzesumgehung nahe. In Betracht kommt eine fraus legis durch Mißbrauch einer formell zulässigen Rechtswahl. Eine Gesetzesumgehung setzt voraus, daß die Beteiligten einen verwerflichen Zweck verfolgen, allerdings ist die bloße Ausnutzung der vom Gesetz eröffneten Möglichkeiten nicht verwerflich.[491] Da mit der vorgeschlagenen Variante nur die gesetzmäßigen Möglichkeiten ausgenutzt werden, kann grundsätzlich nicht von einem fraudulösen Verhalten gesprochen werden. Im übrigen ist darauf hinzuweisen, daß die Rechte Dritter gemäß Art. 27 Abs. 2 S. 2 EGBGB (Art. 3 Abs. 3 S. 2 EVÜ) auch mittels dieser Methode nicht berührt werden können.

Zusammenfassend kann festgehalten werden, daß eine Versteinerung teilweise faktisch erreicht werden kann, indem man den Vertrag einem Recht unter der Bedingung unterstellt, daß sich dieses Recht nicht ändert und daß für den Fall einer Rechtsänderung das Recht von einem Dritten zu wählen ist, dem durch materiellrechtlichen Vertrag die Wahl nach inhaltlichen Aspekten aufgegeben wird bzw. die Parteien sich für den Fall einer Rechtsänderung zu einer nachträglichen Rechtswahl dergestalt verpflichten, daß sie ein inhaltsgleiches Recht wählen. Voraussetzung ist im Falle einer Änderung in kollisionsrechtlicher Hinsicht die Abspaltbarkeit der modifizierten Rechtsfrage und in tatsächlicher Hinsicht einerseits, daß ein anderes Recht mit der gewünschten Regelung existiert und andererseits, daß bei Einschaltung eines Dritten dieser die Wahl wunschgemäß vollführt bzw. ohne Einschaltung eines Dritten, daß sich die Parteien an ihre Vereinbarung zur nachträglichen Teilrechtswahl halten. Da die Versteinerung jedenfalls nicht ausschließlich durch kollisionsrechtliche Parteiautonomie erreicht wird, kann aus dieser Rechtsgestaltungsvariante nicht der Schluß gezogen werden, daß eine kollisionsrechtliche Versteinerungsabsprache gemäß den Vorschriften des EVÜ wirksam ist.

IV. Teleologische Auslegung

Die Freiheit der Rechtswahl dominiert das EVÜ. Angestrebt wird ein verhältnismäßig liberales und zu voraussehbaren Ergebnissen führendes System, das den

---

491 *Firsching/von Hoffmann*, Internationales Privatrecht, S. 243 f; s. zum aktuellen Streitstand hinsichtlich der Frage, ob eine Rechtswahl überhaupt unter dem Vorbehalt der fraus legis stehen kann *Heeder*, Fraus legis, S. 283 f.

Wirtschaftsverkehr in der EU eher fördert als hindert.[492] In Anbetracht dessen scheint auf den ersten Blick viel dafür zu sprechen, daß der die Normen des EVÜ beherrschende Sinn und Zweck grundsätzlich für die Zulässigkeit der statischen kollisionsrechtlichen Verweisung angeführt werden kann. Denn die Verwendung einer kollisionsrechtlichen Versteinerungsklausel dient dem Schutz berechtigter Erwartungen und Vorstellungen der Parteien, sowie dem Bedürfnis nach Sicherheit und Vorhersehbarkeit, also Erwartungen, die auch durch die vom EVÜ gewährte Rechtswahlfreiheit erfüllt werden sollen. Diese Berücksichtigung der Parteiinteressen als maßgeblichen Faktor erinnert an *Courbes* Argumentation für die Zulässigkeit einer statischen kollisionsrechtlichen Wahl: Er schließt aus der ablehnenden Begründung des Renvoi, wonach die Parteien konkrete Antworten suchen und ein vorhersehbares maßgebliches Recht wünschen, daß diese Argumente auch bei der Frage der kollisionsrechtlichen Versteinerung positiv durchgreifen müßten.[493] Auch *Sandrocks* Gedanke, daß in Ermangelung entgegenstehender privater und öffentlicher Interessen im Zweifel von einer weitest möglichen Gestaltungsfreiheit der Parteien auszugehen sei (in dubio pro libertate contratinum), weist in diese Richtung.[494] Fraglich ist jedoch, ob Sinn und Zweck der Parteiautonomie, wie sie im EVÜ normiert wurde, nicht auch die Berücksichtigung von Faktoren verlangt, die gegen die Möglichkeit einer gewillkürten Petrifizierung sprechen, wie etwa der Schutz der Schwächeren und die Wahrung allgemeiner Interessen.[495]

1. Entgegenstehende öffentliche Interessen

Zur Frage nach der Versteinerungsmöglichkeit entgegenstehenden öffentlichen Interessen sind zwei Aspekte wichtig. Einerseits ist die Frage zu beantworten, ob die teilweise mit der Versteinerung einhergehende Entziehung des Vertrages von jeglichem intertemporalen Recht mit Sinn und Zweck des EVÜ zu vereinbaren ist, selbst wenn die Folge ein teilweise rechtsordnungsloser Vertrag wäre. Zweitens ist es fraglich, ob der vom EVÜ erstrebte Entscheidungseinklang durch Zulassung einer parteiautonomen zeitlichen Fixierung gefährdet würde.

---

492 *Giuliano/Lagarde*-Bericht, ABL. EG C 282 23. Jahrgang, , S.4 f; *Münchner Kommentar-Martiny*, Art. 36 Rn. 20.
493 *Courbe*, Les objectifs temporels, Rn. 380.
494 *Sandrock*, "Versteinerungsklauseln", in Internationales Wirtschaftsrecht, S. 39 ff.
495 RG JW 1936, 2059.

(a) Teilweise Rechtsordnungslosigkeit

Ist das EVÜ im Grundsatz zu einem Entscheid über die Gültigkeit einer Versteinerungsklausel berufen, so könnte der Verwendung einer derartigen Klausel entgegenstehen, daß sie auf ein "totes Recht" verweist und den Vertrag insoweit rechtsordnungslos macht. Durch die zeitliche Arretierung nehmen Bereiche des gewählten Rechts an keiner Rechtsentwicklung teil. Insoweit würde dann auch das ansonsten maßgebliche intertemporale Recht des Vertragsstatuts von den Parteien außer Kraft gesetzt, so daß sich die Frage stellt, ob solch eine partielle Rechtsordnungslosigkeit mit dem öffentlichen Interesse vereinbart werden kann. Dies ist grundsätzlich nicht möglich, da jeder Vertrag einer Rechtsordnung untersteht, die ihn trägt. Für die Beurteilung des Vertrags können Parteierklärungen nur Bewertungsgegenstand sein, nicht aber Bewertungsmaßstab.[496] Die Kritiker der kollisionsrechtlichen Stabilisierung betonen daher zu Recht, daß ein Vertrag prinzipiell seine vollständige Grundlegung im nationalen Rechtssystem erfahren muß[497] und daß nur eine lebendige Rechtsordnung fähig ist, veränderliche Faktoren zu berücksichtigen und die Parteien zu schützen.[498] Hiergegen sind die Überlegungen eingewendet worden, die zur Frage der Versteinerung durch das Internationale Privatrecht bereits angeklungen sind, also Beispiele, mit deren Hilfe der Beweis geführt werden soll, daß die Anwendung toten Rechts für das Internationale Privatrecht nicht unbekannt ist.[499]

Unabhängig davon, ob diese Fälle zu einer eindeutigen Antwort führen, ist es bereits zweifelhaft, ob die Verwendung einer Versteinerungsklausel tatsächlich bedeutet, daß ein totes Recht zur Kontrollinstanz der schuldrechtlichen Vereinbarungen wird. Dabei ist nicht einmal in erster Linie an eine Korrektur durch den mit vielen Besonderheiten einhergehenden ordre public – Vorbehalt[500] zu denken, sondern es kommen auch andere Kontrollmechanismen in Betracht. Zunächst ist an die als sonderlich heikel eingeschätzten Verträge mit Verbrauchern und Arbeitnehmern zu denken, bei denen es trotz Verwendung einer Versteinerungsklausel ohnehin bei der Günstigkeitskontrolle des versteinerten Vertrags-

496 *Spickhoff*, RabelsZ 56 (1992); 124.

497 *Münchner Kommentar-Martiny*, Art. 27, Rn. 24; *Reithmann-Martiny*, Internationales Vertragsrecht, Rn. 70; *von Bar*, Internationales Privatrecht Bd. II, § 4 II. 5 f; *Soergel-von Hoffmann*, Art. 27, Rn. 23; *Van Hecke*, Problèmes juridiques des emprunts internationaux, S. 196.

498 *Van Hecke*, Problèmes juridiques des emprunts internationaux, S. 196; *Neuhaus*, Grundbegriffe, § 33 IV 5; *Schröder/Wenner*, Internationales Vertragsrecht, Rn. 129.

499 *Deby-Gérard*, Le rôle de la règle de conflit, Rn. 330; *Sandrock/Steinschulte*, Handbuch der internationalen Vertragsgestaltung Bd. I Rn. 37; *Sandrock*, "Versteinerungsklauseln", in Internationales Wirtschaftsrecht, S. 47.

500 s. dazu *Jayme*, Methoden der Konkretisierung des ordre public.

statuts mit der lebendigen Rechtsordnung des gewöhnlichen Aufenthalts bzw. der gewöhnlichen Arbeitsstätte verbleibt. Bei diesen beiden Vertragstypen kann also von einem allein maßgeblichen toten Recht nicht die Rede sein. Gleiches gilt für Verträge, auf die Art. 27 Abs. 3 EGBGB (Art. 3 Abs. 3 EVÜ) Anwendung findet. Hinsichtlich allen anderen Vertragstypen und außerhalb des Anwendungsbereichs von Art. 27 Abs. 3 EGBGB (Art. 3 Abs. 3 EVÜ) ist zunächst zu bedenken, daß das Schutzbedürfnis der Parteien offensichtlich geringer ist. Fraglich ist zudem, ob in diesen Fällen mangels Günstigkeitskontrolle tatsächlich nur ein totes Recht streitentscheidend wäre. Denn zum einen könnten durch das System der Sonderanknüpfungen zumindest punktuell aktuelle Rechtsentwicklungen auf den versteinerten Vertrag einwirken, zum anderen kommt eine Einflußnahme durch zeitlich nicht fixierbare Eingriffsnormen in Betracht.

In Bezug auf die Eingriffsnormen ist es fraglich, ob tatsächlich die Rechtsänderungen im versteinerten Vertragsstatut zumindest teilweise als ausländische Eingriffsnorm berücksichtigt werden könnten, ob also der von *Vischer* für das Schweizer IPRG vertretene Weg auf das EVÜ übertragbar ist. Dazu müßten nach der Systematik des EGBGB/EVÜ Eingriffsnormen des gewählten Rechts den Vertrag beeinflussen können. Art. 7 Abs. 1 EVÜ enthält zwar eine Regelung über ausländische Verbotsgesetze, diese ist jedoch bewußt nicht in das EGBGB übernommen worden. Diese gesetzgeberische Entscheidung wird indes nicht als grundsätzliche Ablehnung der Anwendung drittstaatlicher Eingriffsnormen gewertet, sondern vielmehr als Aufruf an Rechtsprechung und Lehre verstanden, die entsprechenden Lücken zu schließen.[501] Allerdings ist auch aus Art. 7 Abs. 1 EVÜ nicht eindeutig zu entnehmen, ob nur Eingriffsnormen von Drittstaaten oder auch Eingriffsnormen des Vertragsstatuts erfaßt sind.[502]

Da im Ergebnis aber unstreitig ist, daß auch Eingriffsnormen des Vertragsstatuts zu beachten sind, spricht im Prinzip nichts dagegen, daß man in diesem Rahmen unter der Hypothese einer zulässigen statischen kollisionsrechtlichen Verweisung einzelne, geänderte Gesetze des Vertragsstatuts auf den Vertrag anwendet.

Geht man also davon aus, daß trotz Versteinerung Rechtsänderungen generell als Eingriffsnorm berücksichtigt werden könnten, so ist die maßgebliche Rechtsordnung zumindest in besonders wichtigen Bereichen entwicklungsfähig und somit nicht vollständig "tot".

---

501 *Firsching/von Hoffmann*, Internationales Privatrecht, S. 416; *Schurig*, RabelsZ 54 (1990), S. 235.

502 *Schurig*, RabelsZ 54 (1990), S. 244 ff; gegen ein Bezug auf Eingriffsnormen des Vertragsstatuts wohl *Lehmann*, Zwingendes Recht dritter Staaten, S. 6.

Es stellt sich dann allerdings die Frage, was mit der kollisionsrechtlichen Versteinerung angesichts zahlreicher unabdingbarer Einflüsse aktueller Rechtsentwicklungen überhaupt erreicht werden kann. Kritiker wenden ohnehin gegen den Zweck der kollisionsrechtlichen Versteinerung ein, daß die Verwendung einer Stabilisierungsklausel nutzlos sei, weil sich öffentlich-rechtliche Regeln und ausländische Eingriffsnormen durchsetzten.[503] Hinzukommt, daß auch die h.L. eine Versteinerung durch materiellrechtliche Verweisung, die nur durch die zwingenden Normen des Vertragsstatuts eingeschränkt wird, für rechtens hält. Allerdings darf nicht übersehen werden, daß es für eine Eingriffsnorm nicht ausreicht, zum zwingenden Recht zu zählen, vielmehr muß eine solche Norm auch internationale Geltung beanspruchen,[504] d.h. sie muß einen sachlichen und räumlichen Anwendungswillen haben, um kollisionsrechtlich berücksichtigt werden zu können.[505] Nach strittiger BAG-Rechtsprechung ist zudem darauf abzustellen, daß die als Eingriffsnorm zu qualifizierende Vorschrift dem Gemeinwohl dient.[506] Da deshalb nicht jede zwingende Norm zugleich eine Eingriffsnorm darstellt, würde nach einer Übertragung von *Vischers* Modell auf das EVÜ die Parteiautonomie weiter reichen, als bei völliger Ablehnung einer statisch kollisionsrechtlichen Verweisung. Dem Einwand, daß ein Schutz der Parteien durch solch einen "Flickenteppich" verschiedener Rechtsordnungen nicht wünschenswert ist, kann zunächst entgegnet werden, daß das Ausschöpfen der Regelungen im EVÜ in Bezug auf eine gewillkürte depeçage und eine nachträgliche Rechtswahl eine ähnliche Wirkung erzielen kann. Bei näherer Betrachtung bleibt bei diesem Modell aber ein Problem trotzdem ungelöst, nämlich daß zumindest ein Teil der für den Vertrag maßgeblichen Rechtsordnung "tot" und damit keiner Rechtsentwicklung zugänglich ist. Denn einige Regelungen im gewählten Recht wären überhaupt keinem veränderlichen Recht unterworfen. Das vorgestellte Modell kann zwar diese Regelungsteile im intertemporalen Vakuum verkleinern, jedoch diesen Kritikpunkt nicht vollends überwinden. Damit bleibt das zentrale Problem, ob ein Teil des bestimmten Rechts kraft Parteienabrede von künftigen Rechtsänderungen ausgenommen werden darf, und zwar insbesondere auch dann, wenn es sonst laut eigenem zeitlichen Kollisionsrecht angewendet werden müßte. Fraglich ist, ob nicht geade das EVÜ zu solch einem Hinwegsetzen über intertemporale Bestimmungen ermächtigt.

---

503 *Merkt*, Investitionsschutz, S. 191 ff, im Zusammenhang mit der Maßgeblichkeit der lex fori für die rechtliche Bewertung von Stabilisierungsklauseln und für das spezielle Anwendungsfeld der State Contracts; s.a. Dritter Teil C.III.1.(d).

504 *Martiny*, ZEuP 1995, 84.

505 *Münchner Kommentar-Martiny*, Art. 34 Rn. 98; *Rinze*, Journal of Business Law 1994, 427.

506 IPRax 1991, 407; kritisch zu der engen Auslegung *Roth*, RIW 1994, 277 f.

Auf den ersten Blick stärkstes Argument dafür, daß mit Hilfe des EVÜ teilweise Übergangsbestimmungen ignoriert werden können, ist der Vergleich mit der erlaubten Hinwegsetzung der Parteien nach den Bestimmungen des EVÜ über interlokales Privatrecht. Überlegt werden kann sogar, ob Art. 35 Abs. 2 EGBGB (Art. 19 Abs. 1 EVÜ) in analoger Anwendung für die Möglichkeit der kollisionsrechtlichen Verwendung einer Versteinerungsklausel spricht. Denn der Normzweck des Art. 35 Abs. 2 EGBGB (Art. 19 Abs. 1 EVÜ), sich von der Haltung der ausländischen Rechtsordnung unabhängig zu machen, entspricht dem Zweck, der hinter der Verwendung einer Versteinerungsklausel steht. Jedenfalls allein aus der Tatsache, daß die interlokale Parteiautonomie geregelt ist, zu schließen, daß die intertemporäre Parteiautonomie mangels Regelung nicht im Rahmen des EVÜ besteht, wäre falsch. Denn für solch ein argumentum e contrario ist es notwendig zuvor festzustellen, ob dies ersichtlich vom Gesetzgeber gewollt oder nach der Teleologie des Gesetzes geboten ist.[507] Sinn und Zweck des Art. 35 Abs. 2 EGBGB (Art. 19 Abs. 1 EVÜ) ist es jedenfalls, die Parteien direkt zu dem anwendbaren Sachrecht zu führen. Dies funktioniert in den Gebietseinheiten mit eigenem Privatrecht, wie etwa Schottland, die mit Staaten gleichgestellt werden.[508] Art. 35 Abs. 2 EGBGB (Art. 19 Abs. 1 EVÜ) verselbständigt also gewissermaßen die Gebietseinheit.[509] Die Ausschaltung des interlokalen Rechts entspricht infolgedessen der Ausschaltung des Kollisionsrechts des ausländischen Staates. Maßgebliches Vertragsstatut bleibt deshalb in jedem Fall eine komplette Rechtsordnung gemäß der Fiktion, daß die Gebietseinheit als rechtlich unabhängiges Ordnungsgefüge gilt. Dabei ist der folgende Umstand im Vergleich mit der parteiautonomen Umgehung intertemporaler Regelungen besonders hervorzuheben: Indem die Gebietseinheit auf die Stufe eines Staates gestellt wird, wird die Rechtsordnung des Gesamtstaates nicht wirklich durch die Nichtbeachtung des interlokalen Rechts quasi von außen neu geteilt, vielmehr wird die tatsächlich bereits bestehende Aufteilung in Gebietseinheiten durch das EVÜ lediglich erkannt und honoriert. Das schottische Recht besteht tatsächlich und wird nicht auf Grund einer Anordnung des EVÜ fingiert, fingiert wird lediglich die Gleichsetzung des schottischen Rechts mit einem staatlichem Recht. Eine entsprechende Fiktion in zeitlicher Hinsicht entbehrt aber anders als in interlokaler Hinsicht den realen Bezug. Die zeitliche Aufteilung ist damit nicht vergleichbar, weil durch sie eine Teilung in der Rechtsordnung stattfinden kann, die diese selbst nicht kennt: Zwar regeln die Übergangsbestimmungen die intertemporalen Konflikte von einzelnen Gesetzen, aber sie erkennen nicht beispielsweise den

507 *Larenz*, Methodenlehre, S. 278.
508 *Guliano/Lagarde*, Bericht, S. 39.
509 *Münchner Kommentar-Martiny*, Art. 35 Rn. 10.

Rechtszustand im Staat von vor drei Jahren als selbständiges Normgefüge an, mit dem komplett eine Kollision entstehen könnte. Ein solcher Rechtszustand ist in seiner Gesamtheit bloß fiktiv, wohingegen die wählbare lokale Teilrechtsordnung real ist. Der teleologische Hintergrund der Hinwegsetzung des EVÜ über interlokales Recht führt also dazu, daß eine Schlußfolgerung hieraus auf die Berufung des EVÜ zur Beantwortung intertemporaler Fragen im Grundsatz nicht möglich ist. Für eine Analogie fehlt es deswegen im übrigen auch an der Ähnlichkeit der Sachverhalte.

Damit verbleibt es bei dem Hindernis, daß die Parteien durch eine kollisionsrechtliche Versteinerung ein Stück weit den Vertrag den zwingenden Rechtsänderungen entziehen würden. Solch ein partiell rechtsordnungsloser Vertrag oder über dem Recht stehender Vertrag ist aber nicht möglich.[510] Deswegen kann mangels gegenteiliger Argumente nicht davon ausgegangen werden, daß solch eine Konsequenz mit Sinn und Zweck der im EVÜ normierten Rechtswahlfreiheit vereinbar ist.

(b) Internationaler Entscheidungseinklang

Ein weiterer Zweck des EVÜ ist die Rechtsvereinheitlichung, wodurch auch zur Einheitlichkeit von Entscheidungen beigetragen werden soll. Nun wird für den Entscheidungseinklang ins Feld geführt, daß dieser eher dadurch zu erreichen sei, daß die Gerichte das intertemporale Sachrecht der lex causae anwenden, als wenn sie ihre eigenen intertemporalen Regeln heranziehen.[511] Dies ist richtig, allerdings wird die Maßgeblichkeit der Übergangsbestimmungen der lex fori für die aufgeworfene Frage ohnehin nicht mehr vertreten.[512] Problematisch ist vielmehr, ob es dem Entscheidungseinklang dient, wenn die intertemporalen Normen des Vertragsstatuts Anwendung finden und die zeitliche Rechtswahl auf der Basis des EVÜ abgelehnt wird. Der Entscheidungseinklang wird erreicht, wenn durch Anwendung unterschiedslosen Kollisionsrechts unabhängig vom Ort der Prozeßführung dasselbe materielle Recht Anwendung findet.[513] Sicherlich würde dann ein Entscheidungseinklang bei Unzulässigkeit der Versteinerung insofern herbeige-

---

510 s. zur Auseinandersetzung mit dem rechtsordnungslosen Vertrag jeweils m.w.N.: *von Bar*, Internationales Privatrecht, Bd. II, Rn. 425; *Erman-Hohloch* Art. 27 Rn. 9; *Firsching-von Hoffmann*, Internationales Privatrecht, § 10 Rn. 28; *Kropholler*, Internationales Privatrecht, § 52 II 3 e; *Münchner Kommentar-Martiny*, Art. 27 Rn. 30; *Staudinger-Magnus* Art. 27 Rn. 45.

511 *Merkt*, Investitionsschutz, S. 190.

512 so etwa *Raape/Sturm*, Internationales Privatrecht, Bd. I., S. 310; ablehnend m.w.N *Francescakis/Graulich*, Répertoire, S. 512.

513 *Kropholler*, Internationales Privatrecht, S. 36.

führt, daß bei jedem Urteil über einen Sachverhalt in einem bestimmten Zeitpunkt mit z.B. niederländischem Vertragsstatut dieselben niederländischen Normen zu befragen wären. Aber das Bedürfnis nach einheitlichen Entscheidungen verlangt nur die Angleichung des Kollisionsrechts insoweit, als stets im konkreten Fall unabhängig vom Gerichtsstand dasselbe materielle Recht angewendet wird. Daher wäre es wiederum auch ausreichend, wenn alle mitgliedstaatlichen Gerichte einheitlich von der Möglichkeit der zeitlichen Arretierung ausgingen. Die Zielsetzung des Entscheidungseinklangs kann daher weder als Pro- noch als Contra-Argument bei der Diskussion um eine wirksame kollisionsrechtliche statische Verweisung eingebracht werden.

2. *Entgegenstehende private Interessen*

Fraglich ist, ob ein Bedürfnis für den Schutz der schwächeren Vertragspartei dergestalt besteht, daß dies gegen die Zulässigkeit der kollisionsrechtlichen zeitlichen Stabilisierung sprechen würde. Zur Frage des Schutzes der schwächeren Partei ist oben bereits festgestellt worden, daß das EVÜ über ein ausgeklügeltes System des Schwächerenschutzes verfügt, welches auch unter der Hypothese einer zulässigen Versteinerung des Vertragsstatuts nicht vollends ausgehebelt werden könnte.[514] Auch an dieser Stelle kann entsprechend argumentiert werden, also daß trotz einer Versteinerung, der Vertrag – wenn auch eingeschränkt, so aber doch in besonders wichtigen Punkten – an einer Rechtsentwicklung teilnimmt.[515] Folgende Situationen sind denkbar: Ist das versteinerte Vertragsstatut günstiger als das des gewöhnlichen Aufenthalts und wird es später noch weiter zum Vorteil von Verbrauchern oder Arbeitnehmern verändert, könnte die schwächere Partei davon nicht mehr profitieren. Ihr verbliebe zwar auch bei einer Versteinerung ein doppelter Schutz durch das Aufenthaltsrecht und durch das fixierte Vertragsstatut, aber eine der beiden Rechtsordnungen wäre von sozial günstigen Entwicklungen ausgenommen (außer wiederum die Gesetzesmodifikation könnte auf anderem Wege, etwa als Eingriffsgesetz, Geltung beanspruchen).[516] Andererseits würden auch zugleich Verschlechterungen der Stellung der schwächeren Partei im versteinerten Vertragsstatut keine Relevanz haben. Festzuhalten ist, daß für Verträge mit Konsumenten und Arbeitnehmern durch das Günstigkeitsprinzip auch bei einer zeitlichen Fixierung die schwächere Partei weithin geschützt ist, jedoch daß im Einzelfall ihr Schutz bei einem versteinerten Statut geringer ausfallen kann, als bei einem lebendigen Vertragsstatut.

---

514 s. Dritter Teil IV.1.(a).
515 s. Dritter Teil IV.1.(a).
516 s. Dritter Teil IV.1.(a).

Neben den Gruppen der Verbraucher und Arbeitnehmer gibt es weitere typische, vom EVÜ nicht geregelte Situationen, in denen die eine Vertragsseite regelmäßig schwächer ist, z.B. bei Mietverträgen. Solche Situationen könnten nach sozial-funktionalem Vertragsverständnis dann gegebenenfalls gänzlich von der Versteinerungsmöglichkeit ausgenommen werden.[517] Im übrigen könnte der Schutz über die Anwendung wichtigen neuen Rechts als Eingriffsnorm ausreichenden Schutz für die Parteiinteressen gewähren. Insgesamt ist daher der Bezug auf den Schutz der schwächeren Partei kein starkes Argument gegen die Zulässigkeit einer parteiautonomen zeitlichen Rechtswahl, es bleibt wegen der teilweisen, durch eine Versteinerung bewirkten Rechtsordnungslosigkeit des Vertrags aber bei der Unzulässigkeit einer statischen kollisionsrechtlichen Verweisung.

V. Historische Auslegung

Bei der historischen und genetischen Auslegung verdienen die Materialien zum EVÜ, und dabei vor allen anderen der Bericht von Giuliano/Lagarde[518] und die Denkschrift der Bundesregierung zum EVÜ, Berücksichtigung.[519] In den Materialien sind zur der aufgeworfenen Frage jedoch keine Aussagen getroffen.

VI. Gebot verfassungskonformer Auslegung

In Anbetracht des Gebots der verfassungskonformen Auslegung kann man *Sandrocks* Gedanken aufgreifen, wonach Versteinerungsklauseln die Rückseite der Medaille des verfassungsrechtlichen Rückwirkungsverbots seien.[520] Fraglich ist, ob sich aus dem vergfassungsrechtlichen Rückwirkungsverbot eine Aussage zur Wirksamkeit einer kollisionsrechtlichen Versteinerung ergibt. Hierzu ist zunächst hervorzuheben, daß das BVerfG seit seiner frühesten Rechtsprechung betont, daß rückwirkende Gesetze nicht schlechthin unzulässig sind.[521] Ein ähnliches Bild ergibt ein Blick auf die höchstrichterliche Rechtsprechung in anderen Vertragsstaaten. Die Geltung rückwirkender ausländischer Gesetze muß daher nicht per se kollisionsrechtlich ausgeschlossen werden. Aber selbst wenn im Einzelfall wegen der Rückwirkung eines ausländischen Gesetzes Bedenken bestehen sollten, kann daraus nicht gefolgert werden, daß die Zulassung einer zeitlich fixierten Wahl

---

517 so etwa *Vischer*, FS Keller, S. 552 f.
518 ABL. EG 1980 Nr. C 282/1.
519 ABL. EG 1980 Nr. C 282/23.
520 vgl. *Sandrock*, Versteinerungsklauseln, S. 232 ff.
521 BVerfGE 11, 139, 145; 63, 343, 355.

ausländischen Rechts auf verfassungsrechtlich gebotenen Gründen möglich sein muß. Denn in diesen Fällen kann eine Korrektur im Rahmen der ordre public Vorbehalts stattfinden, aber ein Argument für eine zwingend verfassungsrechtlich gebotene weite Parteiautonomie ergibt sich hieraus nicht.

Vierter Teil: Die materiellrechtliche Verweisung

Die kollisionsrechtliche Rechtswahl steht bei der Beschäftigung mit dem Internationales Privatrecht im Rampenlicht der akademischen Aufmerksamkeit, während die Bedeutung der materiellrechtlichen Wahl hierbei eher ein Schattendasein fristet. Da die materiellrechtliche Rechtswahl soweit ersichtlich nicht selbst im Mittelpunkt von Monographien stand und da die Versteinerung durch materiellrechtliche Verweisung im Grundsatz wenig problematisch ist, ist an dieser Stelle eine andere Vorgehensweise geboten, als im Dritten Teil in Bezug auf die kollisionsrechtliche Verweisung.[522] Die anschließende Untersuchung beginnt mit einem Überblick über die Entwicklungsgeschichte des Instituts der materiellrechtlichen Verweisung in Deutschland, Frankreich und England von den Anfängen bis zum EVÜ (A.). Dabei wird auch überlegt, welche Funktion der materiellrechtlichen Verweisung heute zukommt. Daran schließt die Untersuchung der Funktionsweise des materiellrechtlichen Verweisungsvorgangs in Kontrast zur Funktionsweise der kollisionsrechtlichen Verweisung an (B.). Ein besonderer Untersuchungsgegenstand ist sodann die Darstellung des Verhältnisses von materiellrechtlicher Verweisung und dem EVÜ (C.). Schließlich wird auf Einzelfragen im Zusammenhang mit der materiellrechtlichen Verweisung eingegangen, etwa welche Regelungsgefüge als Verweisungsgegenstand einer materiellrechtlichen Verweisung wählbar sind oder ob eine materiellrechtliche Verweisung grundsätzlich dynamisch oder statisch ist (D.).

A. Entwicklung der materiellrechtlichen Verweisung

Zunächst wird überprüft, wie das Institut der materiellrechtlichen Verweisung in Deutschland entwickelt wurde (I.), dann folgt der Blick auf die Entwicklung in Frankreich (II.) und England (III.). Schließlich wird nach einem Vergleich der Ergebnisse (IV.) untersucht, welche Bedeutung der materiellrechtlichen Verweisung heute noch zugebilligt wird (V.).

522 s. zu Parteiautonomie und verschiedenen Methoden der Koordination von Rechtsordnungen *Picone*, Recueil 276 (1999), S. 183 ff.

I. Überblick über die Entwicklung in Deutschland

1. Gemeinsamer Ursprung von Partei- und Privatautonomie

Vor der Beeinflussung des Kollisionsrechts durch den Autonomiegedanken stand die Entwicklung des Parteiherrschaftsgedankens im internen Rechtskreis. Auf Grundlage der Rezeption des römischen Rechts in Deutschland und der darin enthaltenen Vertragsfreiheit ging es im 19. Jahrhundert weniger um das "Ob" der Vertragsfreiheit, als eher um das Ausmaß der Bedeutung des Willens in der Rechtsordnung. Ein Untersuchungsgegenstand war, ob der Vertrag als originäre Rechtsquelle oder als "Privatgesetzgebung auf gesetzlicher Grundlage" existiert.[523] In dogmatischer Nähe dazu stand die Frage, ob nachgiebiges Recht aufgrund hypothetischen Parteiwillens oder unabhängig von der Willensmacht der Parteien Geltung beansprucht. Das Verständnis der Autonomie als Selbstgesetzgebung war zwar im beginnenden 19. Jahrhundert "Gesamtheiten und Gemeinheiten" wie etwa Adelsfamilien und bestimmten Städten vorbehalten und wurde nicht dem Einzelnen zugestanden,[524] nichtsdestotrotz war der Autonomiebegriff im 19. Jahrhundert aber auch mit der Bedeutung der Selbstgesetzgebung des Einzelnen besetzt.[525] Vielleicht nicht zuletzt durch diese "begriffliche Verwirrung" wurde teilweise ein außerhalb der Rechtsordnung stehendes Autonomieverständnis auch für Einzelpersonen vertreten, wonach der Parteiwille als Rechtsquelle fungierte. Gegen solch eine unbegrenzte Gestaltungsfreiheit der Parteien wendeten sich Rechtsgelehrte wie etwa *von Bülow*[526] und *Ehrlich*[527].

Parallel zur Diskussion über die dogmatisch fundierte Tragweite der Vertragsfreiheit entwickelte sich die Auseinandersetzung über die Bedeutung des Willens im Internationalen Privatrecht. Insbesondere zwei Umstände sorgten im Vergleich zur Diskussion über die Vertragsfreiheit ohne ausländischen Rechtsbezug für weiteren Zündstoff. Zum einen waren durch die transnationale Komponente mehr Geltung beanspruchende Gesetze betroffen als bei Binnensachverhalten, so daß die Schrankendiskussion nicht mehr bloß den internen Rechtskreis betraf, sondern auch ausländisches Recht. Zwingendes Recht und ordre public verschwammen als gemeinsame, durch die eigene Rechtsordnung gesetzte Grenze und die Verschiedenheit der Schranken drang erst nach und nach ins Bewußtsein.[528] Eine zweite Besonderheit im Vergleich zur Autonomiediskussion im

523 *Ebel*, Die Willkür, S. 75.
524 *Murakami*, in: FS Müller-Freienfels, S. 469.
525 *Püls*, Parteiautonomie, S. 25 f.
526 *von Bülow*, AcP 64 (1881), S. 71 ff.
527 *Ehrlich*, Das zwingende und das nichtzwingende Recht, S. 33, 39.
528 *Püls*, Parteiautonomie, S. 79 ff mit Beispielen und m.w.N.

internen Recht bestand darin, daß die koordinierten Parteiwillen, die zu einem fremden Recht führen sollen, einen eigenständig zu beurteilenden Rechtscharakter haben, was heute in der Klassifizierung als Verweisungsvertrag klargestellt ist. Anfänglich wurde in der Rechtswahl aber nicht immer eine selbständige Vereinbarung erkannt; der gedanklichen Ursprung dieser Entwicklung kann bei *von Savignys* Figur der "freiwilligen Unterwerfung" angesiedelt werden.[529] Trotz dieser Unterschiede bei der Auseinandersetzung mit der Bedeutung des Parteiwillens im Vertragsrecht einerseits und im IPR andererseits ist die Verwandtschaft verschiedener vertretener Positionen augenscheinlich. Eine Gemeinsamkeit in der Diskussion über den Stellenwert des Willens zeigt sich in den vertretenen extremen Positionen: Vergleichbar mit der aus heutiger Sicht ausufernden Idee der Selbstgesetzgebung im Vertragsrecht war für das IPR die Anschauung, den Willen als originäre Rechtsquelle bei der Rechtswahl zu sehen.[530]

Bevor es allerdings überhaupt zu solchen Auswüchsen im Kollisionsrecht kommen konnte, mußte zunächst der Parteiwille im Kontext mit dem IPR überhaupt Beachtung finden. Unter Abkehr von der Statutenlehre[531] fand der Parteiwille für das IPR zuerst Aufmerksamkeit bei *von Wächter* und *von Savigny*. Von einer Verabsolutierung des Parteiwillens waren beide freilich weit entfernt. Nach *von Wächters* Auffassung fand der Parteiwille bei einer Rechtswahl seine Grenze in den leges cogentes des Forums.[532] *Von Savigny* wird zum Teil dahingehend interpretiert, daß er nur eine unechte Verweisung durch Wahl des Erfüllungsortes für wirksam hielt und somit dem Parteiwillen nur indirekte Bedeutung zur Bestimmung des maßgeblichen Rechts zugestand.[533] Zudem bedeutete seine Lehre von den zwingenden Normen eine allgemeine Grenze der Rechtswahl.[534] Unter dem romanischen Einfluß *Mancinis* und der im Codice Civile von 1865 in Italien erstmalig normierten Anknüpfung an den Parteiwillen wurde die Diskussion um

---

529 *von Savigny*, Bd. VIII, S. 111 f.

530 so etwa *Laurent*, Droit civil international Bd. I, S. 379 ff.

531 s. zur Dogmengeschichte der Parteiautonomie bis Savigny: *Wicki*, Dogmengeschichte der Parteiautonomie, S. 1 – 30.

532 *von Wächter*, AcP 25 (1842) 35ff, 397 ff; *Püls* wies nach, daß *von Wächters* Anschauungen dennoch über eine reine materiellrechtlichen Verweisung hinausreichten, *Püls*, Parteiautonomie, S. 67 ff.

533 *Kötters*, Parteiautonomie und Anknüpfungsmaxime, S. 12 m.w.N.; a.A. *Püls*, Parteiautonomie, S. 90 ff.

534 vgl. *Sturm*, Ius Commune, S. 101; ob die zwingenden Rechtssätze bei von Savigny als Gegenstück zu den Dispositivnormen des Obligationsrechts zu verstehen sind, wird kontrovers beurteilt; dafür Neumann, Vertragsgültigkeit, S. 30; dagegen *Püls*, Parteiautonomie, S. 73, jeweils m.w.N.

die Rolle des Parteiwillens im IPR weiter belebt.[535] Der Parteiwille war im Bereich des Internationalen Privatrechts ein zentrales Thema und die Schrankenbestimmung der Freiheit der Parteien bereitete die größten Schwierigkeiten.[536] Obwohl für das nationale Vertragsrecht weitgehend überwunden, fanden sich Anhänger eines verabsolutierten Parteiwillens im IPR,[537] wobei es im Kontext mit dem Kollisionsrecht zu einer Besonderheit kam: Die aufbrausende Kritik am verabsolutierten Parteiwillen wendete sich nicht nur gegen die Ansicht, die den Parteiwillen als Rechtsquelle im IPR betrachtet, sondern es wurde in Folge weithin auch für unmöglich gehalten, daß durch die Rechtswahl das zwingende Forumsrecht ausgeschaltet wird. Indem somit die kollisionsrechtliche Parteiautonomie nach heutigem Verständnis angegriffen und für eine Rechtswahl nur nach heutiger Terminologie die materiellrechtliche Verweisung anerkannt wurde, begann das faktische Auseinanderdriften der Rechtswahlmodi der materiellrechtlichen und der kollisionsrechtlichen Verweisung. Vor diesem Zeitpunkt sind in der Dogmengeschichte der materiellrechtlichen und kollisionsrechtlichen Verweisung beide Verweisungsvarianten als Ausflüsse des Parteiherrschaftsgedankens zunächst unentwirrbar miteinander verwoben gewesen.

2. *Die Trennung von materiellrechtlicher und kollisionsrechtlicher Verweisung*

Die diametralen Ansichten zur Frage, ob das zwingende Forumsrecht durch eine Rechtswahl umgangen werden konnte, wurden erstmals von *Zitelmann*[538] 1897 begrifflich fixiert, indem er die materiellrechtliche von der kollisionsrechtlichen Verweisung unterschied. Die materiellrechtliche Verweisung konnte nur die Wirkung der Dispositivnormen des Forumsstaates aufheben, die kollisionsrechtliche Verweisung auch die Wirkung des zwingenden Rechts. Während die materiellrechtliche Verweisung bei *Zitelmann* auf keine dogmatischen Bedenken stieß, drehten sich die entscheidenden Probleme um die Zulässigkeit der kollisionsrechtlichen Verweisung. Zentrale Frage war, welche Rechtsordnung diese parteiautonome Verweisung denn zulassen könne. Eine entsprechende supranationale

---

535 Der maßgebliche Art. 9 Abs. 2 des Codice Civile lautete: "La sostanza e gli effetti delle obbligazioni si reputano regolati dalla legge del luogo in cui gli atti furono fatti, e, si i contraenti stranieri appartengono ad una stessa nazione, dalle loro legge nationale. E salvà in ogni caso la dimostrazione di una diversa voluntà."; mwN *Nishitani*, Mancini und die Parteiautonomie.

536 völlig gegen die Berücksichtigung des Parteiwillens zur Bestimmung des Vertragsstatuts waren etwa *von Bar*, Das internationale Privat- und Strafrecht, S. 230; *Pfeiffer*, Das Prinzip des internationalen Privatrechts, S. 5, 10, 18 ff.

537 *Wicki*, Dogmengeschichte der Parteiautonomie, S. 35 ff m.w.N.

538 *Zitelmann*, Internationales Privatrecht Bd. I, S. 270 ff.

Norm gab es nicht und sowohl die lex fori als auch das gewählte Recht hielt *Zitelmann* nicht für geeignet.[539] In Folge wurde der Grundsatz der Parteiautonomie nach heutigem Verständnis weithin abgelehnt.[540] Bei den Vertretern der Unüberwindbarkeit des internen zwingenden Rechts als Grenze der Rechtswahl herrschte bei der dogmatischen Durchdringung der Bestimmung eines ausländischen Rechts keine Einigkeit. Fraglich war, ob das gewählte Recht als Vertragsbestandteil oder als "Recht" bei der materiellrechtlichen Verweisung Geltung verlangt und ob eine Rechtsordnung in toto überhaupt wählbar ist. Nach *Pfeiffers* Ansicht war die Bezugnahme auf ein ausländisches Recht als "reine,(...), Thatsache zu beurtheilen und zu behandeln".[541] Eine "bloß *generelle* Beziehung auf das auswärtige Recht als *solches* ist,(...), für *schlechthin wirkungslos* zu halten" (Hervorhebungen im Original). Andere Vertreter der materiellen Rechtswahl ließen zwar die Bezugnahme auf eine Rechtsordnung in ihrer Gesamtheit zu, aber auch für sie galt das vereinbarte Recht als "Vertragsergänzung" oder als "Vertragsinhalt", nicht jedoch als "Recht".[542] Dem stand *Meilis* Auffassung gegenüber, wonach die Parteien die Anwendung des inländischen nachgiebigen Rechts "(...) dadurch ausschließen (...), dass sie an deren Stelle fremdes Recht en bloc adoptieren".[543] Nach *Meilis* Idee sollten die Parteien zwar dem zwingenden internen Recht nicht entschlüpfen können, dennoch sollte eine Rechtswahl dem gewählten Recht als "Recht" Geltung verschaffen und nicht lediglich als Vertragsbestandteil.[544]

Kleinster gemeinsamer Nenner dieser Ansichten war jedenfalls die Unumstößlichkeit des internen zwingenden Rechts und damit das heutige Kennzeichen einer materiellrechtlichen Verweisung.

---

539 Gegen die Rechtsordnung des gewählte Rechts sprach das Vorliegen eines circulus vitiosus. Der "unheilvolle Cirkel" wurde im folgenden gesehen: Vereinbarungen können ihre rechtliche Verbindlichkeit nur aus einer bereits vorhandenen Rechtsordnung herleiten. Lehnt das gewählte Recht eine Rechtswahl ab, so ist der Rechtswahl der Boden entzogen. Zugleich ist damit auch der Anwendbarkeit des gewählten Rechts der Boden entzogen, wodurch über die Wirksamkeit des Hauptvertrages überhaupt nicht entschieden werden kann. Gegen die lex fori sprach nach Zitelmann alles, "...was überhaupt gegen die Anwendung der lex fori als solcher spricht."

540 *Habicht*, Internationales Privatrecht, S. 47; *Lewald*, Internationales Privatrecht, Nr. 265; ebenso bereits: *Regelsberger*, Pandekten Bd. I, S. 167; für die kollisionsrechtliche Verweisung bereits *Fischer*, IhringsJb 65 (1915), S. 131 ff, 151 ff.

541 *Pfeiffer*, Das Prinzip des internationalen Privatrechts, S. 20 f.

542 *von Bar*, Theorie und Praxis, Bd. II, S. 4; *Brändl*, LZ 15 (1925), Sp. 821; *Neumeyer*, Internationales Privatrecht, S. 29.

543 *Meili*, Das internationale Civil- und Handelsrecht Bd. I, S. 198.

544 *Meili*, Das internationale Civil- und Handelsrecht Bd. I, S. 198 ff.

Es ist insbesondere *Mayer* und *Haudek* zu verdanken, daß zu Beginn der 30er Jahre des 20. Jahrhunderts die Parteiautonomie aus dem Labyrinth der gegnerischen Argumentation herausgeführt wurde.[545] Sie trieben auf der Grundlage der von *Zitelmann* geschaffenen Begriffsunterscheidung die endgültige Anerkennung der Parteiautonomie für das deutsche internationale Schuldvertragsrecht voran. *Mayer* stellte zunächst klar, daß die Parteiautonomie nicht als eigenständige Rechtsquelle besteht, sondern einer gesetzlichen Ermächtigung bedarf.[546] Die gesetzliche Ermächtigung für die Rechtswahl und ihre Schranken war gemäß *Haudek* dem Recht der lex fori zu entnehmen.[547] Die Verweisung begriff *Haudek* als ein neben dem eigentlichen Vertrag stehenden selbständigen Verweisungsvertrag, dessen Zustandekommen nach den Regeln der lex fori beurteilt werden sollte.[548] In der Folge feierte die kollisionsrechtliche Verweisung als zentraler Rechtswahlmodus einen im Laufe der Zeit wenig gebremsten Siegeszug. Die Durchsetzung der kollisionsrechtlichen Verweisung im IPR bedeutete aber auch zugleich die prinzipielle Verabschiedung von der materiellrechtlichen Verweisung als wichtigste Rechtswahltechnik.

3. Die Bedeutung des gewählten Rechts bei der materiellrechtlichen Verweisung

Fraglich ist, ob die materiellrechtliche Verweisung auf der Grundlage des heutigen Verständnisses ausschließlich als Teil der Privatautonomie einzuordnen ist, oder ob sie nicht auch IPR-Probleme berührt. In diesem Zusammenhang stellt sich die Frage, die wie bereits erwähnt von den Kritikern der kollisionsrechtlichen Verweisung uneinheitlich beurteilt wurde, nämlich ob bei der materiellrechtlichen Rechtswahl das vereinbarte Recht als "Vertragsbestandteil" oder als "Recht" gilt. Eine materiellrechtliche Verweisung nach heutiger Definition liegt vor, wenn die Parteien im Rahmen der vom internen Recht eines Staates gewährten Vertragsfreiheit eine fremde Rechtsordnung für anwendbar erklären und sie damit zum Vertragsinhalt machen.[549] Dabei wird als Wesensmerkmal der

---

545 *Mayer*, NiemZ 44 (1931), S. 103 ff; *Haudek*, Die Bedeutung des Parteiwillens im IPR; siehe auch *Melchior*, Die Grundlagen des deutschen internationalen Privatrechts, S. 498 ff; ihnen folgend etwa *Treumann*, Die Parteiautonomie im deutschen Internationalen Privatrecht.

546 *Mayer*, NiemZ 44 (1931), 112 ff.

547 *Haudek*, Die Bedeutung des Parteiwillens im IPR, S. 88 ff.

548 *Haudek*, Die Bedeutung des Parteiwillens im IPR, S. 92 ff.

549 *von Bar*, Internationales Privatrecht, Bd. II, Rn. 421; *Hartmann*, Das Vertragsstatut, S. 9 f; *Kropholler*, Internationales Privatrecht, § 40 I; *Münchner Kommentar-Martiny*, Art. 27 Rn. 14; *Schulze*; Die Kodifikation, S. 15 ff.

materiellrechtlichen Verweisung und als Unterscheidungskriterium zur kollisionsrechtlichen Verweisung angesehen, daß das dispositive Recht des Vertragsstatuts zwar verdrängt wird, nicht aber dessen zwingende Vorschriften.[550] Nach dieser heute unangefochtenen Ansicht führt eine materiellrechtliche Verweisung also nicht zur Anwendung des gewählten Rechts als "Recht", sondern als Vertragsinhalt. Als Folge fallen Vertragsstatut und "gewähltes" Recht auseinander. Die Begründung für das Absterben der Diskussion in diesem Bereich liegt im folgenden: Da Fürsprecher der kollisionsrechtlichen Verweisung die Überhand gewannen und es für diese Verweisungsart naturgemäß immer nur um die Wahl eines "Rechts" und niemals um die Einbeziehung als "Vertragsbestandteil" gehen konnte, fand durch die Polarisierung von Parteiautonomiebefürwortern und Parteiautonomiegegnern eine gedankliche Unterscheidung der Begriffspaare kollisionsrechtliche Verweisung/Parteiautonomie und materiellrechtliche Verweisung/Privatautonomie statt. An die Wahl eines Rechts durch materiellrechtliche Verweisung im internationalprivatrechtlichen Sinne war und ist auf der Basis dieser Konstruktion nicht zu denken. Dies bedeutet freilich nicht, daß nicht weiterhin auch bei einer materiellrechtlichen Verweisung von Rechtswahl gesprochen wurde und wird.[551] Dieser Rechtswahl kommt grundsätzlich aber keine internationalprivatrechtliche Bedeutung, sondern eine rein materiellrechtliche Bedeutung zu.[552] Vor allem Kollisionsrechtler aus dem Zeitraum kurz nach der begrifflichen Spaltung von materiellrechtlicher und kollisionsrechtlicher Verweisung sahen darum bereits in der materiellrechtlichen Verweisung trotz des gemeinsamen rechtsgeschichtlichen Hintergrunds mit der kollisionsrechtlichen Verweisung kein Problem des Internationalen Privatrechts mehr.[553] Heute sieht man allenfalls die materiellrechtliche Verweisung als kollisionsrechtliches Problem bis zum Durchbruch der kollisionsrechtlichen Verweisung an.[554]

550 *Neuhaus*, Grundbegriff, § 33 IV 2; *Staudinger-Magnus*, Art. 27, Rn. 33.

551 dies kritisiert z.B. *Mäsch*, Rechtswahlfreiheit und Verbraucherschutz, S. 77 f; daß man aber nach wie vor berechtigter weise auch bei der materiellrechtlichen Verweisung von einer Rechtswahl sprechen kann, wird unter Vierter Teil B. I. 2. aufgezeigt.

552 zur Problematik der Beziehung von materiellrechtlicher Verweisung und EVÜ s. Vierter Teil C.

553 *Neumann*, Vertragsgültigkeit, S. 15; aus neuerer Zeit vgl. *Siehr*, FS Keller, S. 486.

554 *Püls*, Parteiautonomie, S. 48 f; zur heutigen Bedeutung der materiellrechtlichen Verweisung s.a. Vierter Teil A.V.

II. Überblick über die Entwicklung in Frankreich

Ob der Pariser Rechtsgelehrte *Charles Dumoulin* (1500 – 1566) nun zu Recht als Begründer der Lehre der Parteiautonomie angesehen wird oder nicht, jedenfalls wurde dem Willen als ausschlaggebenden Kriterium bei der Bestimmung des anwendbaren Rechts in Frankreich früher Aufmerksamkeit geschenkt als vergleichsweise in Deutschland.[555] Trotz allgemeiner Anerkennung des Gedankens der Parteifreiheit fehlte es aber auch im Frankreich des 19. Jahrhunderts an einer theoretischen Durchdringung.[556] Die Verabsolutierung des Willens war ebenfalls ein in Frankreich behandeltes Problem und es waren Autoren wie *Pillet*[557] und später *Niboyet*[558], die den Parteiwillen in die Schranken des intern zwingenden Rechts verwiesen. Die in Deutschland von *Zitelmann* vollzogene Unterscheidung zwischen materiellrechtlicher und kollisionsrechtlicher Verweisung wurde in Frankreich zunächst lange übersehen.[559] Nichtsdestotrotz wuchs auch in Frankreich die Zahl derer, die sich für die Parteiautonomie und eine dogmatische Rechtfertigung einsetzten.[560] Die entscheidenden dogmatischen Schlachten wurden dabei zwischen den Subjektivisten und den Objektivisten geschlagen.

1. Subjektivisten

Die Subjektivisten sahen die Autonomie des Willens als Mittel zur Inkorporation des gewählten Rechts in den Vertrag an, dem Willen kam eine "Abkoppelungsfunktion" zu. Im ausgehenden 19. Jahrhundert waren es Autoren wie etwa *Laurent*[561], die den "Vertrag über den Gesetzen" in Frankreich ersonnen. Als Folge setzte sich die Inkorporation des gewählten Rechts in den Vertrag nach dem subjektivistischen Konzept auch dem sonst geltenden zwingendem Recht gegenüber durch. Hintergrund dieser Ansicht war aber nicht eine weitgehende Parteiautonomie, da durch die Inkorporation das gewählte Recht nicht als "Recht", sondern als Teil der Absprache, eingeflochten in die übrigen Vertragsbestimmungen, wirken sollte.[562] Im nachhinein wird dies in der französischen Literatur

---

555 einen entsprechenden Überblick gibt *Wicki*, Dogmengeschichte der Parteiautonomie, S. 14 ff.

556 *Wicki*, Dogmengeschichte der Parteiautonomie, S. 30.

557 *Pillet*, Clunet 21 (1894), 425, 717; 23 (1896), 1 ff.

558 *Niboyet*, Recueil 16 (1927 I), 53 ff.

559 *Wicki*, Dogmengeschichte der Pateiautonomie, S. 45.

560 s. Darstellung bei *Wicki*, Dogmengeschichte der Pateiautonomie, S. 84 ff.

561 *Laurent*, Droit civil international Bd. I, S. 379 ff.

562 vgl. *Batiffol*, Les contrats, S. 66 f; *Deby-Gérard*, La rôle de la règle de conflit, S. 229 ff; *Delaume*, Transnational Contracts, § 2.06.

mit dem deutschen Begriff der materiellrechtlichen Verweisung gleichgesetzt.[563] Dies ist aber irreführend, da im Unterschied zur materiellrechtlichen Verweisung nach hiesigem Verständnis die eigenen zwingenden Gesetze bei der Inkorporation nach der Vorstellung der französischen Subjektivisten keine Grenze bildeten. Kern dieser Anschauung war die Idee einer schier grenzenlosen Privatautonomie und die Inkorporation war dafür Mittel zum Zweck.[564] Das Internationale Privatrecht war in Konsequenz dieser Auffassung überflüssig.[565] Hauptkritik an dieser Art der Inkorporation war die Befürchtung, daß auf diesem Wege der Vertrag jeglichem Recht entzogen würde.[566] Vor diesem Hintergrund verwundert es nicht, daß diese Form des Inkorporationsgedankens in Frankreich zur Idee des rechtsordnungslosen Vertrags führte bzw. mit dieser verquickt ist.[567] Anders als beim rechtsordnungslosen Vertrag sollte allerdings laut der subjektivistischen Auffassung die Lösung vom Recht nur bei internationalen Verträgen möglich sein. Hervorzuheben ist in Bezug auf die Begriffe, die in diesem Kontext von Bedeutung sind, daß die "Inkorporationstheorie", die "Theorie vom internationalen Vertrag" und der Standpunkt der "Subjektivisten" m.E. lediglich für verschiedene Aspekte derselben Medaillenseite stehen, im Grunde also eine Richtung und Meinungsströmung beschreiben.[568] Diese Meinungsströmung war nicht nur in der Literatur verbreitet, sondern setzte sich auch zunächst in der französischen Rechtsprechung durch. Französische Gerichte waren der Auffassung, daß ein internationaler Vertrag durchsetzbar ist, unabhängig von dem Rechtssystem in dessen Umfeld der Vertrag geschlossen oder erfüllt wurde.[569] Zuletzt erlebte diese Theorie in Frankreich eine Renaissance im Kontext mit der Gültigkeit von Schiedsabreden.[570] Zentrales Problem dieses Ansatzes war für die Gerichte die Definition des internationalen Vertrages. Die Kriterien, wonach das Vorliegen eines internationalen Vertrags zu beurteilen waren, änderten sich im Laufe der Zeit. Als entscheidend wurde zunächst angesehen, ob ein wirtschaftlicher flux und reflux über nationale Grenzen hinweg stattfand, von denen eine Grenze die französische war.[571] Später wurde das Vorliegen von Interessen des internatio-

---

563 *Jacquet*, Principe d'autonomie, Rn. 20, Fn. 14; *Pommier*, Principe d'autonomie, S. 54.

564 *Pommier*, Principe d'autonomie, S. 53 ff.

565 *Batiffol*, Subjectivisme et Objectivisme, S. 49; *Deby-Gérard*, La rôle de la règle de conflit, S. 231.

566 *Batiffol*, Les contrats, S. 67.

567 *Deby-Gérard*, La rôle de la règle de conflit, S. 229 ff; *Pommier*, Principe d'autonomie, S. 56 ff.

568 vgl. *Batiffol*, ZfRV 1. Jg. 1960, 52 bzgl. incorporation und Sunjektivisten.

569 *Delaume*, Transnational Contracts, § 4.08.

570 s. z.B. Cass. civ., Clunet 1964, S. 82; Cass. civ., Clunet 1972, S. 843.

571 *Delaume*, Transnational Contracts, § 4.08.

nalen Handels zum tragenden Kriterium.[572] Da die Trennung zwischen internationalen und nationalen Vertrag letztlich nicht zu überzeugen vermochte, führte die Ablehnung des rechtsordnungslosen Vertrags dann schließlich auch zur Ablehnung der Inkorporationstheorie.[573]

2. *Objektivisten*

Während bei den Subjektivisten der Wille der Bekanntgabe des Rechts gleichkam, bedeutete der Wille für die Objektivsten nur ein Faktor unter mehreren, mit deren Hilfe der Vertrag objektiv in einem juristischem System lokalisiert wird.[574] Dem anwendbaren Recht war der Vertrag auf alle Fälle unterworfen.[575] *Batiffol* ist der bekannteste Vertreter dieser Auffassung. Ihm zufolge besteht ein Vertrag aus einer Willenseinigung und zahlreichen daraus resultierenden Wirkungen, die in verschiedenen lokalisierbaren Handlungen zum Ausdruck kommen.[576] Welcher dieser Aspekte schließlich zur Lokalisierung führt, hängt nach seiner Ansicht vom Schwerpunkt des Vertrages ab. Auf den Schwerpunkt können die Parteien im Rahmen der Vertragsgestaltung Einfluß nehmen, nicht aber direkt das anwendbare Recht bezeichnen.[577] Ohne einen Verbindungspunkt zum fremden Recht konnte dieses nicht gewählt werden,[578] allerdings kam dem Willen unter bestimmten Umständen eine zentrale Rolle zu, nämlich dann, wenn die Vertragshandlungen Berührungen mit vielen verschiedenen Rechtsordnungen hatten, und der Parteiwille den gewichtigsten Faktor bildete.[579]

3. *Die Trennung von materiellrechtlicher und kollisionsrechtlicher Verweisung*

Da die Diskussion in Frankreich in anderen Bahnen verlief als in Deutschland, kann die Übertragung der in Deutschland entwickelten Begrifflichkeit auf die französische Situation nur unscharf sein. Versucht man es dennoch, läßt sich das folgende Bild zeichnen: Bei den Subjektivisten als Anhänger des verabsolutierten Parteiwillens konnte sich keine Trennung von den Verweisungsarten entwickeln. Ihre Inkorporationsidee steht wegen des im Kern verabsolutierten Parteiwillens in scharfer Abgrenzung sowohl neben der materiellrechtlichen als auch neben der

572 *Delaume*, Transnational Contracts, § 4.08.
573 *Deby-Gérard*, La rôle de la règle de conflit, S. 181; 229 ff.
574 *Pommier*, Principe d'autonomie, S. 63 ff.
575 *Batiffol*, Subjectivisme et Objectivisme, S. 40.
576 *Batiffol*, Les conflits de lois, S. 38 ff.
577 *Batiffol*, Les conflits de lois, S. 39 ff.
578 *Deby-Gérard*, La rôle de la règle de conflit, S. 231.
579 *Pommier*, Principe d'autonomie, S. 66.

kollisionsrechtlichen Verweisung. Daher konnte die Differenzierung zwischen den Verweisungsmodi notwendigerweise nur im Lager der Objektivisten Platz greifen. Gegen Ende des 19. und zu Beginn des 20. Jahrhunderts befürworteten französische Autoren ausschließlich eine Rechtswahlfreiheit bezüglich nachgiebiger Normen des Rechts, das kraft einer zwingenden Kollisionsnorm auf den Vertrag anzuwenden war,[580] also faktisch eine rein materiellrechtliche Verweisung. In den 50/60er Jahren des 20. Jahrhunderts erlaubten dann auch schließlich die Objektivisten eine Rechtswahl der Parteien ohne Unterscheidung von zwingendem und fakultativem Recht und eine Inkorporation erlaubten sie (in Kontrast zu den Subjektivisten) nur hinsichtlich der dispositiven Bereiche des bezeichneten Rechts.[581] Die Trennung von materiellrechtlicher und kollisionsrechtlicher Verweisung wurde damit inhaltlich klar vollzogen, begrifflich ist die Inkorporation aus der Sicht der Objektivisten mit der dem Begriff der materiellrechtlichen Verweisung in Deutschland gleichbedeutend, anders als bei den Subjektivisten, die den Begriff der Inkorporation in ihrem Sinne vereinnahmten und darunter eine "autonome Rechtsbildung"[582] verstanden haben wollten.

Unter dem Primat der Gesetze über den Vertrag kam es schrittweise zur Annäherung von Objektivisten und Subjektivisten. Der rechtsordnungslose Vertrag wurde als Exzeß der Inkorporationstheorie abgelehnt[583] und damit wurde der Verabsolutierung des Willens auch in Frankreich eine Absage erteilt. Aus der heutigen Perspektive unter Berücksichtigung der Einführung des EVÜ in Frankreich wird die Lokalisationstheorie als Sieger über die Inkorporationstheorie angesehen.[584]

III. Die Entwicklung in England

1. Entwicklung der "reference" bzw. "choice of law"

Eine Besonderheit im englischen Internationalen Privatrecht im Vergleich zur deutschen Doktrin ist, daß das Recht eines fremden Landes (jedes außer Wales) den Status einer Tatsache hat und nicht von "Recht" (sog. "fact doctrine").[585] Vergleicht man nun damit die Rechtslage in Deutschland, so zeigt sich, daß hier

580 *Batiffol*, ZfRV 1. Jg. 1960, 49 unter Verweis auf *Pillet* und *Niboyet*.
581 *Batiffol*, Subjectivisme et Objectivisme, S. 47.
582 vgl. Übersetzung bei *Batiffol*, ZfRV 1. Jg. 1960, 52.
583 *Pommier*, Principe d'autonomie, S. 70 ff.
584 *Lagarde*, Revue critique de droit international privé 1991, 299 f.
585 vgl. umfassend *Ost*, EVÜ und fact doctrine.

bei einer materiellrechtlichen Verweisung das ausländische Recht ebenfalls Tatsachenfrage ist, nicht jedoch bei einer kollisionsrechtlichen Verweisung.[586]

Eine Schlußfolgerung hieraus dahingehend, daß das angelsächsische Internationales Privatrecht nur die materiellrechtliche Verweisung kennt, geht allerdings fehl. Richtig ist vielmehr, daß dieser Unterschied in erster Linie für den Prozeß von Bedeutung ist, da das ausländische Recht als "Tatsache" in England von der beweispflichtigen Partei dem Gericht zur Überzeugung zu bringen ist,[587] während es in Deutschland im Falle einer kollisionsrechtlichen Verweisung[588] durch das Gericht (dem Amtsermittlungsgrundsatz nach § 293 ZPO auch bei fremden Recht folgend) von Amts wegen zu ermitteln ist.[589] Die kollisionsrechtliche Verweisung ist hingegen auch in England unstrittig anerkannt. Ob die Einführung des EVÜ in England durch Erlaß des "Contracts Applicable Law Act 1990" das internationale Vertragsrecht im Vergleich zu dem zuvor geltenden Common Law fundamental veränderte oder nicht, wird auf der Insel kontrovers beurteilt.[590] Einig ist man sich aber dahingehend, daß die im Contracts Applicable Law Act 1990 kodifizierte Freiheit der Parteien, das maßgebliche Recht wählen zu können, keine Erneuerung brachte.

Zu den englischen Termini ist zu sagen, daß man in der Gegenwart in England deutlich "reference" bzw. "choice of law" einerseits und "incorporation" andererseits unterscheidet,[591] wobei ersteres der kollisionsrechtlichen Rechtswahl und letzteres der materiellrechtlichen Verweisung gleichkommt.[592]

Im Vergleich zur Entwicklung in Deutschland ist es von Interesse, ob die Rechtsfigur der materiellrechtlichen Verweisung sich auch in England im engen

---

586 *Mäsch*, Rechtswahlfreiheit und Verbraucherschutz, S. 79 f; *Schütze*, NJW 1965, 1652; a.A. *Soergel-Kegel*, vor Art. 3 Rn. 182.

587 zu den Auswirkungen der fact doctrine auf das materielle Recht s. *Ost*, EVÜ und fact doctrine.

588 vgl. *Schütze*, NJW 1965, 1652.

589 vgl. *Münchner Kommentar-Sonnenberger*, Einleitung Rn. 564 ff; kritisch *Wagner*, ZEuP 1999, 16 ff.

590 *Collier*, Conflict of Laws, S. 182; *Forsyth*, Conflict of Laws, S. 97.

591 *Collins*, in: Colloque de Bâle, S. 65; *Dicey & Morris*, The Conflict of Laws Bd. II, S. 1222; *Morris/McClean*, The Conflicts of Laws, S. 261; *Wolff*, Private International Law, S. 423 f; *Wood*, Comparative Financial Law, 14-6 ff.

592 *Ost*, EVÜ und fact doctrine, S. 103; a.A. *Reithmann/Martiny-Martiny*, Internationales Vertragsrecht, Rn. 56: *Martiny* versteht unter incorporation im Unterschied zur materiellrechtlichen Rechtswahl nur die Vereinbarung von Einzelbestimmungen eines bestimmten Rechts. Da andere Sachverhalte in der angelsächsischen Rechtsprechung in diesem Kontext in der Tat nicht behandelt wurden, ist dieses Auffassung auf den ersten Blick richtig; bedenkt man jedoch auch, in welcher umfassenden Weise der Begriff der incorporation in Frankreich gebraucht wurde, ist eine Beschränkung des Begriffs auf die Einbeziehung einzelner Gesetze abzulehnen.

Kontext mit der kollisionsrechtlichen Verweisung entwickelt hat. Schaut man unter diesem Blickwinkel auf die Entwicklung des Dogmas der Parteiautonomie in England, so ist der frühe Eingang des Grundsatzes der Parteiautonomie in die englische Dogmatik besonders auffällig. Es wird in diesem Kontext auf eine entsprechend deutbare Ausführung des Schotten *Lord Mansfield* in einem Urteil von 1760 verwiesen[593] und zudem betont, daß bereits vor dem 19. Jahrhundert die Rechtswahlfreiheit auch von englischen Autoren vertreten worden sei.[594] Andere Literaturstimmen heben hervor, es sei kein Urteil überliefert, in dem sich ein englisches Gericht über eine ausdrückliche Rechtswahl der Parteien hinweggesetzt hätte.[595] Wichtiger als die Richtigkeit dieser Aussagen zu verifizieren ist die Feststellung, daß sich eindeutig Urteile aus dem 19. Jahrhundert finden, in denen die Rechtswahlfreiheit als maßgeblich ausdrücklich anerkannt wurde.[596] 1889 meinte *Lord Halsbury* in *Re Missouri Steamship Co.* zur Frage des auf den Vertrag anwendbaren Rechts:[597]

"The only question to be determined (is) the question what was the law which the parties contemplated as being the law governing the contract."

1902 in *Spurrier* v *La Cloche* bestätigte *Lord Lindley* den Grundsatz der Parteiautonomie, ohne auch nur im Ansatz eine Kritik daran zu erblicken, mit den Worten: [598]

"That the intention of the parties to a contract is the true criterion by which to determine by what law is to be governed is too clear for controversy."

Diese Urteile[599] wurden trotz ihrer eindeutig scheinenden Formulierungen zwar teilweise dahingehend ausgelegt, daß der Parteiwille nicht entscheidend gewesen sei, sondern daß der Parteiwille im Rahmen des "most closely connected – test" einer von mehreren Faktoren zur Bestimmung des anwendbaren Rechts gewesen sei.[600] Diese Interpretation machten sich zumindest die englischen

---

593 *Graveson*, The Conflict of Laws, 7nd edition, S. 404 f.

594 m.w.N. *Cheshire/North*, Private International Law, S. 476.

595 *Forsyth*, Conflict of Laws, S. 100; a.A. *Cheshire*, Private International Law, 2nd edition, S. 251 ff u. *Graveson*, The Conflict of Laws, 2nd edition, S. 167 f bzgl. *The Torni* (1932) P, 78.

596 Die rechtsphilosophischen Ursprünge für den parteiautonomen Ansatz werden in der Treue viktorianischer Richter in dem *Bentham* zugeschriebenen eudämonistischen Dogma des laisser-faire gesehen; m.w.N. *Cheshire/North*, Private International Law, S. 476; *Graveson*, The Conflict of Laws, 2nd edition, S. 165.

597 (1889) 42 Ch D 331, 336.

598 (1902) AC 446, 450.

599 s.a. das obiter dictum von *Lord Atkins* in *R* v *International Trustee for the Protection of Bondholders* (1937) AC 500, 529.

600 *Cheshire*, Private International Law, 2nd edition, S. 250 ff; *Westlake*, Private International Law, 7th edition, S. 302.

Objektivisten zu eigen. Demgegenüber stand jedoch die wohl überwiegende Literaturauffassung der englischen Subjektivisten, wonach das proper law direkt vom Parteiwillen bestimmt wird.[601]

Das heute in der englischen Literatur als eindeutigen Beleg für die Beachtlichkeit des ausdrücklichen Parteiwillens (und für den Sieg der Subjektivisten) meist zitierte Urteil stammt aus dem Jahr 1939 und ist die Entscheidung des Privy Council in *Vita Food Products Inc* v *Unus Shipping Co Ltd.*[602] In dem Fall, der die Beschädigung einer Ladung Heringe auf einem Schiff namens "Hurry On" zum Gegenstand hatte, wurde die ausdrückliche Wahl englischen Rechts streitentscheidend berücksichtigt, obwohl der Fall außer der Rechtswahl keine offensichtlichen Verbindungen zu England hatte.

Es gab zwar auch danach in einigen Urteilen Ansätze den Grundsatz der Parteiautonomie einzuschränken,[603] diese setzten sich aber letztlich nicht durch.[604]

Daß sich die kollisionsrechtliche Verweisung im Vergleich zur Entwicklung auf dem europäischen Kontinent frühzeitiger und eindeutiger durchsetzte, mag auch darauf zurückzuführen sein, daß es anders als auf dem Festland auf der Insel keine vergleichbaren Anstrengungen in Bezug auf einen verabsolutierten Parteiwillen gab. Denn auch wenn man in England wie in Frankreich von einer objektivistischen ("most closely connection test") und einer subjektivistischen (nur Parteiwille entscheidet) Sicht sprach,[605] ist doch hervorzuheben, daß es den englischen Subjektivisten aus dem angeführten Grund am Extremismus ihrer französischen Kollegen fehlte. Auch die Bedeutung des Begriffs der "incorporation" war in England anders als in Frankreich deshalb keiner Zweideutigkeit ausgesetzt, da man in England soweit ersichtlich nicht die Auffassung vertrat, daß man sich im Wege einer incorporation über das eigentlich maßgebliche Recht hinwegsetzen könne.

---

601 *Dicey & Morris*, The Conflict of Laws 5th edition, S. 628; *Graveson*, The Conflict of Laws, 2nd edition, S. 159 f; *Wolff*, Private International Law, S. 418 f.

602 (1939) AC 277; das erste eindeutige Urteil für die Parteiautonomie war aber bereits *British Controlled Oilfields* v *Stagg* (1921) 66 SJ 18.

603 *Lord Denning* sah in *Boissevain* v *Weil* (1949) KB 481, 492 den Parteiwillen nur als einen von mehreren entscheidungserheblichen Faktoren bei der Bestimmung des maßgeblichen Rechts an; dagegen war es wiederum *Lord Denning*, der in *Tzortzis* v *Monark Line A/B* (1968) 1 WLR 406, 411 die ausdrückliche Rechtswahlklausel als "conclusive" ansah.

604 Vgl. *Lord Reid* in *Whitworth Street Estates* v *James Miller and Partners Ltd* (1970) AC 583, 603: "there have been from time to time suggestions that parties ought not to be ... entitled (to agree what the proper law of their contract is to be), but in my view there is no doubt that they are entitled to make such an agreement, and I see no reason why, subject it may be to some limitations, they should not be so entitled."

605 *Graveson*, The Conflict of Laws, 2nd edition, S. 165.

2. *Entwicklung der "incorporation"*

Da sich die Rechtswahlfreiheit im Sinne der kollisionsrechtlichen Verweisung anders als auf dem Kontinent in England frühzeitig durchsetzte, bedeutete dies zugleich für die materiellrechtliche Verweisung (incorporation) eine andere, von der kollisionsrechtlichen Rechtswahlfreiheit unabhängigere Entwicklung als etwa in Deutschland. Während man in Deutschland kaum Situationen zu kennen scheint, in denen die Parteien bei einer Rechtswahl gezielt eine materiellrechtliche anstelle einer kollisionsrechtlichen Verweisung durchführen,[606] scheint auf den ersten Blick in England die "incorporation" von den Parteien bewußt regelmäßig eingesetzt zu werden.[607] Soweit ersichtlich wurde die Rechtsfigur der "incorporation" bewußt erstmals 1887 in dem Fall *Re Suse and Sibeth, ex p Dever* von einem englischem Gericht angesprochen.[608] Hier ging es um die Frage, ob in einem Versicherungsvertrag ein New Yorker Gesetz implementiert wurde.[609] Acht Jahre Später wurden in dem Verfahren *G. E. Dobell & Co.* v *S.S. Rossmore Co. Ltd.*[610], die Begriffe "incorporation" und "reference" in dem Tatbestand des Urteils nicht eindeutig voneinander getrennt, wobei allerdings der Fall möglicherweise sowohl reference als auch incorporation betraf.[611] Gegenstand des Falles war eine Schadensersatzforderung für eine beschädigte Schiffsladung. Die Parteiabsprache enthielt ausdrückliche Regelungen zur Haftungsbeschränkung. Der Vertrag sollte darüber hinaus vom sog. Harter Act geregelt werden, einem US-amerikanischem Gesetz von 1893. *Lord Esher* meinte zur Anwendung des Harter Acts, daß dieser als Teil der Absprache und nicht als Gesetz zu berücksichtigen sei und sieht den Act als "incorporated" an.[612] *Kay L.J.* und *A.*

606 z.B. in folgenden Urteilen ging es mehr oder weniger um eine materiellrechtliche Verweisung: BGH WM 1971,162; WM 1969, 1140; OLG Hamburg VersR 1970, 742; LG Hamburg VersR 1969, 449; LG Frankfurt am Main, IPRspr. 66 – 67 Nr. 21; LG Wuppertal JZ 1958, 746; aus der geringen Anzahl der Beispiele schlußfolgert die Kommentarliteratur, daß eine materiellrechtliche Verweisung aufgrund einer Abrede selten vorkommt: *Münchner Kommentar-Martiny*, Art. 27, Rn. 14; *Staudinger-Magnus*, Art. 27, Rn. 33.

607 *Morris/McClean*, The Conflicts of Laws, S. 261.

608 (1887) 18 QB, 660.

609 (1887) 18 QB, 664 *Lord Esher*: "(...)that the American law(...)is introduced into the contract as part of the contract(...)"; 666 *Lord Bowen*: "(...)incorporates the American law(...)"; 668 *Frey*: "(...)the extent to which the foreign law is incorporated is a mere question of construction of the instrument."

610 (1895) 2 QB, 408.

611 ebenso *Dicey & Morris*, The Conflict of Laws, Vol. 2, S. 1222, Fn. 4.

612 (1895) 2 QB, 413: "They then introduce into their bill of lading the words of the Harter Act, which I decline to construe as an Act, but which we must construe simply as words occurring in this bill of lading."

L. Smith L.J. meinten, die Vereinbarung müsse so gelesen werden, als ob der Harter Act darin in voller Länge ausgeschrieben wäre.[613] Eine auch heute noch treffende Definition der Funktionsweise der materiellrechtlichen Verweisung wurde damit bereits erbracht, allerdings wird an keiner Stelle des Urteils erwogen, den Bezug auf den Harter Act nicht als Inkorporation, sondern als Teil einer Rechtswahl von amerikanischem Recht anzusehen.

Ähnlich lag der Sachverhalt in *Stafford Allen & Sons Ltd.* v *Pacific Steam Navigation Co.*[614], wo es u.a. um die Inkorporation des United States Carriage of Goods by the Sea Act 1936 ging. In diesem Fall wurde im Tatbestand ausdrücklich festgehalten, daß das maßgebliche Recht des Vertrages das englische Recht war und daß der amerikanische Act in Kontrast dazu nur in die übrigen Vertragsbestimmungen inkorporiert wurde.[615] Eine ausdrückliche vertragliche Haftungsbeschränkung stand hier im Widerspruch zu dem eine Haftungsbeschränkung verbietenden Act; die Richter hielten den inkorporierten Act für anwendbar und gaben ihm den Vorzug vor der ausdrücklichen Vereinbarung, da die auf den Act verweisende Klausel von einer sogenannten "paramount clause" (Vorrangklausel) begleitet wurde und demgemäß die Regelung in dem Act der Haftungsbeschränkungsklausel vorging.[616]

IV. Stellungnahme

Die Eckdaten sind heute in allen drei Ländern dieselben: Die kollisionsrechtliche Verweisung ist anerkannt, die materiellrechtliche Verweisung ist bekannt und wird von der erstgenannten deutlich unterschieden. Der dogmatische Weg zu dem heutigen Gleichklang war jedoch in den drei Ländern unterschiedlich. Da die Angelsachsen kaum beeinflußt von der Denkschule eines absoluten Parteiwillens die Parteiautonomie vergleichsweise schnell anerkannten und ebenso frühzeitig die "incorporation" davon separat behandelten, war die Entwicklung der "incorporation" nahezu von Anfang an von der Entwicklung der Rechtswahlfreiheit getrennt. Anders in Deutschland, wo man die materiellrechtlichen Verweisung nach heutigem Verständnis weithin lange Zeit als einzig zulässige Art der Rechtswahl ansah und die materiellrechtlichen Verweisung nach Anerkennung der kollisionsrechtlichen Verweisung nur noch von untergeordneter Bedeutung war. Anders auch die Entwicklung in Frankreich, wo die starke Position

613 (1895) 2 QB, 414, 416.
614 (1956) 1 WLR 629.
615 (1956) 1 WLR 630.
616 s.a. *Adamastos Shipping Co. Ltd.* v *Anglo-Saxon Petroleum Co. Ltd.*, (1959) AC 133, 143.

der Subjektivisten längere Zeit den Blick auf die eigentliche Bedeutung der materiellrechtlichen Verweisung ganz versperrte, da eine von der lex causae losgelöste Inkorporation ausländischen Rechts vertreten wurde.

V. Heutige Bedeutung der materiellrechtlichen Verweisung

Welche Bedeutung der materiellrechtlichen Verweisung heute zukommt, nachdem sich die kollisionsrechtlichen Verweisung als zulässiger Modus der Rechtswahl durchgesetzt hat, ist die nun zu untersuchende Frage.

1. Abgrenzungs- und Auffangsfunktion

Da die kollisionsrechtliche Verweisung auch die zwingenden Gesetze umfaßt und somit weiter geht als die materiellrechtliche Verweisung, war infolge der Anerkennung der kollisionsrechtlichen Verweisung kaum Platz für eine eigenständige Bedeutung der materiellrechtlichen Verweisung. Es wird hier die These aufgestellt, daß die Bedeutung der materiellrechtlichen Verweisung in Deutschland sich fortan einerseits auf eine "Abgrenzungsfunktion" zur kollisionsrechtlichen Rechtswahl und andererseits in der "Auffangfunktion" für gescheiterte kollisionsrechtliche Rechtswahlen beschränkt.

Seit der Anerkennung der kollisionsrechtlichen Verweisung in der deutschen Doktrin taucht der Begriff der kollisionsrechtlichen Verweisung oftmals zusammen mit dem der materiellrechtlichen Verweisung auf.[617] Dabei steht im Vordergrund die Wirkungsweise einer kollisionsrechtlichen Rechtswahl zu erläutern und klarzustellen, daß prinzipiell vor dem Hintergrund der Gleichwertigkeit der verschiedenen Rechtsordnungen die Rechtswahl das interne zwingende Recht ausschaltet. Die Darstellung der materiellrechtlichen Verweisung in diesem Zusammenhang ist erklärender Natur und dient weniger der Darstellung einer eigenen Bedeutung. Von selbständiger Bedeutung ist die materiellrechtliche Verweisung lediglich in dem als Auffangfunktion bezeichneten Bereich.

Man besann sich der materiellrechtlichen Verweisung stets dann, wenn man meinte ansonsten die Grenzen der Parteiautonomie zu überschreiten. Daher läßt sich der so entstandene und nunmehr vornehmste Anwendungsbereich der materiellrechtlichen Verweisung mit dem Begriff der "validierenden Auffangfunkti-

---

617 *von Bar*, Internationales Privatrecht Bd. II, Rn. 420; *Bauer*, Grenzen nachträglicher Rechtswahl, S. 41 f; *Kropholler*, Internationales Privatrecht, § 40 I; *Münchner Kommentar-Martiny*, Art. 27 Rn. 13 f; *Neuhaus*, Grundbegriffe, § 33 IV. 2; *Rauscher*, Internationales Privatrecht, S. 219; *Reithmann-Martiny*, Internationales Vertragsrecht, Rn. 47; *Soergel-von Hoffmann*, Art. 27 Rn. 2.

on" beschreiben. Zur Untermauerung dieser These mögen die folgenden Beispiele dienen:

Als die kollisionsrechtliche Verweisung in die deutsche Doktrin Eintritt fand, wurde der Auslandsbezug als notwendige Voraussetzung einer Rechtswahl angesehen.[618] Ohne Auslandsbezug lag nach dieser Auffassung eine "fehlgeschlagene Verweisung" vor, die nur eine materiellrechtliche Verweisung und damit kein Problem des Kollisionsrechts sei. Diese Diskussion ist nach wie vor aktuell und stellt sich heute im Zusammenhang mit Art. 27 Abs. 3 EGBGB (Art. 3 Abs. 3 EVÜ).[619]

Bei anderen Zweifelsfällen ging man ebenfalls zunächst von der Möglichkeit der materiellrechtlichen Verweisung aus, bis sich nach und nach ein weitergehendes Parteiautonomieverständnis durchsetzte und schließlich sogar normiert wurde. So hatte man Bedenken eine gewillkürte depeçage anzuerkennen, weil die Koppelung der Rechtswahl an den Bestand zwingender Normen einer Rechtsordnung wegen deren Schutzfunktion für unverzichtbar gehalten wurde. Vor diesem Hintergrund wurde bei einer Teilrechtswahl nur von einer materiellrechtlichen Verweisung ausgegangen.[620] Heute stellt Art. 27 Abs. 1 S. 3 EGBGB (Art. 3 Abs. 1 S. 3 EVÜ) die Zulässigkeit der kollisionsrechtlichen Teilrechtswahl klar.

Ähnlich wurde auch eine nachträgliche Rechtswahl teilweise nur als materiellrechtliche anerkannt.[621] Auch hier herrscht heute durch Art. 27 Abs. 2 S. 1 EGBGB (Art. 3 Abs. 2 S. 1 EVÜ) dahingehend Klarheit, daß die nachträgliche kollisionsrechtliche Wahl zulässig ist.[622]

Heute bemüht die kollisionsrechtliche Literatur die materiellrechtliche Verweisung in erster Linie noch in zwei Zusammenhängen. Zum einen wird, wie im Dritten Teil gesehen, eine zeitliche Rechtswahl weithin nur im Rahmen einer materiellrechtlichen Verweisung als zulässig angesehen. Zum anderen bedient man sich der Technik der materiellrechtlichen Verweisung bei der Wahl von anationalen Rechtsordnungen[623] wie etwa dem Völkerrecht[624], allgemeiner

618 *Haudek*, Die Bedeutung des Parteiwillens im IPR, S. 15; *Mayer*, NiemZ 44 (1931), 112; *Neumayer*; Revue Critique de Droit International Privé 46 (1957), 599.

619 s. dazu Vierter Teil C.II.

620 *Haudek*, Die Bedeutung des Parteiwillens im IPR, S. 64; *Raape*, Deutsches internationales Privatrecht, S. 279; eingeschränkter: *Neuhaus*, Grundbegriffe, § 33 IV. 4.

621 *Pfister*, AWD 1973, S. 443.

622 nachträgliche und teilweise Rechtswahl waren beispielsweise auch in Italien kollisionsrechtlich bis zur Geltung des EVÜ nicht möglich, vgl. *Jayme*, IPRax 1982, 122.

623 s. Vierter Teil D.I.

624 *Münchner Kommentar-Martiny*, Art. 27 Rn. 37; *Reithmann-Martiny*, Internationales Vertragsrecht, Rn. 64; *Staudinger-Magnus*, Art. 27 Rn. 51

Rechtsgrundsätze[625] oder der lex mercatoria[626]. Darüber hinaus wird vertreten, daß heute nicht mehr geltendes Recht durch materiellrechtliche Verweisung gewählt werden kann.[627]

Alles in allem kann zur These der Auffangfunktion festgehalten werden, daß seit dem Zeitpunkt der dogmatischen Trennung von materiellrechtlicher und kollisionsrechtlicher Verweisung Kollisionsrechtler sich im Kontext mit dem internationalen Vertragsrecht[628] stets dann auf die materiellrechtliche Verweisung besonnen haben, wenn sie meinten an die Grenze der Parteiautonomie zu stoßen. Daher schrumpfte im Laufe dieses Jahrhunderts die Bedeutung der materiellrechtlichen Verweisung bei kollisionsrechtlichen Fragestellungen proportional zu der Ausdehnung des Parteiautonomieverständnisses (Stichwort: Teilrechtswahl, depeçage, etc.). Auf der anderen Seite kann beobachtet werden, daß dort, wo die Grenzen der Parteiautonomie nach wie vor unterschiedlich definiert werden, die Berufung auf eine rettende materiellrechtliche Verweisung zugenommen hat. Dies ist darauf zurückzuführen, daß zum einen durch die ständig wachsende Zahl internationaler Regelungswerke (z.B. Unidroit-Principles of international commercial contracts) die Angebotsseite an Regelungsgefügen vergrößert wurde, bei denen die kollisionsrechtliche Rechtswahl mehr oder weniger strittig ist. Zum anderen führt die wirtschaftliche Globalisierung auch zu einer gestärkten Nachfrageseite, da bei bestimmten internationalen Konstellationen (z.B. State Contracts) die Parteien sich immer häufiger auf internationale Regelungswerke oder auch auf amorphe anationale Rechtsgefüge (z.B. transnationales Recht, lex mercatoria) berufen.[629]

---

625 *Münchner Kommentar-Martiny*, Art. 27 Rn. 29; *Staudinger-Magnus*, Art. 27 Rn. 46.

626 *Münchner Kommentar-Martiny*, Art. 27 Rn. 36; *Soergel-von Hoffmann*, Art. 27 Rn. 16; *Staudinger-Magnus*, Art. 27 Rn. 49.

627 *Soergel-von Hoffmann*, Art. 27 Rn. 18; dagegen: *Staudinger-Magnus*, Art. 27 Rn. 40; inwieweit die materiellrechtliche Verweisung durch das EVÜ zu neuen Ehren gelangt ist oder nicht, wird hier zunächst außen vor gelassen; dazu s. Vierter Teil C.II.

628 Diese Auffangfunktion kann man auch außerhalb des internationalen Vertragsrechts beobachten, etwa im internationalen Gesellschaftsrecht; so hält etwa eine starke Auffassung bei Personengesellschaften eine kollisionsrechtliche Verweisung für möglich, hingegen bei Kapitalgesellschaften nur eine materiellrechtliche Verweisung, vgl. m.w.N. *Göthel,* RIW 1999, 567 f.

629 Die Gründe dafür liegen oftmals darin, daß sich die Parteien, die selbst in einem bestimmten Rechtskreis verwurzelt sind, lieber einem neutralem Normengefüge unterwerfen, als der Rechtsordnung, aus dem der Vertragspartner stammt. Es sei beispielsweise an das Projekt Ärmelkanaltunnel erinnert, wo die französischen und britischen Vertragsseiten die Unterwerfung des Vertrags unter allgemeine Rechtsprin-

2. *§ 1409 BGB*

§ 1409 BGB beschränkt die Ehevertragsfreiheit, da der Güterstand nicht durch Verweisung auf nicht mehr geltendes oder ausländisches Recht bestimmt werden kann. Dieses Verweisungsverbot hat formale Bedeutung und dient der Rechtsklarheit.[630] Unberührt bleibt also die Vereinbarung alten oder ausländischen Rechts durch ausführliche Wiedergabe seines Inhalts im Ehevertrag,[631] wohingegen eine kollisionsrechtliche Verweisung auf nicht mehr geltendes Güterstatut gemäß § 1409 BGB i.Vm. § 134 BGB nichtig wäre. Fraglich ist, ob durch § 1409 BGB auch die materiellrechtliche Verweisung verboten wird. Dies kann zunächst angezweifelt werden, da doch § 1409 BGB die Vereinbarung alten oder ausländischen Rechts durch ausführliche Wiedergabe nicht beschränkt und die materielle Verweisung als schlichtes Mittel zur Einsparung unnötiger Schreibarbeit angesehen werden kann. Betrachtet man jedoch den Normzweck des § 1409 BGB, so sieht man, daß bei der Einführung der Regelung die Zersplitterung des Güterrechts verhindert werden sollte.[632] Heute ist die Befürchtung von zentraler Bedeutung, daß ansonsten Verweise auf unzulängliche Rechtsquellen Unsicherheit für die Ehegatten und dritte Geschäftspartner mit sich brächten.[633] Hieraus ergibt sich, dass § 1409 BGB nicht nur die kollisionsrechtliche Verweisung verbietet, sondern ein generelles Verweisungsverbot enthält,[634] weil diese Probleme mit der Technik der Verweisung in Zusammenhang stehen. Es kommt somit bei § 1409 BGB nicht auf die Unterschiede zwischen kollisionsrechtlicher und materiellrechtlicher Verweisung an, vielmehr ist der Verweisungsvorgang als solcher durch § 1409 BGB verboten.[635]

---

zipien der Wahl nationalen Rechts den Vorzug gaben, vgl. *Channel Group Ltd. v Balfour Betty Construction Ltd.*, WLR 1993, 262, 271.

630 *Erman-Heckelmann*, § 1409 Rn. 1; *RGRK-Finke*, § 1409 Rn. 1; *Münchner Kommentar -Kanzleiter* § 1409, Rn. 1; *Staudinger-Thiele*; § 1409, Rn. 2.

631 Vgl. *Herb*, FamRZ 1988, 126; *Münchner Kommentar -Kanzleiter* § 1409, Rn. 1; *Soergel-Gaul*, § 1409, Rn. 2; *Staudinger-Thiele*; § 1409, Rn. 2; unklar: *Ludwig*, DNotZ, 1982, 653, 655;

632 *Erman-Heckelmann*, § 1409 Rn. 1; *Soergel-Gaul*, § 1409, Rn. 2; *Staudinger-Thiele*; § 1409, Rn. 1.

633 *Erman-Heckelmann*, § 1409 Rn. 1.

634 So auch *Soergel-Gaul*, § 1409, Rn. 2.

635 Dies gilt jedenfalls, soweit die Verweisung altes oder ausländisches Recht betrifft. Denn nach überwiegender Auffassung können die Parteien auf noch nicht geltendes Recht, das durch Verkündung bereits eindeutig festgelegt ist, verweisen (LG Dortmund NJW 1957, 1481; *Erman-Heckelmann*, § 1409 Rn. 2 m.w.N.). Vertreten wird, daß aus dem Rechtsgedanken des § 1409 BGB folgt, daß nach Art. 15 Abs. 2 EGBGB nur das zur Zeit der Rechtswahl geltende Recht gewählt werden darf, nicht aber altes Recht; vgl. *Soergel-Gaul*, § 1409, Rn. 6.

B. Rechtliche Einordnung des materiellrechtlichen Verweisungsvorgangs

Von Interesse ist der Rechtscharakter des Verweisungsvorgangs bei der materiellrechtlichen im Vergleich zur kollisionsrechtlichen Verweisung (I.) und die die Wirksamkeit der Verweisung regelnden Bestimmungen bei kollisionsrechtlicher und materiellrechtlicher Verweisung im Vergleich (II.).

I. Selbständiger Verweisungsvertrag oder unselbständige Einbeziehung

Bei einer kollisionsrechtlichen Verweisung bilden der auf der Ebene des Sachrechts angesiedelte Hauptvertrag und der kollisionsrechtliche Verweisungsvertrag zwei voneinander unabhängige Verträge.[636] Fraglich ist, wie die materiellrechtliche Verweisung einzuordnen ist, ob ebenfalls als selbständiger Vertrag oder als abhängiger Bestandteil des Hauptvertrages. Ein wenig Verwirrung wird durch die nicht ganz sachgerechte synonyme Verwendung der Begriffe der "materiellrechtlichen Verweisung" und der "Inkorporation" erreicht. Denn der Begriff der materiellrechtlichen Verweisung lehnt an den der kollisionsrechtlichen Verweisung an, und da man dort die Verweisung als eigenständigen Vertrag begreift, liegt es nahe, auch den Vorgang der materiellrechtlichen Verweisung als eigenständigen Vertrag zu qualifizieren. In Kontrast dazu erinnert der Begriff der Inkorporation an eine Einbeziehung in den Vertrag, wie man es etwa bei AGB kennt. Diese Einbeziehung wird gemeinhin aber nicht als selbständiger Vertrag beurteilt.

Hauptvertrag und Rechtswahlvereinbarung bei der kollisionsrechtlichen Verweisung sind Abreden, die unterschiedlichen Zwecken dienen und voneinander unabhängig sind. Ist beispielsweise der Hauptvertrag wegen Verstoßes gegen zwingendes Recht unwirksam, so bleibt der Verweisungsvertrag davon unberührt.[637] Hinsichtlich dieser Trennung besteht Einigkeit, anders hingegen in Bezug auf die Frage, ob sich diese Aufteilung aus Art. 31 Abs. 1 EGBGB (Art. 8 Abs. 1 EVÜ) unmittelbar ergibt.[638] Zwar ist in Art. 31 Abs. 1 EGBGB (Art. 8 Abs. 1 EVÜ) nicht von der Rechtswahlvereinbarung, sondern von dem Hauptvertrag die Rede, da jedoch Art. 27 Abs. 4 EGBGB (Art. 3 Abs. 4 EVÜ) bezüglich der Rechtswahlvereinbarung auf Art. 31 EGBGB (Art. 8 Abs. 1 EVÜ) verweist, ist es richtig, daß sich die Trennung von Verweisungs- und Hauptvertrag

636 *Graf von Bernstorff*, Rechtsprobleme im Auslandsgeschäft, S. 226; *Lorenz*, IPRax 1987, 273; *Schwung*, WM 1984, 1301.

637 *Soergel-von Hoffmann*, Art. 27 Rn. 96 m.w.N. zum alten Recht.

638 dafür: *Reithmann/Martiny-Martiny*, Internationales Vertragsrecht, Rn. 48; dagegen: *Soergel-von Hoffmann*, Art. 27 Fn. 185.

aus dem Gesetz ergibt. Dies gilt freilich zunächst nur für die kollisionsrechtliche Verweisung. Aber auch ein Argument aus dem Gesetz spricht für einen eigenständigen Vertrag bei der materiellrechtlichen Verweisung. Dieses Argument beruht jedoch auf zwei Prämissen: Die erste gedankliche Voraussetzung ist, den Art. 27 Abs. 3 EGBGB (Art. 3 Abs. 3 EVÜ) als eine durch Umsetzung des EVÜ normierte materiellrechtliche Verweisung zu deuten. Ob Art. 27 Abs. 3 EGBGB (Art. 3 Abs. 3 EVÜ) tatsächlich eine materiellrechtliche Verweisung oder eine beschränkt wirkende kollisionsrechtliche Verweisung normiert, ist umstritten.[639] Die zweite Prämisse ist, daß auch bei unter Art. 27 Abs. 3 EGBGB (Art. 3 Abs. 3 EVÜ) zu subsumierenden Sachverhalten die Art. 27 Abs. 4 EGBGB i.V.m. Art. 31 Abs. 1 EGBGB (Art. 3 Abs. 4 EVÜ i.V.m. Art. 8 Abs. 1 EVÜ) Anwendung finden.[640] Auf Basis dieser Prämissen kann nun wie folgt für einen eigenständigen Verweisungsvertrag bei der materiellrechtlichen Verweisung argumentiert werden: Da das Gesetz in Art. 27 Abs. 4 EGBGB i.V.m. Art. 31 Abs. 1 EGBGB (Art. 3 Abs. 4 EVÜ i.V.m. Art. 8 Abs. 1 EVÜ) von einem selbständigen Verweisungsvertrag ausgeht und da dies auch für Verweisungen nach Art. 27 Abs. 3 EGBGB (Art. 3 Abs. 3 EVÜ) gilt, so geht das Gesetz selbst bei einer materiellrechtlichen Verweisung von einem selbständigen Verweisungsvertrag aus. Damit besteht ein starkes Argument dafür, daß der materiellrechtliche Verweisungsvorgang ebenfalls als selbständiger Vertrag qualifiziert werden muß. Ohne an dieser Stelle die Prämissen zu überprüfen,[641] soll zunächst untersucht werden, ob sich auch Argumente finden lassen, den Verweisungsvorgang bei der materiellrechtlichen Verweisung als schlichte Einbeziehung ohne eigenständigen Vertragscharakter zu qualifizieren.

Blickt man in Kontrast zum Verweisungsvertrag bei der kollisionsrechtlichen Verweisung beispielsweise auf die Vorgehensweise bei der Einbeziehung von

---

639 Für eine kollisionsrechtliche Verweisung sind: *Abend*, Die lex valditatis, S. 287; *Ferid*, Internationales Privatrecht, S. 219; *Lorenz*, RIW 1987, 569, 575; *Schwarz*, Schutzkollisionen, S. 169 ff; *Palandt-Heldrich*, Art. 27 EGBGB Rn. 4; s.a. *Ebenroth/Fischer/Sorek*, ZVglRWiss 88 (1989), 126; OLG Frankfurt, NJW-RR 1989, 1019; für eine materiellrechtliche Verweisung sind: *Bauer*, Grenzen nachträglicher Rechtswahl, S. 41 f; *von Bar*, Internationales Privatrecht Bd. II, Rn. 418 f, *Gamillscheg*, ZfA 14 (1983), 327; *Firsching/von Hoffmann*, Internationales Privatrecht, S. 384; *Soergel-von Hoffmann*, Art. 27 Rn. 85; *Kropholler*, Internationales Privatrecht, S. 274; *Lüderitz*, Internationales Privatrecht, Rn. 273; *Staudinger-Magnus*, Art. 27 Rn. 115; *Mäsch*, Rechtswahlfreiheit und Verbraucherschutz, S. 76 ff; *Mincke*, IPRax 1985, 314; *Sandrock*, RIW 1986, 846; *H. Stoll*, IPRax 1984, 1; *Siehr*, FS Keller, S. 504; s. zu dem Streit Vierter Teil C.II.

640 ob das so ist, wird in Vierter Teil B.II.2.(a) beantwortet.

641 s. zur ersten Prämisse Vierter Teil C.II. und zur zweiten Prämisse Vierter Teil B.II.2.(a).

AGB in den Vertrag, so zeigt sich, daß nach überwiegender Auffassung die vertragsrechtliche Konzeption gilt, wonach die AGB Vertragsbestandteil sind.[642] Dies sagt aber noch nichts darüber aus, wie der *Vorgang* der Einbeziehung rechtlich zu qualifizieren ist. Nach allgemeiner Auffassung bildet die Einbeziehungsvereinbarung von AGB kein eigenständiges Rechtsgeschäft, das von dem Vertragsschluß des Hauptvertrages zu trennen wäre, sondern ist Teil des jeweiligen Vertrages, der sich aus dem individuell ausgehandelten Vertragskern und den global einbezogenen AGB zusammensetzt.[643] Daher kann der AGB-Verwender auch nicht durch die AGB die Voraussetzungen eines Vertragsschlusses anders regeln wollen, als es das BGB tut.[644] Dem liegt der Gedanke zugrunde, daß der Vertrag selbst Geltungsgrund der AGB ist.[645] Nur der Spielraum bezüglich des Zustandekommens, den das Gesetz demjenigen gibt, der ein Angebot macht, kann auch durch AGB ausgefüllt werden.[646] Auch wenn folglich die Einbeziehung der AGB kein Rechtsgeschäft ist, so wird dennoch vertreten, daß die Einbeziehung "wie die vertragliche Rechtswahl im IPR unter die Vertragskategorie" fallen soll.[647] Das ist allerdings widersprüchlich, da ein Vertrag stets ein Rechtsgeschäft ist. Gegen die sich daran aufdrängende Überlegung, es könnte sich bei Individual- und AGB-Vertrag um zwei Vertragswerke und nicht um ein einheitliches Schuldgeschäft handeln, hat sich *Eike Schmidt* mit guten Gründen gewendet.[648] Gegen einen "Einbezugsvertrag" in Hinsicht auf AGB spreche insbesondere, daß die "klassische Inhaltslegitimation durch Verfahren auf der Strecke bleibe, weil der einseitige Zugriff auf Geschäftskonditionierung kein Gebrauchmachen von privatautonomen Mitgestaltungsbefugnissen darstelle". Ob aus diesen Erwägungen heraus tatsächlich der Schluß gezogen werden kann, daß AGB keinen rechtsgeschäftlichen Charakter haben, kann hier unbeantwortet bleiben, da jedenfalls diese Argumente die Basis dafür bilden, daß zumindest der materiell rechtliche Verweisungsvorgang selbst unbedenklich als Vertrag zu qualifizieren ist. Denn entscheidend ist hier bereits, daß die Argumente, die gegen eine Qualifizierung der Einbeziehung von AGB als eigenständigen Vertrag sprechen, nicht auf die materiellrechtliche Verweisung übertragbar sind. In anderen Worten:

---

642 vgl. *Staudinger-Schlosser*, Einl zum AGBG Rn 31.

643 vgl. *Palandt-Heinrichs*, § 2 AGBG Rn. 1; *Staudinger-Schlosser*, § 2 AGBG Rn. 2, 39.

644 vgl. *Staudinger-Schlosser*, § 2 AGBG Rn. 39; allerdings dürfte es sich bei entsprechenden Regelungen dennoch um AGB handeln, weil auch typischerweise unwirksame Regelungen den AGB-Begriff erfüllen können.

645 vgl. KG NJW 1981, 2822; *Palandt-Heinrichs*, § 1 AGBG Rn. 3.

646 vgl. *Staudinger-Schlosser*, § 2 AGBG Rn. 41.

647 *Palandt-Heinrichs*, § 2 AGBG Rn. 2.

648 *Schmidt*, ZIP 1987, 1505 ff.

Materiellrechtliche Verweisung und AGB haben zwar gemein, daß in beiden Fällen außerhalb des Vertrages stehende Regelungswerke durch Bezugnahme in den Vertrag hineingenommen werden. In beiden Fällen geht es also, plakativ ausgedrückt, um eine Abkürzung der Schreibarbeit, sie unterscheidet aber das der Privatautonomie eigene Einflußnehmen der Parteien auf den Vertragsinhalt, denn bei der Einbeziehung von AGB geht es nur darum, ob ein standardisiertes Klauselwerk, von dem der Verwender sich rechtliche Vorteile verspricht, wirksam zum Vertragsbestandteil gemacht wird oder nicht. Eine materiellrechtliche Verweisung ist insoweit aber eher mit einer kollisionsrechtlichen Verweisung gleichzusetzen, weil in beiden Fällen die Parteien sich idealiter zusammen überlegen, welches Recht am besten zur Wahrung ihrer Interessen geeignet ist. Wesentlich ist, daß es bei dem Verweisungsvertrag einen Verhandlungsgegenstand gibt, der nicht auf das "ob" der Verweisung beschränkt ist, sondern der insbesondere auch zum Thema hat, auf was verwiesen werden soll. Das ist bei AGB gerade nicht so, denn bei der AGB-Einbeziehung geht es naturgemäß immer ausschließlich nur um das "ob" und niemals um den Einbeziehungsgegenstand, weil dieser in Form der standardisierten Klauseln ja unverrückbar vorliegt. Etwaige Abweichungen von dem Klauselwerk sind rangvorgehende Individualvereinbarungen (vgl. § 4 AGBG) und rechnen strukturell nicht mehr zu den einbezogenen AGB (deswegen hat § 4 AGBG auch lediglich klarstellende Funktion).[649]

Da bei einer materiellrechtlichen Verweisung eine Vielzahl von Normensammlungen wählbar sind und nicht wie bei AGB nur ein einziges Klauselwerk, ist auch die Gesamtsituation in Bezug auf den Verweisungsvorgang eher mit der einer kollisionsrechtlichen Rechtswahl vergleichbar. Aus den gleichen Überlegungen heraus ist es deshalb richtig, auch im Kontext mit der materiellrechtlichen Verweisung von einer Rechts*wahl* zu sprechen. Denn die Parteien haben die Möglichkeit, unter verschiedenen Rechten dasjenige zu wählen, das sie in ihren Vertrag einbeziehen wollen. Hieran zeigt sich also auch, daß der Begriff der Rechtswahl nicht auf das Internationale Privatrecht beschränkt ist.

Fazit ist demnach, daß die materiellrechtliche Verweisung wie die kollisionsrechtliche Verweisung durch einen rechtlich selbständigen Verweisungsvertrag erfolgt und nicht bloß durch eine reine Einbeziehung wie bei AGB. Da es keine hinreichenden Argumente dafür gibt, den materiellrechtlichen Verweisungsvorgang als schlichte Einbeziehung zu qualifizieren, kann dieses Ergebnis bereits unabhängig von den Fragen, ob in Art. 27 Abs. 3 EGBGB (Art. 3 Abs. 3 EVÜ) tatsächlich die materiellrechtlichen Verweisung normiert ist und ob Art. 27 Abs. 4 EGBGB i.V.m. Art. 31 Abs. 1 EGBGB (Art. 3 Abs. 4 EVÜ i.V.m. Art. 8 Abs. 1 EVÜ) wirklich auf unter Art. 27 Abs. 3 EGBGB (Art. 3 Abs. 3 EVÜ) fallende

649 statt aller *Ulmer/Brandner/Hensen-Ulmer*, § 4 Rn. 1.

Sachverhalte Anwendung findet, festgehalten werden. Diese zweite Frage ist im nun folgenden Kontext zu behandeln.

II. Wirksamkeitsvorausetzungen des Verweisungsvertrags

Aufbauend auf dem ersten gedanklichen Schritt, wonach die materiellrechtliche Rechtswahl durch einen Verweisungsvertrag, oder um den Begriff der Inkorporation mit zu verwenden, durch einen "Inkorporationsvertrag" erfolgt, stellt sich im Anschluß die Frage, welche Recht über die Wirksamkeit des Inkorporationsvertrags zu befinden haben, insbesondere in welchem Verhältnis das inkorporierte Recht und der Inkorporationsvertrag stehen.

1. Die Situation bei der kollisionsrechtlichen Verweisung

Wendet man seine Aufmerksamkeit zunächst der kollisionsrechtlichen Verweisung zu, zeigt sich, daß die Rechtswahl ihrerseits ein Vorgang ist, der anzuknüpfen ist, weil er rechtlich beurteilt werden muß. Das EVÜ verfährt so, daß es die Gültigkeitserfordernisse zu einem geringen Teil selbst regelt, zum größten Teil dem gewählten Recht überläßt, und in Ausnahmesituationen auf das Aufenthaltsrecht einer Partei oder eine andere Rechtsordnung rekurriert.[650]

(a) Maßgeblichkeit des EGBGB für den Verweisungsvertrag

Nach dem innerstaatlichen Internationalen Privatrecht werden zwei Faktoren beurteilt, und zwar die erforderliche Deutlichkeit der Rechtswahl und der Kreis der zur Parteidisposition stehenden Rechte. Die Frage der Deutlichkeit der Rechtswahlvereinbarung wird von Art. 27 Abs. 1 S. 2 EGBGB (Art. 3 Abs. 1 S. 2 EVÜ) selbst geregelt. Demgemäß kann der Verweisungsvertrag ausdrücklich oder stillschweigend getroffen werden, jedenfalls muß sich die Rechtswahl mit hinreichender Sicherheit aus den Bestimmungen des Vertrages oder aus den Umständen des Falls ergeben. Zur Deutlichkeit gehört auch die Beurteilung der Frage, auf welches Recht der Konsens der Parteien gerichtet ist. An diesen Vorgaben scheitern etwa unklare Rechtswahlklauseln,[651] beispielsweise wenn das Recht des Abschlußortes gewählt wurde, die Parteien den Vertrag aber in unterschiedlichen

650 *Schröder/Wenner*, Internationales Vertragsrecht, Rn.42.
651 *Baumert*, RIW 1997, 806 f.

Staaten geschlossen haben.[652] Selbst regelt das EGBGB schließlich, ob und welche Rechtsordnungen zur Disposition der Parteien stehen. Hierunter fallen etwa Fragen nach der Zulässigkeit der Wahl neutralen oder anationalen Rechts.

(b) Maßgeblichkeit des Vertragsstatuts für den Verweisungsvertrag

Das wichtigste Recht zur Beurteilung des Verweisungsvertrags bei der kollisionsrechtlichen Verweisung ist eindeutig das Vertragsstatut. Im einzelnen bestimmt Art. 27 Abs. 4 EGBGB (Art. 3 Abs. 4 EVÜ), daß auf das Zustandekommen und die Wirksamkeit der Einigung der Parteien über das anwendbare Recht die Artt. 11 (Form von Rechtsgeschäften)[653], 12 (Schutz des anderen Vertragsteils),[654] 29 Abs. 3 EGBGB (Form von Verbraucherverträgen)[655] und Art. 31 EGBGB (Einigung und materielle Wirksamkeit)[656] anzuwenden sind. Die Artt. 11, 12 und 29 Abs. 3 EGBGB[657] bieten, insofern sie nicht auf das Vertragsstatut verweisen, Sonderanknüpfungen auf Grund von Schutzerwägungen. So stellt beispielsweise Art. 11 EGBGB (Art. 9 EVÜ) für die Form des Verweisungsvertrags zwei Rechtsordnungen zur Verfügung, nämlich das Vertragsstatut und das Recht des Abschlußortes, um die Parteien bei internationalen Geschäften vor dem erhöhten Risiko der Formunwirksamkeit zu schützen. Dies sind jedoch Ausnahmen und der Grundsatz ist Art. 27 Abs. 4 EGBGB i.V.m. Art. 31 Abs. 1 EGBGB (Art. 3 Abs. 4 EVÜ i.V.m. Art. 8 Abs. 1 EVÜ) zu entnehmen, wonach das Zustandekommen und die Wirksamkeit des Verweisungsvertrags nach dem Vertragsstatut zu beurteilen sind. Diese Entscheidung des Gesetzgebers regelt einen der theoretisch umstrittensten Probleme der Parteiautonomie.[658] Die Anknüpfung an das Sachrecht hat zum einen den Vorteil, daß Hauptvertrag und Verweisungsvertrag an denselben rechtlichen Maßstäben zu messen sind, zum anderen wird dadurch der internationale Entscheidungseinklang gefördert. Denn würde jedes Gericht das Zustandekommen der Rechtswahl nach den Sachnormen des eigenen Rechts

---

652 vgl. OLG Frankfurt, NJW-RR 1989, 1018; a.A. *Schröder/Wenner*, Internationales Vertragsrecht, Rn. 43 ff, die darin einen Teilaspekt der Frage der wirksamen Einigung der Parteien nach Art. 27 Abs. 4 EGBGB sehen, der vom Kollisionsrecht geregelt werden soll; dem wird nicht gefolgt, weil Art. 27 Abs. 4 EGBGB den Grundsatz der akzessorischen Anknüpfung der Rechtswahlabrede gegenüber dem Hauptvertrag verfolgt, vgl. *Soergel-von Hoffmann*, Art. 27, Rn. 102.

653 Art. 9 EVÜ.

654 Art. 11 EVÜ.

655 Art. 5 Abs. 3 EVÜ.

656 Art. 8 Abs. 1 EVÜ.

657 Artt. 9, 11, 5 Abs. 3 EVÜ.

658 *Soergel-von Hoffmann*, Art. 27 Rn. 97.

beurteilen, so würden die Gerichte verschiedener Staaten zu unterschiedlichen Ergebnissen kommen.[659]

(c) Maßgeblichkeit anderer Rechtsordnungen für den Verweisungsvertrag

Insbesondere auf das Aufenthaltsrecht einer Partei wird ausnahmsweise zurückgegriffen. Zu nennen ist in diesem Zusammenhang die Regelung des Art. 27 Abs. 4 EGBGB i.V.m. Art. 31 Abs. 2 EGBGB (Art. 3 Abs. 4 EVÜ i.V.m. Art. 8 Abs. 1 EVÜ), wonach an den gewöhnlichen Aufenthaltsort in Bezug auf die fehlende Zustimmung einer Partei angeknüpft wird, wenn sich aus den Umständen ergibt, daß es nicht gerechtfertigt wäre, die Wirkung des Verhaltens nach der lex causae zu beurteilen. Diese Sonderanknüpfung bezüglich der Frage der Zustimmung betrifft ausschließlich Regeln mit verhaltenssteuernder Funktion im Vorfeld rechtsgeschäftlicher Bindungen.[660] Die Einzelfälle werden zum Teil kontrovers beurteilt.[661] Einigkeit besteht darin, daß Art. 31 Abs. 2 EGBGB (Art. 8 Abs. 2 EVÜ) bei der Bewertung des Schweigens Anwendung findet.[662] Uneinig ist man sich beispielsweise in der Beurteilung der Frage, ob die Durchsetzung von Willensmängeln ebenfalls gemäß Art. 31 Abs. 2 EGBGB (Art. 8 Abs. 2 EVÜ) nach Forumsrecht möglich ist.[663] Hervorzuheben ist, daß ein Heranziehen des Art. 31 Abs. 2 EGBGB (Art. 8 Abs. 2 EVÜ) voraussetzt, daß überhaupt ein Verweisungsvertrag gemäß Art. 27 Abs. 4 EGBGB i.V.m. Art. 31 Abs. 1 EGBGB (Art. 3 Abs. 4 EVÜ i.V.m. Art. 8 Abs. 1 EVÜ) vorliegt. Das Aufenthaltsrecht kann damit gegenüber dem Vertragsstatut eine den Verweisungsvertrag vernichtende Wirkung entwickeln, umgekehrt kann das Aufenthaltsrecht aber nicht einen nach Vertragsstatut unwirksamen Verweisungsvertrag heilen.[664] Teilweise wird vertreten, daß Art. 31 Abs. 2 EGBGB (Art. 8 Abs. 2 EVÜ) über seinen Wortlaut hinaus auch anwendbar sein soll, wenn es nicht um die Wirksamkeit der Zustimmung zur Rechtswahl, sondern um die Wirksamkeit der Rechtswahl generell geht. Dies wird zumindest im Kontext mit Verbraucherverträgen behauptet.[665] Hiergegen wird zu Recht vorgebracht, daß das Gesetz eindeutig zwischen der

---

659 *Soergel von Hoffmann*, Art. 27 Rn. 98.
660 *Staudinger-Hausmann*, Art. 31 Rn. 32.
661 Überblick m.w.N. bei *Staudinger-Hausmann*, Art. 31 Rn. 31 ff.
662 vgl. OLG Karlsruhe RIW 1994, 1046; *Staudinger-Hausmann*, Art. 31 Rn. 33.
663 dagegen: *Erman-Hohloch*, Art. 31, Rn. 15; *Soergel-von Hoffmann*, Art. 31 Rn. 32; *Staudinger-Hausmann*, Art. 31 Rn. 36; dafür: *Kegel*, Internationales Privatrecht, § 17 V 1 a; *Palandt-Heldrich*, Art. 31 Rn. 5.
664 *Soergel-von Hoffmann*, Art. 31 Rn. 26 f.
665 OLG Frankfurt NJW-RR 1989, 1018; LG Aachen NJW-RR 1991, 885.

Frage, ob einem Verhalten der Charakter einer Willenserklärung zukommt und der Frage nach der Wirksamkeit eines Vertrages unterscheidet.[666]

Ein weiterer Fall, in dem das Sachrecht des Aufenthaltsort einer Partei die Rechtswahlabrede beeinflußt, ist in Art. 27 Abs. 4 EGBGB i.V.m. Art. 29 Abs. 3 EGBGB (Art. 3 Abs. 4 EVÜ i.V.m. Art. 5 Abs. 3 EVÜ) geregelt. Demnach gelten für Rechtswahlvereinbarungen in Verbraucherverträgen, die Art. 29 EGBGB (Art. 5 EVÜ) unterliegen, ausschließlich die Formvorschriften des Aufenthaltsortes des Verbrauchers.[667] Da gemäß Art. 29 Abs. 3 S. 1 EGBGB (Art. 5 Abs. 3 S. 1 EVÜ) die Artt. 11 Abs. 1-3 EGBGB (Art. 9 Abs. 1-3 EVÜ) auf Verbraucherverträge nicht anzuwenden sind, ist das Vertragsstatut ebenso ausgeschlossen wie das Recht des Vornahmeortes bzw. das Recht, in dem sich bei Vertragsschluß durch Vertreter dieser befindet.[668]

Andere Rechtsordnungen als das Aufenthaltsrecht einer Partei können beispielsweise im Rahmen des Art. 27 Abs. 4 EGBGB i.V.m. Art. 11 EGBGB (Art. 3 Abs. 4 EVÜ i.V.m. Art. 9 EVÜ) Bedeutung bei der rechtlichen Bewertung des Verweisungsvertrags erlangen.

2. *Die Situation bei der materiellrechtlichen Verweisung*

Bei der materiellrechtlichen Verweisung ist zunächst einmal der durch zwingendes Recht bestimmte Rahmen der lex causae beachtlich, da dieser durch die materiellrechtliche Verweisung nicht tangiert wird. Fraglich ist, ob außer dem Vertragsstatut ein anderes Recht zur Beurteilung des Inkorporationsvertrags berufen ist.

Wie gerade gesehen regelt das EGBGB bzw. das EVÜ selbst zwei Tatbestandsvoraussetzungen einer kollisionsrechtlichen Rechtswahlvereinbarung und bestimmt in Ausnahmesituationen, daß das Aufenthaltsrecht einer Partei (oder eine andere Rechtsordnung) zur Beurteilung der Rechtswahlvereinbarung herangezogen wird. Sieht man, wie es überwiegend vertreten wird,[669] in Art. 27 Abs. 3

---

666 *Taupitz*, BB 1990, 643 f.

667 *Erman-Hohloch*, Art. 29 Rn. 21; *Lüderitz*, Internationales Privatrecht, Rn. 269; *Reithmann-Martiny*, Internationales Vertragsrecht, Rn. 748; *Soergel-von Hoffmann*; Art. 29 Rn. 40.

668 *Reithmann-Martiny*, Internationales Vertragsrecht, Rn. 748.

669 so etwa *Bauer*, Grenzen nachträglicher Rechtswahl, S. 41 f; *von Bar*, Internationales Privatrecht Bd. II, Rn. 418 f; *Gamillscheg*, ZfA 14 (1983), 327; *Firsching/von Hoffmann*, Internationales Privatrecht, S. 384; *Soergel-von Hoffmann*, Art. 27 Rn. 85; *Kropholler*, Internationales Privatrecht, S. 274; *Lüderitz*, Internationales Privatrecht, Rn. 273; *Staudinger-Magnus*, Art. 27 Rn. 115; *Mäsch*, Rechtswahlfreiheit und Verbraucherschutz, S. 76 ff; *Mincke*, IPRax 1985, 314; *Sandrock*, RIW 1986, 846.

EGBGB (Art. 3 Abs. 3 EVÜ) eine normierte materiellrechtliche Verweisung, so stellt sich die Frage, ob auch auf diesen zugrundeliegenden Verweisungsvorgang die Besonderheiten des EGBGB uneingeschränkt Anwendung finden.

(a) Binnensachverhalte nach Art. 27 Abs. 3 EGBGB

Zunächst ist zu bedenken, daß bei Binnensachverhalten gemäß Art. 27 Abs. 3 EGBGB (Art. 3 Abs. 3 EVÜ), also in Fällen, in denen der Sachverhalt nur mit einem einzigen Staat verbunden ist, das zwingende Recht dieses Staates nicht berührt wird. Vor diesem Hintergrund sind drei Deutungen dieser Regelung denkbar:

Nach der ersten denkbaren Variante bezieht sich diese Regelung nicht nur auf das gewählte Recht, sondern auch auf die den Verweisungsvorgang regelnden Normen. Dies hätte zur Folge, daß etwa die Deutlichkeit der Rechtswahl und die Beurteilung der wählbaren Rechte grundsätzlich den vom EGBGB aufgestellten Kriterien entsprechen müßten, allerdings gegebenenfalls modifiziert durch die zwingenden Normen des Vertragsstatuts, wenn beispielsweise dieses zwingende Vorschriften zur Deutlichkeit einer Einigung enthält.

Nach einer zweiten denkbaren Variante bezieht sich die Einschränkung des Art. 27 Abs. 3 EGBGB (Art. 3 Abs. 3 EVÜ) nur auf den Hauptvertrag, und der Verweisungsvorgang wird wie sonst auch beurteilt, also unter Berücksichtigung des EGBGB und der dort angeordneten Sonderanknüpfungen.

Eine dritte Möglichkeit wäre, den Verweisungsvorgang bei einem Binnensachverhalt gänzlich der Beurteilung nach dem EGBGB zu entziehen; dann unterstünde der Verweisungsvorgang genau wie das gewählte Recht vollständig der Beurteilung nach dem Vertragsstatut.

Eine Auseinandersetzung mit dieser Frage hat soweit ersichtlich noch nicht stattgefunden. Soweit Literaturstimmen aber betonen, daß bei Art. 27 Abs. 3 EGBGB (Art. 3 Abs. 3 EVÜ) die Rechtswahl keineswegs unbeachtlich sei, sondern in der Wirkung lediglich auf eine materiellrechtliche Verweisung reduziert sei,[670] wird faktisch die dritte vorgestellte Variante abgelehnt. Denn wenn die Rechtswahl zunächst einmal beachtlich ist, dann unterliegt sie auch den Bestimmungen des EGBGB, d.h. beispielsweise, daß sie gemäß Art. 27 Abs. 1 S. 2 EGBGB (Art. 3 Abs. 1 S. 2 EVÜ) ausdrücklich oder stillschweigend erfolgen kann.[671] Für diese Überlegung spricht auch bereits der Wortlaut des Art. 27 Abs. 3 EGBGB (Art. 3 Abs. 3 EVÜ), da auch dort von "Rechtswahl" die Rede ist.

670 *Kropholler*, Internationales Privatrecht, S. 274; *Reithmann-Martiny*, Internationales Vertragsrecht, Rn. 738; *Soergel-von Hoffmann*, Art. 27 Rn. 85.
671 so auch *Reithmann-Martiny*, Internationales Vertragsrecht, Rn. 738.

Zudem müßten schon besondere Argumente vorliegen, damit auf diese "Rechtswahl" nicht die sonst nach dem EGBGB auf die Rechtswahl anzuwendenden Regelungen Anwendung finden, ohne daß dies vom Gesetzgeber angeordnet wurde, und ohne daß es einen Hinweis auf eine gebotene Sonderbehandlung der Beurteilung einer Rechtswahl nach Art. 27 Abs. 3 EGBGB (Art. 3 Abs. 3 EVÜ) gibt.

Unbeantwortet ist noch die mit der ersten Denkvariante verknüpfte Frage, ob auf die Rechtswahlvereinbarung beim Binnensachverhalt das zwingende Recht des objektiv bestimmten Vertragsstatuts modifizierend wirkt. Art. 27 Abs. 4 EGBGB (Art. 3 Abs. 4 EVÜ), der die Koordinaten des Verweisungsvertrags festlegt, ist dazu nichts zu entnehmen. Da Art. 27 Abs. 3 EGBGB (Art. 3 Abs. 3 EVÜ) nur allgemein von "zwingenden Bestimmungen" spricht, ist auf den ersten Blick eine Ausnahme der modifizierenden Wirkung für den Rechtswahlvertrag abzulehnen. Diese Argumentation berücksichtigt aber nicht genügend das dem EGBGB zu Grunde liegende System in Bezug auf den Verweisungsvertrag. Die Regelungen, die ausdrücklich auf ihn Einfluß nehmen, also die in Art. 27 Abs. 4 EGBGB (Art. 3 Abs. 4 EVÜ) zitierten Normen, sind abschließend. Auch Ausnahmen mit Schutzcharakter sind darin enthalten, wie etwa der Verweis auf Art. 29 Abs. 3 EGBGB (Art. 5 Abs. 3 EVÜ) zeigt, wonach die Form von Verbraucherverträgen an den Aufenthaltsort des Verbrauchers angeknüpft wird. Da in Kontrast dazu nicht auch auf Art. 27 Abs. 3 EGBGB (Art. 3 Abs. 3 EVÜ) verwiesen wird, ist die Einschränkung des Art. 27 Abs. 3 EGBGB (Art. 3 Abs. 3 EVÜ) nicht in Bezug auf den Verweisungsvertrag bei reinen Inlandssachverhalten anwendbar.

Ergebnis ist demnach, daß der zweiten denkbaren Variante gefolgt wird, d.h. die Einschränkung des Art. 27 Abs. 3 EGBGB (Art. 3 Abs. 3 EVÜ) bezieht sich nur auf den Hauptvertrag und der Verweisungsvorgang wird bei Binnensachverhalten wie sonst auch beurteilt, also unter Berücksichtigung des EGBGB bzw. des EVÜ und der dort angeordneten Sonderanknüpfungen. Die zwingenden Regeln des maßgeblichen Rechts können zwar das gewählte Recht beeinflussen, nicht jedoch das für den Verweisungsvorgang entscheidende Regelungsgefüge, in Deutschland also das EGBGB.

(b) Andere Sachverhalte

Bezieht man in Art. 27 Abs. 3 EGBGB (Art. 3 Abs. 3 EVÜ) auf eine materiellrechtliche Verweisung, deren Wirksamkeit vom EGBGB selbst bzw. von anhand des EGBGB bestimmten Rechtsordnungen beurteilt wird,[672] so drängt sich auch die Frage auf, ob das EGBGB Einfluß auf den Inkorporationsvertrag nimmt, wenn eine materiellrechtliche Verweisung vorliegt, die außerhalb des Regelungsbereichs des Art. 27 Abs. 3 EGBGB (Art. 3 Abs. 3 EVÜ) liegt. Dies ist schließlich für die materiellrechtliche Verweisung keine ungewöhnliche Situation, da Art. 27 Abs. 3 EGBGB (Art. 3 Abs. 3 EVÜ) sich lediglich mit dem besonderen Fall des Inlandsachverhalts bei ursprünglich kollisionsrechtlich konzipierter Rechtswahl befaßt. In Bezug auf einen Beispielsfall lautet die aufgeworfene Frage also, ob der Inkorporationsvertrag nach dem EGBGB beurteilt werden muß, wenn die Fuji-Bank mit Sitz in Japan und die Daimler-Chrysler AG mit schwäbischem Sitz in einer Abrede, die deutschem Recht unterworfen wurde, für bestimmte Fragen New Yorker Recht inkorporieren wollen. Der kollisionsrechtliche Verweisungsvertrag, der zur Anwendung deutschen Rechts führt, wird zweifelsohne vor einem deutschen Forum nach den Vorgaben des EGBGB bewertet.

Was ist aber mit dem materiellrechtlichen Verweisungsvertrag, der das New Yorker Recht in die Abrede inkorporiert, unterliegt dieser auch den Vorschriften des EGBGB? Oder was ist bei einem Binnensachverhalt, in dem die Parteien gar keine kollisionsrechtliche Rechtswahl, sondern nur eine materiellrechtliche wollen, wenn also beispielsweise Herr Nansen aus dem norddeutschen Bleekenwarf und Herr Schmidt aus dem ostdeutschen Rottluff einen Vertrag schließen und darin Schweizer Recht einbeziehen. Ob solche regulären materiellrechtlichen Verweisungen, die nicht bloß eine mißlungene, weil unstatthafte, kollisionsrechtliche Verweisung darstellen, auch dem Anwendungsbereich des EGBGB unterfallen, ist abhängig von der Frage, ob die Inkorporation des ausländischen Rechts einen Vorgang darstellt, der von international-privatrechtlichem Belang ist. Die damit einhergehende Frage nach der Bedeutung des Internationalen Privatrechts ist ausufernd und die Legaldefinition in Art. 3 Abs. 1 EGBGB ist bei der Beantwortung nach einhelliger Auffassung kaum hilfreich.[673] Für das untersuchte konkrete Problem genügt es aber sich daran zu besinnen, daß es jedenfalls unstreitig Aufgabe des im EGBGB geregelten IPR ist, bei Sachverhalten mit Auslandsbezug auf eine der berührten Rechtsordnungen zu verweisen. Das IPR umgrenzt

---

672 *Bauer*, Grenzen nachträglicher Rechtswahl, S. 41 f; *von Bar*, Internationales Privatrecht Bd. II, Rn. 418 f, *Gamillscheg*, ZfA 14 (1983), 327; *Firsching/von Hoffmann*, Internationales Privatrecht, S. 384; *Soergel-von Hoffmann*, Art. 27 Rn. 85; *Kropholler*, Internationales Privatrecht, S. 274; *Lüderitz*, Internationales Privatrecht, Rn. 273; *Staudinger-Magnus*, Art. 27 Rn. 115; *Mäsch*, Rechtswahlfreiheit und Verbraucherschutz, S. 76 ff; *Mincke*, IPRax 1985, 314; *Sandrock*, RIW 1986, 846; *H. Stoll*, IPRax 1984, 1; *Siehr*, FS Keller, S. 504.

673 vgl. nur jeweils m.w.N. *Münchner Kommentar-Sonnenberger*, Art. 3 Rn. 2 ff; *Soergel-Kegel*, Vor Art. 3 Rn. 1.

damit den Anwendungsbereich der einzelnen Rechtsordnungen,[674] führt also zu dem normativen Rahmen für die Vereinbarungen hin. Wenn nun die Parteien lediglich ein ausländisches Recht ganz oder teilweise durch eine Verweisung in ihren Vertrag inkorporieren, ist eine Umgrenzung des Anwendungsbereich durch das IPR aber nicht mehr erforderlich. Denn wenn die Parteien die materiellrechtliche Verweisung als Substitut für die Ausformulierung identischer Vertragsklauseln heranziehen, dann besteht von Anfang an die Gewißheit, daß die Wirksamkeit der Vertragsklauseln, egal ob von den Parteien ersonnen oder durch materiellrechtliche Verweisung in den Vertrag gebracht, auf Grundlage des maßgeblichen Rechts zu beurteilen ist.

Das IPR ist also dann naturgemäß nicht anwendbar, wenn der zwingende regulatorische Rahmen einer Vereinbarung von den Parteien gar nicht abgewählt werden soll. Als Ergebnis ist daher festzuhalten, daß grundsätzlich das EGBGB für die Beurteilung des Inkorporationsvertrags ohne Belang ist. Das Vertragsstatut ist daher nicht nur allein zur Beurteilung des durch materiellrechtliche Verweisung inkorporierten Rechts berufen, sondern entscheidet im Grundsatz auch ausschließlich über die Gültigkeit des Inkorporationsvertrags.

Innerhalb des vom Vertragsstatuts gesteckten Rahmens ist es aber durchaus möglich, daß das inkorporierte Recht in Parallele zur kollisionsrechtlichen Verweisung auch den Inkorporationsvertrag regelt. Bei der kollisionsrechtlichen Verweisung ist dies in Bezug auf Zustandekommen und Wirksamkeitsvoraussetzungen der Fall, weil das Gesetz dies in Art. 27 Abs. 4 EGBGB (Art. 3 Abs. 4 EVÜ) ausdrücklich bestimmt. Da es keine entsprechende Anweisung des Gesetzgebers für die materiellrechtliche Verweisung gibt, muß für solch eine Wirkung eine entsprechende Parteivereinbarung an diese Stelle treten, die bestimmt, daß auch der Verweisungsvertrag (im Rahmen des ius cogens des maßgeblichen Rechts) in Hinsicht auf Zustandekommen und Wirksamkeitsvoraussetzungen von dem inkorporierten Recht geregelt werden soll. Die Möglichkeit für solch eine Parteiabsprache ist die Konsequenz aus der Feststellung, daß auch der materiellrechtliche Verweisungsvertrag eigenständige Vertragsqualität hat.[675]

Festzuhalten bleibt, daß der materiellrechtliche Verweisungsvertrag vom Vertragsstatut komplett geregelt wird und prinzipiell auch nicht hinsichtlich Wirksamkeitsvoraussetzungen und Zustandekommen von dem inkorporierten Recht beeinflußt wird. Auch das EGBGB bzw. das EVÜ spielt bei der Beurteilung des Verweisungsvertrags bei der materiellrechtlichen Verweisung keine Rolle. Es steht den Parteien allerdings anheim, eine Regelung zu treffen, wonach das inkorporierte Recht im Rahmen der unnachgiebigen Normen des Vertrags-

674 *Kropholler*, Internationales Privatrecht, S. 1.
675 vgl. Vierter Teil B.I.

statuts über Zustandekommen und Wirksamkeitsvoraussetzungen des materiellrechtlichen Verweisungsvertrags befindet. Eine weitere Ausnahme besteht im Zusammenhang mit der Rechtswahl bei Binnensachverhalten nach Art. 27 Abs. 3 EGBGB (Art. 3 Abs. 3 EVÜ), wenn man in diesem Vorgang eine materiellrechtliche Verweisung und keine beschränkt kollisionsrechtliche Verweisung erblickt. Ob dies so ist oder nicht, wird im Rahmen des folgenden Abschnitts untersucht.

C. Materiellrechtliche Verweisung und das EVÜ

Das Ausmaß der Parteiautonomie wird durch das EVÜ (bzw. durch das EGBGB) bestimmt, so daß die Frage naheliegt, in welchem Verhältnis EVÜ und materiellrechtliche Verweisung zueinander stehen. Die Frage ist in zweierlei Hinsicht zu konkretisieren: Einerseits ist es fraglich, ob das EVÜ Einfluß nimmt auf die Zulässigkeit der materiellrechtlichen Verweisung (I.) und andererseits ist zu untersuchen, ob das EVÜ in bestimmten Situationen selbst die Anwendung der materiellrechtlichen Verweisung verlangt, insbesondere ob Art. 27 Abs. 3 EGBGB (Art. 3 Abs. 3 EVÜ) eine normierte materiellrechtliche Verweisung darstellt (II.).

I. Materiellrechtliche Verweisung neben dem EVÜ

H. Ost hat die Frage aufgeworfen, ob die Rechtsfigur der Inkorporation durch das EVÜ verdrängt wurde.[676] Dahinter steht seine zweistufige Überlegung, deren erste Stufe ist, daß eine partielle Rechtswahl entgegen der großzügigen Formulierung des Art. 3 Abs. 1 S. 3 EVÜ (Art. 27 Abs. 1 S. 3 EGBGB) nach dem *Giuliano/Lagarde*-Bericht tendenziell selten zulässig ist. Daran ansetzend könnte sich laut *Ost* auch eine Einschränkung der Zulässigkeit einer materiellrechtlichen Verweisung ergeben, da sowohl bei der Inkorporation als auch bei der gewillkürten depeçage Situationen möglich seien, in denen das anwendbare Recht mit dem auf Grund der Inkorporation bzw. der Teilrechtswahl geltenden Recht nicht sachgerecht verbinden ließen. *Ost* zeigt aber selbst schließlich zu Recht auf, daß es sich hier nur um ein Scheinproblem handelt. Denn bei der Teilrechtsverweisung treffen mindestens zwei Vertragsstatute aufeinander, wohingegen bei der materiellrechtlichen Verweisung das inkorporierte Recht sich stets dem Vertragsstatut unterzuordnen hat. Eine Äußerung zur ersten Überlegungsstufe erübrigt sich daher, da aus dem genannten Grund kein Rückschluß von der Zulässigkeits-

676 *Ost*, EVÜ und fact doctrine, S. 103 ff.

grenze bei der partiellen Rechtswahl zu einer etwaigen Zulässigkeitsgrenze der materiellrechtlichen Verweisung möglich ist.

Auch im übrigen besteht kein Anlaß, durch die Einführung des EVÜ auf eine Beschränkung der materiellrechtlichen Verweisung zu schließen. *Dicey & Morris* gehen davon aus, daß die Rechtsfigur der Inkorporation vom EVÜ nicht verdrängt wurde und stützen sich dafür auf den *Giuliano/Lagarde*-Bericht, wonach "in einem Vertrag enthaltene Hinweise auf bestimmte Artikel des französischen Code Civil den Richter in die Lage versetzen könnten, zweifelsfrei festzustellen, daß die Parteien bewußt das französische Recht gewählt haben."[677] Aus dem Zusammenhang dieser Kommentierung zu Art. 3 Abs. 1 S. 3 2. Halbsatz EVÜ ergebe sich, daß es sich dabei nicht um die einzig mögliche Auslegung solcher Hinweise handele. Diese Argumentation ist überzeugend, da gerade bei dem Bezug auf einzelne Vorschriften eines fremden Rechts eine materiellrechtliche Verweisung naheliegt,[678] weil gerade wenn die Parteien auf einzelne Regelungen verweisen, es ihnen regelmäßig speziell auf deren Inhalt ankommt und nicht auf das Regelungsgefüge, dem sie entstammen.[679] Die Auffassung, daß Art. 3 Abs. 1 S. 3 2. Halbsatz EVÜ (Art. 27 Abs. 1 S. 3 2. Halbsatz EGBGB) auch die materiellrechtliche Verweisung nicht ausschließt, teilt auch die deutsche Literatur.[680]

Festzuhalten bleibt, daß das EVÜ die Zulässigkeit einer materiellrechtlichen Verweisung nicht beeinflußt.

II. Materiellrechtliche Verweisung im EVÜ

Fraglich ist, ob das EVÜ bei bestimmten Regelungen selbst mit der Rechtsfigur der materiellrechtlichen Verweisung arbeitet. In Deutschland wird dies besonders im Kontext mit Art. 27 Abs. 3 EGBGB (Art. 3 Abs. 3 EVÜ) diskutiert.

1. Ausgangspositionen des Streitstands

Art. 27 Abs. 3 EGBGB (Art. 3 Abs. 3 EVÜ) enthält eine Beschränkung der Rechtswahl, falls außer der Rechtswahlklausel keine Auslandsbeziehung besteht. Bei derartigen Binnensachverhalten kann die Vereinbarung einer fremden Rechtsordnung die zwingenden Bestimmungen des Staates, mit dem der Sachverhalt im übrigen ausschließlich verbunden ist, nicht berühren. Da es somit Cha-

---

677 *Dicey & Morris*, The Conflict of Laws Vol. 2, S. 1222.
678 vgl. *Ost*, EVÜ und fact doctrine, S. 104.
679 s. Vierter Teil D.IV.
680 *Münchner Kommentar-Martiny*, Art. 27 Rn. 55; *Soergel-von Hoffmann*, Art. 27 Rn. 53; *Staudinger-Magnus*, Art. 27 Rn. 109.

rakteristikum des Art. 27 Abs. 3 EGBGB (Art. 3 Abs. 3 EVÜ) ist, daß sich die Rechtswahl nicht gegen zwingendes Recht durchzusetzen vermag, und da dies zugleich das Markenzeichen einer materiellrechtlichen Verweisung darstellt, liegt die Schlußfolgerung nahe, daß es sich bei der Rechtswahl nach Art. 27 Abs. 3 EGBGB (Art. 3 Abs. 3 EVÜ) nicht um eine kollisionsrechtliche, sondern um eine materiellrechtliche Verweisung handelt. Diese Auffassung vertreten *Bauer*,[681] *von Bar*,[682] *Gamillscheg*,[683] *von Hoffmann*,[684] *Kropholler*,[685] *Lüderitz*,[686] *Magnus*,[687] *Mäsch*,[688] *Mincke*,[689] *Sandrock*,[690] *H. Stoll*[691] und *Siehr*[692]. Diese Auffassung steht mit ihrem Verständnis des Art. 27 Abs. 3 EGBGB (Art. 3 Abs. 3 EVÜ) im Einklang mit der traditionellen kollisionsrechtlichen Lehre, wonach die Parteien nur dann die Macht haben, das anwendbare Recht zu wählen, wenn eine Auslandsberührung vorliegt.[693] Aus diesem Blickwinkel bietet Art. 27 Abs. 3 EGBGB (Art. 3 Abs. 3 EVÜ) nun sogar eine Definition der materiellrechtlichen Verweisung.

Nach anderer, beispielsweise von *Abend*,[694] *Ferid*,[695] *Lorenz*[696], *Schwarz*[697] und wohl auch von *Heldrich*[698] vertretenen Auffassung, ist auch die Rechtswahl bei Binnensachverhalten nach Art. 27 Abs. 3 EGBGB (Art. 3 Abs. 3 EVÜ) eine kollisionsrechtliche, wenn auch in der Wirkung auf nachgiebiges Recht beschränkt.[699] Ähnlich kann auch die Aussage des OLG Frankfurt eingeordnet werden, wonach es sich bei Art. 27 Abs. 3 EGBGB (Art. 3 Abs. 3 EVÜ) um eine "die Rechtswahl korrigierende Sonderanknüpfung für zwingendes nationales

---

681 *Bauer*, Grenzen nachträglicher Rechtswahl, S. 41 f.
682 *von Bar*, Internationales Privatrecht Bd. II, Rn. 418 f.
683 *Gamillscheg*, ZfA 14 (1983), 327.
684 *Firsching/von Hoffmann*, Internationales Privatrecht, S. 384; *Soergel-von Hoffmann*, Art. 27 Rn. 85.
685 *Kropholler*, Internationales Privatrecht, S. 274.
686 *Lüderitz*, Internationales Privatrecht, Rn. 273.
687 *Staudinger-Magnus*, Art. 27 Rn. 115.
688 *Mäsch*, Rechtswahlfreiheit und Verbraucherschutz, S. 76 ff.
689 *Mincke*, IPRax 1985, 314.
690 *Sandrock*, RIW 1986, 846.
691 *H. Stoll*, IPRax 1984, 1.
692 *Siehr*, FS Keller, S. 504.
693 m.w.N. zur älteren Literatur *Sandrock*, RIW 1986, 846.
694 *Abend*, Die lex valditatis, S. 287.
695 *Ferid*, Internationales Privatrecht, S. 219.
696 *Lorenz*, RIW 1987, 569, 575
697 *Schwarz*, Schutzkollisionen, S. 169 ff.
698 *Palandt-Heldrich*, Art. 27 EGBGB Rn. 4.
699 s.a. *Ebenroth/Fischer/Sorek*, ZVglRWiss 88 (1989), 126.

Recht" handelt.[700] In diesem Zusammenhang wird ins Feld geführt, es sei dem neuen EGBGB bzw. dem EVÜ der Grundsatz zu entnehmen, daß der Abschluß von kollisionsrechtlichen Verweisungsverträgen für alle Arten von Schuldverträgen zugelassen und auch bei reinen Inlandsverträgen möglich ist. Durch Art. 27 Abs. 3 EGBGB (Art. 3 Abs. 3 EVÜ) werde die kollisionsrechtliche Verweisung nicht ausgeschlossen, sondern nur insofern beschränkt, als durch eine solche Verweisung das zwingende Recht des Staates nicht ausgeschlossen werden könne, der die ausschließliche Verbindung zum Sachverhalt hat.

Ähnlich dazu, jedoch nuancierter, ist die von *Martiny* vertretene Auffassung, wonach die eingeschränkte Wirkung einer solchen Verweisung zwar im Grundsatz dazu führe, daß ihr nicht mehr die Bedeutung einer kollisionsrechtlichen, sondern lediglich einer materiellrechtlichen Verweisung zuzubilligen sei; soweit aber keine zwingenden Bestimmungen entgegenstünden, soll es sich jedoch um eine gewöhnliche, kollisionsrechtliche Rechtswahl handeln.[701]

2. Relevanz der Auseinandersetzung

(a) Rechtswahl in AGB

(aa) § 12 AGBG[702]

Egon Lorenz meinte, daß je nach Verständnis des Art. 27 Abs. 3 EGBGB (Art. 3 Abs. 3 EVÜ) unterschiedliche Konsequenzen bei der Anwendung des § 12 AGBG auftreten.[703] Werde für einen rein deutschen Inlandsvertrag auf ein fremdes Recht verwiesen, dann handele es sich nur bei einer kollisionsrechtlichen Verweisung um "ausländisches" Recht im Sinne der Vorschrift, bei einer materiellrechtlichen Verweisung hingegen sei § 12 AGBG nicht anwendbar.[704] Gegen diese Argumentation hat *Schurig* zu Recht vorgebracht, daß das AGBG ohnehin

---

700 OLG Frankfurt, NJW-RR 1989, 1019; im übrigen ist die deutsche Rechtsprechung zu Art. 27 Abs. 3 EGBGB in dieser Frage nicht besonders hilfreich, weil in den zu beurteilenden Fällen zumeist die Anwendung des Art. 27 Abs. 3 EGBGB wegen hinreichenden ausländischen Bezug verneint wurde, vgl. IPRspr. 89, Nr. 39 und Nr. 43; RIW 1990, 1020; IPrax 1993, 174; BGHZ, 123, 384.

701 *Münchner Kommentar-Martiny*, Art. 27 Rn. 79; weniger deutlich in: *Reithmann/Martiny-Martiny*, Internationales Vertragsrecht, Rn. 96.

702 Durch Art. 2 Gesetz über Fernabsatzverträge und andere Fragen des Verbraucherrechts sowie zur Umstellung von Vorschriften auf Euro vom 27. 6. 2000 (BGBl. I S. 897) trat § 12 AGBGaußer Kraft und Art. 29 a EGBGB wurde eingeführt; *Staudinger*, IPRax 1999, 414; *Wagner*, IPRax 2000, 249.

703 *Lorenz*, RIW 1987, 569; ihm folgend: *Junker*, IPRax 1989, 70.

704 *Junker*, IPRax 1989, 70.

zu den in Art. 27 Abs. 3 S. 3 EGBGB vorbehaltenen "zwingenden Bestimmungen" gehört, so daß es für seine Anwendung der Voraussetzungen des § 12 AGBG in solchen Fällen nicht bedarf.[705] Denn handelt es sich um eine sachrechtliche Rechtswahl, betrifft sie ohnehin nur dispositives Recht und nicht die (zwingenden) Vorschriften des AGBG; handelt es sich um eine kollisionsrechtliche Rechtswahl, so sind die letzteren über Art. 27 Abs. 3 EGBGB (Art. 3 Abs. 3 EVÜ) ebenfalls anwendbar als insoweit geltendes zwingendes deutsches Recht.[706] Gleich nach welcher Ansicht ist das AGBG jedoch unterschiedslos anwendbar, so daß insoweit der Meinungsstreit also keine Auswirkung hat.

(bb) Einbeziehungskontrolle

Nach *Mäsch* sollen trotz der unterschiedslosen Anwendbarkeit des AGBGB jedoch seine Auswirkungen bei der Anwendung des AGBG je nach Einschätzung des Charakters der Rechtswahl unterschiedlich sein.[707] Da eine materiellrechtliche Verweisung das fremde Recht nicht als solches, sondern als chiffrierten Teil der Parteivereinbarung zur Geltung bringe, komme die Einbeziehungskontrolle nach § 2 Abs. 1 Nr. 2 AGBG ins Spiel. Diese Vorschrift bestimmt, daß AGB nur Vertragsbestandteil werden, wenn der AGB-Verwender dem (nichtkaufmännischen) Vertragspartner bei Vertragsschluß die Kenntnisnahmemöglichkeit von deren Inhalt verschafft. Bei einer materiellrechtlichen Verweisung gelte dies dann auch für das inkorporierte Recht, so daß im Regelfall der Verwender seinem Vertragspartner auch einen Text des in Bezug genommenen Regelwerkes zur Verfügung stellen müsse. Dabei müsse auch die im Einzelfall zulässige Sprache Berücksichtigung finden.[708] Bei einer kollisionsrechtlichen Verweisung hingegen gelte dies nicht, weil hier nur die Rechtswahl selbst der Inhaltskontrolle unterliege. Eine Kenntnisnahmemöglichkeit des Kunden von dem Inhalt des Vertragsstatuts sei demzufolge nicht nötig.

Diese Feststellung ist im Grundsatz richtig,[709] denn hier realisiert sich der Unterschied zwischen kollisionsrechtlicher und materiellrechtlicher Verweisung insofern, daß bei der kollisionsrechtlichen Verweisung die Einbeziehungskontrolle generell nach dem in der Rechtswahlklausel angegebenen Recht vorzuneh-

705 *Schurig*, RabelsZ 54 (1990), 222.
706 *Schurig*, RabelsZ 54 (1990), 222 f, Fn. 13.
707 *Mäsch*, Rechtswahlfreiheit und Verbraucherschutz, S. 81 ff.
708 das muß nicht immer die Vertragssprache sein, vgl. *Staudinger-Schlosser*, § 2 AGBG Rn. 28 a.
709 vgl, zur Weiterverweisung auf andere Klauselwerke in AGB allgemein *Ulmer/Brandner/Hensen-Ulmer*, § 2 Rn. 52 a.

men ist (Artt. 27 Abs. 4, 31 Abs.1 EGBGB),[710] wohingegen bei einer materiellrechtlichen Verweisung das maßgebliche Vertragsstatut nicht tangiert wird. Damit verbleibt es bei einer materiellrechtlichen Verweisung auf ein Drittrecht bei einem nach deutschem Recht zu beurteilenden Vertrag im Hinblick auf AGB bei der Einbeziehungskontrolle nach § 2 Abs. 1 Nr. 2 AGBG. Fraglich ist aber die tatsächliche Relevanz dieses Unterschieds in zweierlei Hinsicht. Zum einen ist zu beachten, daß auch bei einer kollisionsrechtlichen Verweisung sich die Einbeziehungskontrolle nach §§ 2 ff. AGBG richtet, wenn die Voraussetzungen des § 12 AGBG erfüllt sind (in der Regel also bei Verbraucherverträgen).[711]

Zum anderen ist im Hinblick auf Art. 31 Abs.2 EGBGB zu bedenken, daß diese Norm eine Sonderanknüpfung an das Aufenthaltsrecht für die spezielle Frage bewirkt, ob eine Zustimmung zu dem Vertrag vorliegt, so daß auch hier – wie bei § 12 AGBG – die Vermutung naheliegt, daß der Unterschied faktisch bedeutungslos wird, denn die Vertreter des materiellrechtlichen Ansatzes müssen die Wirksamkeit des inkorporierten Rechts ohnehin von der Kenntnisnahmemöglichkeit gemäß § 2 Abs. 1 Nr. 2 AGBG abhängig machen, und für die Vertreter einer im Kern kollisionsrechtlichen Rechtswahl könnte dasselbe bei den hier interessierenden Binnensachverhalten gemäß Art. 31 Abs. 2 EGBGB i.V.m. § 2 Abs. 1 Nr. 2 AGBG gelten. Art. 31 Abs. 2 EGBGB setzt zwar keine Inlandssachverhalte voraus, aber gerade bei solchen – so könnte man meinen – liegt es nahe, daß die Voraussetzung des Art. 31 Abs. 2 EGBGB, wonach sich aus den Umständen ergeben muß, daß die Wirkung des Verhaltens einer Partei nach dem Recht ihres gewöhnlichen Aufenthalts bestimmt wird, erfüllt sind. Dies setzt allerdings voraus, daß – wovon einige Urteile auch auszugehen scheinen[712] – Art. 31 Abs. 2 EGBGB einen solchen Schutz vermittelt. Dies ist aber fraglich, da nach Art. 27 Abs. 4 EGBGB im Grundsatz für die Frage des Zustandekommens und der Wirksamkeit der Einigung über das anzuwendende Recht durch Verweisung unter anderem auf Art. 31 EGBGB letztlich die lex causae berufen wird und nicht das Forumsrecht. Die Ausnahme des Art. 31 Abs. 2 EGBGB bezieht sich anders als Art. 31 Abs. 1 EGBGB nach eindeutigem Wortlaut lediglich auf das *Zustandekommen* der Einigung, nicht jedoch auf die *Wirksamkeit* der Einigung.[713] Damit ist eine Einbeziehungskontrolle von AGB aber nur eingeschränkt

710 *Junker*, RIW 1999, 817.

711 *Junker*, RIW 1999, 817.

712 vgl. etwa zu Art. 31 Abs. 2 i.V.m. § 3 AGBG OLG Frankfurt am Main NJW-RR 1989, 1018; LG Aachen NJW-RR 1991, 885 f; LG Hamburg NJW-RR 1990, 695 f.

713 BGH NJW 1997, 1700; *Erman/Hohloch*, Art. 31 Rn. 13; *Münchner Kommentar-Martiny*, Art. 31 Rn. 13; *Soergel/von Hoffmann*, Art. 31 Rn. 30 f; *Staudinger-Hausmann*, Art. 31 Rn.11; a.A. *Palandt-Heldrich*, Art. 31 Rn. 5; OLG Frankfurt am Main NJW-RR 1989, 1018; LG Aachen NJW-RR 1991, 885 f.

möglich.[714] Die Partei kann sich nämlich nur darauf berufen, sie habe dem Vertrag oder der Vertragsklausel nicht zugestimmt, weil sich aus den Umständen des Einzelfalls ergebe, daß die Wirkung ihres Verhaltens nicht als Einigung zum Vertragsschluß angesehen werden könne.[715]

Dies bedeutet für § 2 Abs. 1 Nr. 2 AGBG, daß in der Tat die unterschiedlichen Auffassungen zur Wirkungsweise des Art. 27 Abs. 3 EGBGB (Art. 3 Abs. 3 EVÜ) zu verschiedenen Anforderungen zur Kenntnisnahmemöglichkeit des in AGB bestimmten anwendbaren Rechts führen. Nur insoweit mit der Kenntnisnahmemöglichkeit des gewählten Rechts die Frage der Einigung zum Vertragsschluß verquickt ist,[716] ergeben die verschiedenen Anschauungen wegen Art. 31 Abs. 2 EGBGB (wenn auch dessen übrigen Voraussetzungen erfüllt sind) unterschiedslose Resultate. Gleiches gilt bei Anwendungsfällen des § 12 AGBG. Von diesen Sonderfällen abgesehen, kommt es zu unterschiedlichen Ergebnissen. So müssen die Vertreter eines materiellrechtlich wirkenden Art. 27 Abs. 3 EGBG in Anwendung des § 2 Abs. 1 Nr. 2 AGBG zu dem Ergebnis kommen, daß der AGB-Verwender seinem Vertragspartner einen Text des in Bezug genommenen Regelwerkes zur Verfügung stellen muß.[717] Vertreter einer kollisionsrechtlichen Verweisung im Art. 27 Abs. 3 EGBG hingegen kommen nicht in den Anwendungsbereich des § 2 Abs. 1 Nr. 2 AGBG, weil hier nur die Rechtswahl selbst der Inhaltskontrolle unterliegt, nicht aber der Inhalt des gewählten Rechts.[718] *Martinys* Auffassung, wonach die eingeschränkte Wirkung einer solchen Verweisung zwar im Grundsatz dazu führt, daß ihr nicht mehr die Bedeutung einer kollisionsrechtlichen, sondern lediglich einer materiellrechtlichen Verweisung zuzubilligen ist, soweit aber keine zwingenden Bestimmungen entgegenstünden, es sich

714 *Baumert*, RIW 1997, 807.

715 *Baumert*, RIW 1997, 807.

716 dies ist etwa vorstellbar, wenn das durch AGB kollisionsrechtlich gewählte fremde Recht bestimmte, dem deutschen Recht unbekannte Regelungen zum Schweigen als Annahmeerklärung enthält.

717 *Bauer*, Grenzen nachträglicher Rechtswahl, S. 41 f; *von Bar*, Internationales Privatrecht Bd. II, Rn. 418 f, *Gamillscheg*, ZfA 14 (1983), 327; *Firsching/von Hoffmann*, Internationales Privatrecht, S. 384; *Soergel-von Hoffmann*, Art. 27 Rn. 85; *Kropholler*, Internationales Privatrecht, S. 274; *Lüderitz*, Internationales Privatrecht, Rn. 273; *Staudinger-Magnus*, Art. 27 Rn. 115; *Mäsch*, Rechtswahlfreiheit und Verbraucherschutz, S. 76 ff; *Mincke*, IPRax 1985, 314; *Sandrock*, RIW 1986, 846; *H. Stoll*, IPRax 1984, 1; *Siehr*, FS Keller, S. 504.

718 *Abend*, Die lex valditatis, S. 287; *Ferid*, Internationales Privatrecht, S. 219; *Lorenz*, RIW 1987, 569, 575; *Schwarz*, Schutzkollisionen, S. 169 ff; *Palandt-Heldrich*, Art. 27 EGBGB Rn. 4; s.a. *Ebenroth/Fischer/Sorek*, ZVglRWiss 88 (1989), 126; OLG Frankfurt, NJW-RR 1989, 1019.

jedoch um eine gewöhnliche, kollisionsrechtliche Rechtswahl handele,[719] führt dann eigentlich abhängig vom Vorliegen von dispositiven oder zwingenden Normen dazu, daß bei entgegenstehenden zwingenden Normen des maßgeblichen Rechts § 2 Abs. 1 Nr. 2 AGBG für das gewählte Recht anwendbar wäre (da insoweit eine materiellrechtliche Verweisung vorliegen soll), sonst aber § 2 Abs. 1 Nr. 2 AGBG keine Anwendung fände (da insoweit eine kollisionsrechtliche Verweisung vorliegen soll). Da sich entgegenstehende zwingende Normen des Inlandrechts aber ohnehin durchsetzen, kommt es auf diese Unterscheidung im Ergebnis nicht an, da dann wegen Wirkungslosigkeit dahingestellt bleiben kann, ob diese Normen im Sinne der AGB-rechtlichen Einbeziehungskontrolle wirksam einbezogen wurden. *Martinys* Auffassung führt daher hinsichtlich des § 2 Abs. 1 Nr. 2 AGBG zu keinem anderen Ergebnis als zu dem der Vertreter, die eine kollisionsrechtliche Verweisung im Art. 27 Abs. 3 EGBGB (Art. 3 Abs. 3 EVÜ) sehen.

(cc) Inhaltskontrolle

Nicht nur bei der Einbeziehungskontrolle, sondern auch bei der Inhaltskontrolle nach AGBGB soll es nach *Mäsch* im Ergebnis Unterschiede auf Grund der verschiedenen Ansichten geben.[720] Auch dies verdient Zustimmung, denn bei einer kollisionsrechtlichen Verweisung unterliegt die Rechtswahl nach überwiegender Auffassung selbst nicht einer Inhaltskontrolle,[721] was aus einem Umkehrschluß aus § 12 AGBG folgt.[722] Im Kontrast dazu muß sich das mittels einer AGB-Klausel inkorporierte Recht einer Inhaltskontrolle nach §§ 9 ff AGBG stellen, da die materiellrechtliche Verweisung als bloße Abkürzung einer detaillierten Abschrift der aufgenommenen Vorschriften nicht an ihrem rechtsgeschäftlichen Charakter rüttelt. Vertreter einer in Art. 27 Abs. 3 EGBGB (Art. 3 Abs. 3 EVÜ) normierten materiellrechtlichen Verweisung müßten sich also einer Inhaltskontrolle nach §§ 9 ff AGBG stellen,[723] während die Ansicht, die in Art. 27 Abs. 3

---

719 *Münchner Kommentar-Martiny*, Art. 27 Rn. 79; weniger deutlich in: *Reithmann/Martiny-Martiny*, Internationales Vertragsrecht, Rn. 96.

720 *Mäsch*, Rechtswahlfreiheit und Verbraucherschutz, S. 84 f.

721 *Jayme*, FS Lorenz, S. 438; *Junker*, RIW 1999, 817; *Mankowski*, RIW 1993, 455 f; *Münchner Kommentar-Spellenberg*, Art. 31, Rn. 18; a.A. unter Geltung des § 12 AGBG a.F.; *Pfeiffer*, NJW 1997, 1211.

722 *Mankowski*, RIW 1994, 422 f m.w.N.; *Staudinger-Schlosser*, § 12 AGBG Rn. 4.

723 *Bauer*, Grenzen nachträglicher Rechtswahl, S. 41 f; *von Bar*, Internationales Privatrecht Bd. II, Rn. 418 f, *Gamillscheg*, ZfA 14 (1983), 327; *Firsching/von Hoffmann*, Internationales Privatrecht, S. 384; *Soergel-von Hoffmann*, Art. 27 Rn. 85; *Kropholler*, Internationales Privatrecht, S. 274; *Lüderitz*, Internationales Privatrecht, Rn. 273; *Staudinger-Magnus*, Art. 27 Rn. 115; *Mäsch*, Rechtswahlfreiheit und

EGBGB (Art. 3 Abs. 3 EVÜ) eine beschränkt wirkende kollisionsrechtliche Verweisung sieht,[724] nicht zu einer Inhaltskontrolle nach §§ 9 ff AGBG führt. Anders als bei der Einbeziehungskontrolle ändert Art. 31 Abs. 2 EGBGB (Art. 8 Abs. 2 EVÜ) auch hier wegen seiner auf das Zustandekommen des Vertrages beschränkten Wirkungsweise an dem Grundsatz nichts. Diesmal ist auch *Martinys* Unterscheidung relevant. Sie führt dann je nachdem, ob dispositive oder zwingende Normen vorliegen, dazu, daß bei entgegenstehenden zwingenden Normen des maßgeblichen Rechts eine Inhaltskontrolle stattfindet, sonst aber nicht.

(b) Verfahrensrecht

Wiederum *Mäsch* hat erstmals in Bezug auf die hier aufgeworfene Frage auf die Unterschiede von materiellrechtlicher und kollisionsrechtlicher Verweisung im Gerichtsverfahren aufmerksam gemacht.[725] Wie oben hinsichtlich dem Vergleich mit der englischen fact doctrine bereits erwähnt,[726] liegt die wesentliche Differenz darin, daß vor einem deutschen Forum ein kollisionsrechtlich gewähltes Recht als Rechtsfrage vom Gericht ex officio ermittelt werden muß, während bei einem materiellrechtlich gewähltem Recht eine Tatsachenfrage vorliegt, welche en detail von der darlegungs- und beweispflichtigen Partei dem Gericht zur Kenntnis und zur Überzeugung gebracht werden muß.[727] Fraglich ist, was für die vertretenen Ansichten zu Art. 27 Abs. 3 EGBGB (Art. 3 Abs. 3 EVÜ) daraus folgt. Nach *Martinys* Auffassung, wonach hinsichtlich der dispositiven Normen eine kollisionsrechtliche Verweisung vorliegt, wäre das gesamte maßgebliche Recht in einem deutschen Gerichtsverfahren von Amts wegen zu ermitteln, da das gesamte anwendbare Recht kollisionsrechtlich zu bestimmen ist, einerseits im Hinblick auf nachgiebiges Recht aufgrund der Verweisung, andererseits im Hinblick auf zwingendes Recht aufgrund objektiver Anknüpfung.

Verbraucherschutz, S. 76 ff; *Mincke*, IPRax 1985, 314; *Sandrock*, RIW 1986, 846; *H. Stoll*, IPRax 1984, 1; *Siehr*, FS Keller, S. 504.

724 *Abend*, Die lex validitatis, S. 287; *Ferid*, Internationales Privatrecht, S. 219; *Lorenz*, RIW 1987, 569, 575; *Schwarz*, Schutzkollisionen, S. 169 ff; *Palandt-Heldrich*, Art. 27 EGBGB Rn. 4; s.a. *Ebenroth/Fischer/Sorek*, ZVglRWiss 88 (1989), 126; OLG Frankfurt, NJW-RR 1989, 1019

725 *Mäsch*, Rechtswahlfreiheit und Verbraucherschutz, S. 79 f.

726 s. Vierter Teil A.III.

727 a.A. *Kegel*, der auch bei einer materiellrechtlichen Verweisung eine Pflicht des Gerichts zur Feststellung von Amts wegen bejaht, *Soergel-Kegel*, vor Art. 3 Rn. 182; dagegen zu Recht *Mäsch*, Rechtswahlfreiheit und Verbraucherschutz, S. 80.

Zu dem gleichen Ergebnis müssen ebenfalls die Autoren kommen, die auch bei Inlandssachverhalten von einer kollisionsrechtlichen Verweisung ausgehen.[728]

Die Vertreter einer materiellrechtlichen Verweisung im Kontext mit Art. 27 Abs. 3 EGBGB (Art. 3 Abs. 3 EVÜ)[729] stehen hier vor dem Problem, daß das nach EGBGB gewählte Recht beim Inlandssachverhalt anderen prozessualen Regeln folgt, als beim Fall mit Auslandsbezug. Da bezweifelt werden muß, daß diese Differenzierung mit dieser Auswirkung auch in anderen Vertragsstaaten vollzogen wird, stellt sich vor dem Hintergrund des Mandats der einheitlichen Auslegung des EVÜ die Frage, ob dadurch Spannungen entstehen könnten. Dies ist dann der Fall, wenn sich die Parteien bei einer Rechtswahl bei einem Binnensachverhalt nicht auf die Rechtswahl berufen. In dem deutschen Forum würde dann die Rechtswahl unberücksichtigt bleiben, wohingegen ein Gericht eines anderen Vertragsstaats, das in Art. 27 Abs. 3 EGBGB (Art. 3 Abs. 3 EVÜ) keine materiellrechtliche Verweisung sieht und verfahrensrechtlich vom Amtsermittlungsgrundsatz in Bezug auf die Feststellung fremden Rechts beherrscht wird, bei gleichem Sachverhalt der Rechtswahl Beachtung schenken müßte. Dieser Unterschied ist aber aus dreierlei Gründen nicht so schwerwiegend, wie er auf den ersten Blick erscheint. Zum einen kann das Interesse am Entscheidungseinklang bei Binnensachverhalten bereits im Ansatz angezweifelt werden, und zum Zweiten ist in den von der fact doctrine beherrschten Gebieten wie England oder Irland eben diese Situation sogar bei einer kollisionsrechtlichen Verweisung gegeben. Schließlich ist der tatsächliche Unterschied auch dadurch gering, daß beispielsweise in Deutschland, wo bei einer kollisionsrechtlichen Rechtswahl das Gericht von Amts wegen gehalten ist, das fremde Recht zu berücksichtigen, eine andere Praxis gängig ist, wenn sich keine der Parteien ausdrücklich auf die Rechtswahl beruft. Dann nämlich neigen deutsche Gerichte dazu, aus dem Verhalten der Parteien eine nachträgliche konkludente Rechtswahl zu konstruieren und im Ergebnis eigenes Recht anzuwenden.[730]

---

728 *Bauer*, Grenzen nachträglicher Rechtswahl, S. 41 f; *von Bar*, Internationales Privatrecht Bd. II, Rn. 418 f, *Gamillscheg*, ZfA 14 (1983), 327; *Firsching/von Hoffmann*, Internationales Privatrecht, S. 384; *Soergel-von Hoffmann*, Art. 27 Rn. 85; *Kropholler*, Internationales Privatrecht, S. 274; *Lüderitz*, Internationales Privatrecht, Rn. 273; *Staudinger-Magnus*, Art. 27 Rn. 115; *Mäsch*, Rechtswahlfreiheit und Verbraucherschutz, S. 76 ff; *Mincke*, IPRax 1985, 314; *Sandrock*, RIW 1986, 846; *H. Stoll*, IPRax 1984, 1; *Siehr*, FS Keller, S. 504.

729 *Abend*, Die lex valditatis, S. 287; *Ferid*, Internationales Privatrecht, S. 219; *Lorenz*, RIW 1987, 569, 575; *Schwarz*, Schutzkollisionen, S. 169 ff; *Palandt-Heldrich*, Art. 27 EGBGB Rn. 4; s.a. *Ebenroth/Fischer/Sorek*, ZVglRWiss 88 (1989), 126; OLG Frankfurt, NJW-RR 1989, 1019.

730 vgl. m.w.N. *Ost*, EVÜ und fact doctrine, S. 117 ff.

Festzuhalten bleibt, daß in Bezug auf das Verfahrensrecht je nach Anschauung Unterschiede bestehen, daß sich die theoretischen Unterschiede aber nicht zwingend praktisch auswirken.

3. Stellungnahme

Im Kontext mit der Einbeziehungs- und Inhaltskontrolle von AGB sowie im Kontext mit dem Verfahrensrecht ist der Meinungsstreit über den materiellrechtlichen oder beschränkt kollisionsrechtlichen Charakter des Art. 27 Abs. 3 EGBGB (Art. 3 Abs. 3 EVÜ) zu Recht als relevant erkannt worden. Darüber hinaus hat die Entscheidung für die ein oder andere Auffassung auch eine weitere Konsequenz, die sich bei der systematischen Auslegung der Norm offenbart, mit der nun im Rahmen der Auslegung des Art. 27 Abs. 3 EGBGB (Art. 3 Abs. 3 EVÜ) begonnen wird.

(a) Systematische Auslegung

Es wurde oben bereits festgestellt, daß das EGBGB grundsätzlich keinen Einfluß auf eine materiellrechtliche Verweisung hat.[731] Es wurde gleichfalls bereits festgestellt, daß die Einschränkung des Art. 27 Abs. 3 EGBGB (Art. 3 Abs. 3 EVÜ) sich nur auf den Hauptvertrag bezieht und der Verweisungsvorgang bei Binnensachverhalten wie sonst auch beurteilt wird, also unter Berücksichtigung des EGBGB und der dort angeordneten Sonderanknüpfungen.[732] Bei einer Rechtswahl bei einem Inlandssachverhalt werden gewisse Voraussetzungen durch das EGBGB selbst geregelt, wie etwa die Deutlichkeit der Rechtswahl und die zur Auswahl stehenden Rechtsordnungen. Bestimmen die Parteien jedoch etwa lediglich, ein anationales Recht in ihren Vertrag zu inkorporieren, dann findet des EGBGB keine Anwendung, so daß etwa die Deutlichkeit der materiellrechtlichen Wahl genausowenig am EGBGB scheitern kann, wie der Umstand, daß ein anationales Recht einbezogen wird. Sieht man nun in Art. 27 Abs. 3 EGBGB (Art. 3 Abs. 3 EVÜ) eine materiellrechtliche Verweisung, so hat dies die unschöne Folge, daß es eine materiellrechtliche Verweisung gäbe, bei der das EGBGB eingreift – nämlich im Zusammenhang mit Art. 27 Abs. 3 EGBGB (Art. 3 Abs. 3 EVÜ) – während ansonsten das EGBGB bei der materiell-rechtlichen Verweisung bedeutungslos ist. Es bestünden damit zwei unterschiedliche Arten von materiellrechtlicher Verweisung, zum einen diejenige, deren Beurteilung der Rechtswahl dem EGBGB unterliegt, und zum anderen eine, die nicht von den

731 s. Vierter Teil B.II.2.(a).
732 s. Vierter Teil B.II.2.(a).

Regelungen des EGBGB berührt werden kann. Will man aber in Bezug auf die Frage der anwendbaren Normen auf den materiellrechtlichen Verweisungsvertrag Klarheit erreichen, ist es vorzugswürdig, in Art. 27 Abs. 3 EGBGB (Art. 3 Abs. 3 EVÜ) keine normierte materiellrechtliche Verweisung, sondern eine durch Sonderanknüpfung an das zwingende Recht des verbundenen Staates beschränkt kollisionsrechtliche Verweisung zu sehen.

Für dieses Ergebnis spricht auch, daß das EVÜ eine Reihe von Sonderanknüpfungen kennt, wie etwa Art. 11 EGBGB (Art. 9 EVÜ) und Art. 31 Abs. 2 EGBGB (Art. 8 Abs. 2 EVÜ). Dagegen kennt das EVÜ keine normierte materiellrechtliche Verweisung. Da keine Notwendigkeit ersichtlich ist, für Art. 27 Abs. 3 EGBGB (Art. 3 Abs. 3 EVÜ) eine eigenständige, nicht systemimmanente Technik einzuführen, ist auch deshalb die Kategorisierung des Art. 27 Abs. 3 EGBGB (Art. 3 Abs. 3 EVÜ) als materiellrechtliche Verweisung abzulehnen. Daher vergleicht *E. Lorenz* auch zu Recht zur Begründung des kollisionsrechtlichen Charakters einer Verweisung nach Art. 27 Abs. 3 EGBGB (Art. 3 Abs. 3 EVÜ) diese Norm mit den Artt. 29 Abs. 1, 30 Abs. 1 EGBGB (Artt. 5 Abs. 1, 6 Abs. 1 EVÜ), wo sich wie bei Art. 27 Abs. 3 EGBGB (Art. 3 Abs. 3 EVÜ) gegebenenfalls das ius cogens des ohne Rechtswahl maßgeblichen Rechts durchsetzt.[733] Es ist zwar richtig, daß bei den Artt. 29 Abs. 1, 30 Abs. 1 EGBGB (Artt. 5 Abs. 1, 6 Abs. 1 EVÜ) anders als bei Art. 27 Abs. 3 EGBGB (Art. 3 Abs. 3 EVÜ) mit einer Alternativanknüpfung gearbeitet wird.[734] Entscheidend ist aber, daß man anstelle der Alternativanknüpfung rechtstechnisch dasselbe Ergebnis auch durch eine (bedingte) materiellrechtliche Verweisungen erreichen könnte. So kann etwa die Regelung des Art. 30 Abs. 1 EGBGB (Art. 6 Abs. 1 EVÜ), wonach bei Arbeitsverträgen die Rechtswahl den Arbeitnehmer nicht hinsichtlich des Schutzes des ius cogens des sonst anwendbaren Rechts zu entkleiden vermag, sowohl durch eine Alternativanknüfung als auch durch eine (bedingte) materiellrechtliche Verweisung erreicht werden. Die materiell-rechtliche Verweisung stünde dann lediglich unter der Bedingung, daß ein Günstigkeitsvergleich nicht doch zu dem gewählten Recht führt. Solch eine inhaltliche Bedingung ist zwar bei einer kollisionsrechtlichen Verweisung von zweifelhaftem Wort, bei einer materiellrechtlichen Verweisung jedoch bestehen keine Bedenken an der Zulässigkeit solch einer Vereinbarung. Von der Bedingung abgesehen gilt aber: Ob die entsprechenden zwingenden Bestimmungen alternativ angeknüpft werden oder ob Normen des gewählten Rechts wegen entgegenstehenden entsprechenden

733 *Lorenz*, RIW 1987, 569 unter Verweis auf *Basedow*, NJW 1986, 2977, der bereits insoweit die Wirkung des Art. 27 Abs. 3 EGBGB mit Artt. 29 Abs. 1, 30 Abs. 1 EGBGB verglich.

734 *Mäsch*, Rechtswahlfreiheit und Verbraucherschutz, S. 86.

zwingenden Regelungen des sonst anwendbaren Rechts nicht anwendbar sind, weil man insoweit nur von einer materiellrechtlichen Verweisung ausgeht, macht in Bezug auf das entscheidungserhebliche Sachrecht für den Arbeitsvertrag keinen Unterschied. So wie man das Ziel des Art. 27 Abs. 3 EGBGB (Art. 3 Abs. 3 EVÜ) rechtstechnisch durch eine Sonderanknüpfung oder durch eine materiellrechtliche Verweisung erreichen kann, kann man die Ziele der Artt. 29 Abs. 1, 30 Abs. 1 EGBGB durch eine Alternativanknüpfung oder durch eine (u.U. bedingte) materiellrechtliche Verweisung erreichen. Systematisch richtig ist es aber IPR-eigene Mechanismen wie Sonder- und Alternativanknüpfung anstelle von IPR-fremden Mechanismen, wie der materiellrechtlichen Verweisung, anzuwenden.

Mäsch meint, daß da das EVÜ nicht das europäische internationale Vertragsrecht revolutionieren sollte und da in Europa überwiegend eine Auslandsberührung als Voraussetzung einer kollisionsrechtlichen Rechtswahl angesehen wurde, auch Art. 27 Abs. 3 EGBGB (Art. 3 Abs. 3 EVÜ) in diesem traditionellem Sinne zu deuten sei.[735] An dieser Argumentation ist zu kritisieren, daß soweit ersichtlich mit Art. 27 Abs. 3 EGBGB (Art. 3 Abs. 3 EVÜ) erstmals für das internationale Vertragsrecht innerhalb des Kollisionsrechts eine Regelung für Inlandssachverhalte geschaffen wurde. Die traditionellen Auffassungen mußten sich also noch nicht mit einer Regelung des Gesetzgebers im Bereich des internationalen Vertragsrechts für Binnensachverhalte auseinandersetzen. Da nunmehr aber im EGBGB bzw. im EVÜ eine solche Regelung enthalten ist, muß sie sich auch ihrem Umfeld entsprechend den o.g. Ausführungen anpassen, so daß die Verweisung in Art. 27 Abs. 3 EGBGB (Art. 3 Abs. 3 EVÜ) nach der systematischen Auslegung kollisionsrechtlicher Natur ist.

In den nächsten Schritten ist zu untersuchen, ob auch nach anderen Auslegungsgrundsätzen an diesem Ergebnis festgehalten werden kann.

(b) Grammatische Auslegung

Art. 27 Abs. 3 EGBGB (Art. 3 Abs. 3 EVÜ) spricht von "Rechtswahl" und "Wahl des Rechts eines anderen Staates". Fraglich ist, ob diese Formulierung als Argument für eine im Grundsatz kollisionsrechtliche Verweisung des Art. 27 Abs. 3 EGBGB (Art. 3 Abs. 3 EVÜ) spricht. Wie die oben durchgeführte Untersuchung ergeben hat, existiert jedoch auch bei der materiellrechtlichen Verweisung ein selbständiger Verweisungs- oder Inkorporationsvertrag, der ebenfalls

735 m.w.N. zur europäischen Literatur zur Auslandsberührung als Voraussetzung einer kollisionsrechtlichen Verweisung, *Mäsch*, Rechtsswahlfreiheit und Verbraucherschutz, S. 92 f.

eine Rechtswahl zum Inhalt hat.[736] Deswegen können keine Rückschlüsse aus der Formulierung "Rechtswahl" oder "Wahl des Rechts eines anderen Staates" gezogen werden.

(c) Historische Auslegung

Der Bericht von *Giluiano/Lagarde* sagt zu Art. 3 Abs. 3 EVÜ folgendes:[737]

"Diese Lösung stellt das **Ergebnis eines Kompromisses** zwischen zwei entgegengesetzten Auffassungen der Gruppe dar: einerseits wünschten einige Sachverständige, die in diesem Artikel verankerte freie Rechtswahl der Parteien durch einen Zusatz einzuengen, wonach die Wahl eines ausländischen Rechts für sich allein die Anwendung dieses Rechts nicht erlaubt, sofern nicht der Sachverhalt im Zeitpunkt der Rechtswahl eine weitere Auslandsberührung aufweist; andererseits äußerten andere Sachverständige, vor allem die britischen, daß ein solcher Zusatz die Freiheit der Parteien allzusehr einengen könne, selbst bei Sachverhalten, bei denen ihre Wahl gerechtfertigt erscheine, guten Glaubens erfolge und schutzwürdige Interessen wahren könne. Diese Sachverständigen wiesen vor allem darauf hin, daß Ausnahmen vom Grundsatz der freien Rechtswahl der Parteien nur bei Vorliegen außergewöhnlicher Umstände zulässig sein dürften, beispielsweise im Falle der Anwendung der zwingenden Vorschriften eines anderen als des von den Parteien gewählten Rechts; sie führten auch Beispiele an, bei denen die Wahl eines ausländischen Rechts durch die Parteien voll und ganz gerechtfertigt war, obwohl der Sachverhalt offensichtlich keine weitere Auslandsberührung aufwies.

Die Gruppe erkannte die Berechtigung der soeben dargelegten Bedenken an, **hielt jedoch an dem Grundsatz fest, daß die Wahl eines ausländischen Rechts** durch die Parteien, soweit alle übrigen Teile des Sachverhalts im Zeitpunkt dieser Wahl in einem einzigen Staat belegen sind, **die Anwendung der zwingenden Vorschriften des Rechts dieses Staats nicht ausschließen darf**." (Hervorhebungen des Verfassers)

Diese Ausführungen werden teilweise dahingehend interpretiert, daß im Grundsatz von einer kollisionsrechtlichen Verweisung auszugehen ist, weil eine nur materiellrechtlichen Verweisung keines Kompromisses bedurft hätte, da sie unbestrittene Voraussetzung beider Auffassungen sei.[738] Dagegen wird vorgebracht, daß die Formulierung in dem Bericht von *Giuliano/Lagarde* die Kontro-

736 s. Vierter Teil B.

737 ABL. EG C 282 23.

738 *E. Lorenz*, RIW 1987, 569; *Schwarz*, Schutzkollisionen, S. 172.

verse nicht richtig wiedergäbe.[739] Vielmehr ergäbe ein Blick in die Protokolle der Verhandlungen zum EVÜ, daß die angeführten Beispiele der britischen Sachverständigen eben keine "reinen Inlandsfälle strictu sensu" gewesen seien und daß der Kompromiß nur darin bestand, eben solche Fälle nicht per se von der kollisionsrechtlichen Rechtswahl auszusparen.[740] Deswegen sei es im Grundsatz dabei geblieben, daß im Fall ohne Auslandsberührung eine kollisionsrechtliche Rechtswahl nicht zu gestatten sei, wohingegen man im Rahmen des Kompromisses der Delegation des Vereinigten Königreichs nur insoweit entgegengekommen sei, als man die von dieser genannten Beispielsfälle als internationale anzuerkennen bereit war.

Zur Überprüfung dieser Aussage ist auf die von britischer Seite eingeführten Beispielsfälle zu blicken. Nach solch einem Beispiel wird amerikanisches Getreide an ausländische Abnehmer unter Verwendung von Formularverträgen der London Corn Trade Association veräußert, wonach englisches Recht gewählt wird. Wenn nun ein deutscher Importeur das auf diesem Wege erworbene Getreide anschließend in Deutschland an einen deutschen Kaufmann weiterveräußert, so soll er laut der englischen Delegation nicht um die Möglichkeit gebracht werden, hier die gleichen Vertragsbedingungen zu vereinbaren, die seinem "Verschaffungsgeschäft" zu Grunde lagen. Dies würde aber auch bedeuten, daß dann im deutsch/deutschen Vertragsverhältnis englisches Recht wählbar ist. Da solch ein inländischer Anschlußvertrag an internationale Geschäfte in der Tat zu einem Auslandsbezug führt,[741] ist der "Kompromiß" tatsächlich nur in einem eingeschränktem Sinn zu verstehen. Auch die anderen Beispielsfälle der britischen Delegation sind, wie *Mäsch* bereits nachwies,[742] keine wirklichen Inlandsachverhalte gewesen. Festzuhalten ist deswegen zunächst, daß die historische Auslegung des Art. 27 Abs. 3 EGBGB (Art. 3 Abs. 3 EVÜ) nicht dafür spricht, daß auch Art. 27 Abs. 3 EGBGB (Art. 3 Abs. 3 EVÜ) eine kollisionsrechtliche Verweisung regelt.

Hingegen kann aber auch nicht das Gegenteil, also daß Art. 27 Abs. 3 EGBGB (Art. 3 Abs. 3 EVÜ) eine materiellrechtliche Verweisung normiert, aus der Entwicklungsgeschichte geschlußfolgert werden.[743] Denn es ging bei der Entwicklung überhaupt nie um diese technische Frage, ob man bei Binnensachverhalten die Rechtswahl in ihrer Wirkung durch Sonderanknüpfung beschränken oder alternativ dazu nur eine materiellrechtliche Rechtswahl zulassen soll. Denn

---

739 *Mäsch*, Rechtswahlfreiheit und Verbraucherschutz, S. 87.

740 zu den Einzelheiten s. *Mäsch*, Rechtswahlfreiheit und Verbraucherschutz, S. 86 – 92.

741 *Soergel-Kegel*, Art. 27, Rn. 94.

742 *Mäsch*, Rechtswahlfreiheit und Verbraucherschutz, S. 89 ff.

743 so aber *Mäsch*, Rechtswahlfreiheit und Verbraucherschutz, S. 92 ff.

einig war man sich nur bezüglich des Ziels, daß bei einem Inlandsachverhalt die Parteien den inländischen zwingenden Normen nicht "entwischen" sollen. Da aber beide rechtstechnischen Wege zu diesem Ziel führen, war eine Entscheidung für oder gegen den einen oder den anderen Weg nie Gegenstand der Auseinandersetzung. Daher führt die historische Auslegung auch nicht dazu, in Art. 27 Abs. 3 EGBGB (Art. 3 Abs. 3 EVÜ) zwingend eine materiellrechtliche Verweisung zu sehen. Daß die Entscheidung für eine bestimmte Verweisungsart z.B. Konsequenzen in Deutschland in AGB-rechtlicher und in verfahrensrechtlicher Weise hat, war man sich damals nicht gegenwärtig. Aus der Entstehungsgeschichte ergeben sich mithin also überhaupt keine Vorgaben für die hier aufgeworfene Frage.

(d) Teleologische Auslegung

Sinn und Zweck der Regelung des Art. 27 Abs. 3 EGBGB (Art. 3 Abs. 3 EVÜ) ist es bei Binnensachverhalten die zwingenden Bestimmungen des mit dem Sachverhalt verbundenen Rechts trotz Wahl eines ausländischen Rechts unberührt zu lassen. Da dieser Sinn und Zweck sowohl dadurch erreicht werden kann, daß man die zwingenden Bestimmungen als Sonderanknüpfung nach einer im übrigen kollisionsrechtlichen Verweisung berücksichtigt, als auch dadurch, daß man die Rechtswahl insgesamt lediglich als materiellrechtliche Verweisung beurteilt, hilft die teleologische Auslegung bei der hier aufgeworfenen Frage nicht weiter.

(e) Ergebnis

Es bestehen keine Argumente dafür, in Art. 27 Abs. 3 EGBGB (Art. 3 Abs. 3 EVÜ) eine materiellrechtliche Verweisung zu sehen. Dagegen spricht die systematische Auslegung des Art. 27 Abs. 3 EGBGB (Art. 3 Abs. 3 EVÜ) dafür, die Norm als beschränkt kollisionsrechtliche Verweisung zu verstehen.

D. Einzelfragen zur materiellrechtlichen Verweisung

In diesem Abschnitt wird vier Fragen nachgegangen, und zwar welche Verweisungsgegenstände für die materiellrechtlichen Verweisung in Betracht kommen (I.), wie das Verhältnis von inkorporierten Recht zu den übrigen Vertragsbestimmungen zu beurteilen ist (II.), auf Basis welchen Rechts das inkorporierte Recht zu interpretieren ist (III.) und schließlich die Frage nach der automatischen zeitlichen Stabilisierung bei der materiellrechtlichen Verweisung (IV.).

I. Verweisungsgegenstand

Bei der kollisionsrechtlichen Verweisung regelt das EGBGB, welche Rechtsordnungen parteiautonom bestimmt werden können. Bei der materiellrechtlichen Verweisung wird die Frage der wählbaren Rechtsordnungen anhand des maßgeblichen Vertragsstatuts beantwortet und das EGBGB spielt keine Rolle.[744] Vor diesem Hintergrund lassen sich einleitend einige allgemeine Erwägungen anstellen. Geht man vom deutschen Recht als Vertragsstatut aus, so ist an folgende Voraussetzungen zu denken, die der Inkorporationsgegenstand erfüllen muß, um die Vereinbarung wirksam zu beeinflussen. Als erstes ist freilich an die zwingenden Normen des deutschen Rechts zu denken, die für den Verweisungsgegenstand einen unverrückbaren Rahmen bilden. Regelungen des Verweisungsgegenstandes, die im Konflikt mit deutschem zwingenden Recht stehen, sind wirkungslos. Weiterhin können die Regelungen des Verweisungsgegenstands nur dann wirksam die Vertragsbeziehung prägen, insofern sie mit hinreichender Sicherheit in ihrem Inhalt festgestellt werden können. Ist die von einer Partei angeführte Regelung selbst nicht festzustellen oder ist ihre Bedeutung nicht hinreichend klar,[745] dann ist die materiellrechtliche Verweisung insoweit wirkungslos und mangels anderer Vereinbarung greifen die deutschen dispositiven Normen ein. Auf dieser Grundlage werden nun Beispiele aus verschiedenen Gruppen von Normensammlungen der Prüfung unterzogen, ob sie nach deutschem Recht im Rahmen einer materiellrechtlichen Verweisung in den Vertrag einbezogen werden können. Vorweggenommen sei bereits, daß in den meisten darzustellenden Fällen die deutsche Literatur eine materiellrechtliche Verweisung für möglich hält, eine kollisionsrechtliche Verweisung hingegen überwiegend nicht. Dabei finden sich zumeist Argumente, die gegen oder für eine kollisionsrechtliche Verweisung angeführt werden, wohingegen die materiellrechtliche Verweisung zumeist kritiklos für zulässig erachtet wird. Es ist klarzustellen, daß die Frage, ob eine kollisionsrechtliche Verweisung in den zu untersuchenden Grenzfällen tatsächlich möglich ist oder nicht, hier nicht das Thema bildet, sondern nur die Frage, ob die Rechtsgefüge in Form von Regelungen unterschiedlicher Normqualität materiellrechtlich zum Vertragsbestandteil gewählt werden können. Jedoch ist die Kritik an der zumeist abgelehnten Zulässigkeit der kollisionsrechtlichen Verweisung insoweit auch hier von Interesse, als sie Argumente enthält, die gegen die Zulässigkeit einer materiellrechtlichen Verweisung sprechen.

---

744 außer man teilt die Auffassung, daß Art. 27 Abs. 3 EGBGB (Art. 3 Abs. 3 EVÜ) eine materiellrechtliche Verweisung normiert, s. dazu Vierter Teil B.II.2.(a).

745 zur Frage, nach welchen Grundsätzen der Inhalt zu interpretieren ist s. Vierter Teil D. II.

1. "Tote" und "indoktrinierte" Rechtsordnungen

Tote Rechtsordnungen sind solche, die keinen Veränderungen mehr zugänglich sind, die aber in der Vergangenheit Rechtsbeziehungen geregelt haben. Darunter fallen nicht nur Rechtsordnungen untergegangener Staaten, sondern auch durch Stabilisierungsklausel eingefrorene Rechtsordnungen. Im Rahmen der kollisionsrechtlichen Verweisung sind nach überwiegender Auffassung nur lebendige Rechtsordnungen wählbar.[746] Die in erster Linie immer wiederkehrenden Gründe, die dagegen sprechen sollen, eine tote Rechtsordnung kollisionsrechtlich zu wählen, sind allerdings nicht übertragbar, wenn man eine tote Rechtsordnung materiellrechtlich in den Vertrag einbeziehen möchte.[747] Denn anders als bei der kollisionsrechtlichen Verweisung auf eine tote Rechtsordnung bleibt bei der Inkorporation ja ein anderes, lebendiges, sich entwickelndes Recht in Form des Vertragsstatuts für die Beurteilung des Rechtsgeschäfts maßgeblich. Vor diesem Hintergrund wird deshalb auch regelmäßig die Verwendung einer Stabilisierungsklausel bei der materiellrechtlichen Verweisung für rechtmäßig erachtet.

Es existieren aber Literaturstimmen, die ein totes Recht nicht nur kollisionsrechtlich für nicht wählbar halten, sondern es ebenso im Rahmen einer materiellrechtlichen Verweisung nicht als tauglichen Verweisungsgegenstand ansehen.[748] Gegen die Zulässigkeit der materiellrechtlichen Verweisung auf nicht lebendiges Recht wird ins Feld geführt, daß Praktikabilitätsgründe entgegenstünden, weil mit wachsendem zeitlichem Abstand der Inhalt einer solchen Rechtsordnung immer weniger zuverlässig festzustellen sei.[749] Dieser Aspekt kann aber nicht pauschal zu dem Ergebnis führen, daß eine Inkorporation toten Rechts nicht möglich ist. Vielmehr erinnert das Argument nur an die eingangs genannte allgemeine Voraussetzung, daß das Recht bzw. dessen konkrete Regelungen inhaltlich hinreichend sicher festzustellen sein müssen. Nur im Einzelfall kann die Nichtfeststellbarkeit einer konkreten Regelung oder auch einer Summe von Regelungen zur Nichtanwendung führen, ein generelles Argument gegen die Zulässigkeit der

---

746 *Van Hecke*, Problèmes juridiques des emprunts internationaux, S. 196; *Neuhaus*, Grundbegriffe, § 33 IV 5; *Schröder/Wenner*, Internationales Vertragsrecht, Rn. 129; *Collier*, Conflict of Laws, S. 198; *Collins*, in: Colloque de Bâle, S. 65; *Kelly*, Int.Comp.L.Q. 1977, S. 857 ff; *Morris/McClean*, The Conflicts of Laws, S. 261; *Wolff*, Private International Law, S. 423 f; *Staudinger-Magnus*, Art. 27 Rn. 40; *Soergel-von Hoffmann*, Art. 27 Rn. 18; *Wood*, Comparative Financial Law, 14-6 ff.

747 dies gilt allerdings nicht für das Argument der Zugänglichkeit alten Rechts, vgl. Vierter Teil A. V. 2. zu § 1409 BGB.

748 dagegen: *Staudinger-Magnus*, Art. 27 Rn. 40; dafür: *Soergel-von Hoffmann*, Art. 27 Rn. 18.

749 *Staudinger-Magnus*, Art. 27 Rn. 40.

materiellrechtlichen Verweisung auf totes Recht ergibt sich hieraus aber nicht. Ein Verweis auf totes Recht ist materiellrechtlich jedenfalls im Prinzip möglich.

Kontrovers ist auch die Beurteilung der Frage, ob die Parteien das Recht eines gerade untergegangenen Staates wählen können, dessen Rechtsordnung nicht mehr existiert (z.B. das Recht der "DDR").[750] Laut der Kritik kommt beim Beispiel der "DDR" hinzu, daß das frühere "DDR"-Recht nur ohne seinen spezifisch sozialistischen Gehalt angewendet werden dürfte und dazu erst entsprechend abgeändert und fortentwickelt werden müßte.[751] Ein Rechtssystem, das eine Gesellschaft nicht ohne Grund aufgegeben habe, solle nicht richterrechtlich auf diese Weise künstlich am Leben erhalten werden.[752] Auch diese Argumente sind vom Ansatz her nicht geeignet, die materiellrechtliche Verweisung auf "DDR"-Recht grundsätzlich für rechtswidrig zu erklären, denn gerade beim "DDR"-Recht dürfte die Feststellbarkeit des Inhalts, jedenfalls zur Zeit noch, kein Problem darstellen, so daß diesbezüglich nichts gegen die Wirksamkeit vorgebracht werden kann. Richtig ist aber durchaus, daß bei Rechtsordnungen, die aus der Perspektive unseres Rechtssystems durch fremde Ansichten – wie etwa der sozialistische Gehalt beim "DDR"-Recht – in gesteigertem Maße geprägt sind, die Schranke des zwingenden Rechts des deutschen Vertragsstatuts von größerer Bedeutung werden kann. Soweit unser zwingendes Recht aber nicht entgegensteht, ist kein Grund ersichtlich, weshalb nicht auch etwa der sozialistische Gehalt eines Gesetzes mitberücksichtigt werden könnte. Im übrigen ist dies aber kein besonderes Problem des toten Rechts, sondern allgemein von indoktrinierten Rechtsordnungen. So stellt sich etwa das Problem gleichfalls, wenn man beispielsweise das Sharia'a Recht des Königreichs von Saudi-Arabien inkorporiert, denn dann sind Konflikte zwischen den islamisch geprägten Normen und unserem zwingendem Recht eher vorprogrammiert, als bei der Inkorporation von westlichen Rechtsordnungen.

Schließlich ist es auch inkonsequent, den Parteien zu gestatten, im Rahmen des Vertragsrechts materiellrechtlich jede Regel in ihren Vertrag aufzunehmen, die etwa in der früheren "DDR" galten, eine umfassende materiellrechtliche Verweisung auf "DDR" – Recht aber abzulehnen.[753] Denn wenn die Vertragsparteien jede Regel durch mehrere einzelne Vorgänge aufnehmen dürfen, spricht im Ansatz nichts dagegen, daß sie auch die Gesamtheit der Regeln in einem Vorgang aufnehmen können.

---

750 dagegen: *Staudinger-Magnus*, Art. 27 Rn. 40; dafür: *Staudinger-Rauscher*, Art. 232 § 5 EGBGB Rn. 5.

751 *Staudinger-Magnus*, Art. 27 Rn. 40.

752 *Staudinger-Magnus*, Art. 27 Rn. 40.

753 so aber *Staudinger-Magnus*, Art. 27 Rn. 40.

Festzuhalten bleibt, daß auf totes Recht ohne prinzipielle Einschränkung materiellrechtlich verwiesen werden kann, daß jedoch gerade bei toten Rechtsordnungen die Feststellbarkeit des Inhalts zu einer tatsächlichen Beschränkung führen kann. Unabhängig von dem Faktor der Lebendigkeit einer Rechtsordnung ist bei politisch oder religiös indoktrinierten Rechtsordnungen ebenfalls eine materiellrechtliche Verweisung im Ansatz uneingeschränkt möglich, wobei es hier aber besonders wahrscheinlich ist, daß das zwingende Recht des Vertragsstatuts inhaltliche Änderungen der Regelungen des Verweisungsgegenstands mit sich bringt.

2. *Amorphe Rechtsgefüge*

Amorphe Rechtsgefüge sind gestaltlose Sammlungen von Regelungen. Dies bedeutet, dass sich deren Inhalt dem Rechtsanwender nicht ohne weiteres eröffnet, sondern beispielsweise erst durch einen rechtstechnischen Vorgang wie der Rechtsvergleichung festgestellt werden muß. Dazu rechnen deswegen insbesondere allgemeine Rechtsgrundsätze und die lex mercatoria, nicht aber das Common Law.

(a) Allgemeine Rechtsgrundsätze

Allgemeine Rechtsgrundsätze erfreuen sich als Verweisungsgegenstand zunehmender Beliebtheit. Die Gründe dafür liegen oftmals darin, daß sich die Parteien, die selbst in einem bestimmten Rechtskreis verwurzelt sind, lieber einem neutralem Normgefüge unterwerfen, als der Rechtsordnung, aus dem der Vertragspartner stammt. Es sei beispielsweise das Projekt Ärmelkanaltunnel angeführt, wo die französischen und britischen Vertragsseiten die Unterwerfung des Vertrags unter allgemeine Rechtsprinzipien der Wahl nationalen Rechts aus den genannten Gründen den Vorzug gaben.[754] Der Begriff der allgemeinen Rechtsgrundsätze entstammt der Völkerrechtslehre und steht für Grundsätze, die wegen ihrer übereinstimmenden Geltung in den internen Rechtssystemen der zivilisierten Staaten als Ausdruck gemeinsamer Rechtsanschauungen gewertet werden.[755] Während von der Ausnahmesituation bei State Contracts abgesehen eine kollisionsrechtliche Wirkung einer Verweisung auf allgemeine Rechtsgrundsätze weithin abge-

---

754 was freilich vom englischen Forum nicht als wirksame Rechtswahl berücksichtigt wurde, vgl. *Channel Group Ltd. v Balfour Betty Construction Ltd.*, WLR 1993, 262, 271.

755 *Kötz*, RabelsZ 34 (1970), 671.

lehnt wird,[756] soll eine materiellrechtlichen Verweisung auf allgemeine Rechtsgrundsätze nach überwiegender Auffassung möglich sein.[757] Problematisch für die Wirksamkeit der allgemeinen Rechtsgrundsätze als Inkorporationsgegenstand ist jedoch das Erfordernis der hinreichend sicheren Feststellbarkeit des Regelungsinhalts. Damit ist fraglich, was unter allgemeinen Rechtsgrundsätzen denn konkret zu verstehen ist. Als allgemeine Rechtsgrundsätze werden insbesondere genannt: pacta sunt servanda, bona fides, clausula rebus sic stantibus, Schutz wohlerworbener Rechte und Vertrauensschutz.[758] Abgesehen von der geringen Zahl weitgehend unstreitig anerkannter allgemeiner Rechtsgrundsätze besteht das eigentliche Problem nun darin, daß selbst diese nur einen niedrigen Konkretisierungsgrad aufweisen. Tatsächlich ist es im Falle einer Auseinandersetzung der Parteien weniger problematisch, daß ein Vertrag grundsätzlich einzuhalten ist (pacta sunt servanda), als vielmehr welche Voraussetzungen vorliegen müssen, damit ein Vertrag wegen Unmöglichkeit, Irrtum etc. keine bindende Wirkung mehr hat bzw. welche Voraussetzungen überhaupt erfüllt sein müssen, damit ein Vertrag vorliegt. Daher hat *Wengler* zu Recht darauf hingewiesen, daß eine Verweisung auf allgemeine Rechtsgrundsätze vom staatlichen Gericht als nichtig zu behandeln ist.[759] Möglich bleibe nur die materiellrechtliche Verweisung auf allgemeine Rechtsgrundsätze als subsidiäre Quelle.[760] Das bedeutet dann, daß auch die sachrechtliche Verweisung auf allgemeine Rechtsgrundsätze zwar im Prinzip möglich ist, daß das tatsächliche Anwendungsfeld der inkorporierten Regelungen wegen ihres geringen Konkretisierungsgrads aber ausgesprochen gering ist. Die Bezeichnung als subsidäre Quelle ist dann nicht dahingehend zu verstehen, daß nur auf die allgemeinen Rechtsgrundsätze zurückgegriffen werden kann, wenn eine Lücke besteht, sondern daß die Bedeutung einer solchen Verweisung zweitrangig ist.

Einen Ausweg bieten bei internationalen Handelsverträgen die Unidroit-Principles of international commercial contracts. Denn ihre Anwendung ist laut der Präambel auch dann vorgesehen, wenn die Parteien vereinbart haben, daß ihr

756 für eine kollisionsrechtliche Wirkung des Verweises auf allgemeine Rechtsgrundsätze bei State Contracts stehen ein: *Münchner Kommentar-Martiny*, Art. 27 Rn. 24; *Reithmann/Martniy-Martiny*, Internationales Vertragsrecht, Rn. 60; *Soergel-von Hoffmann*, Art. 27 Rn. 28 m.w.N. zur a.A.

757 *von Bar*, Internationales Privatrecht Bd. II, Rn. 425; *Kropholler*, IPR, § 11 I 3; *Münchner Kommentar-Martiny*, Art. 27 Rn. 29; *Staudinger-Magnus*, Art. 27 Rn. 47; a.A. *Wengler*, ZfRV 23 (1982), 18.

758 *Soergel-von Hoffmann*, Art. 27 Rn. 28.

759 *Wengler*, ZfRV 23 (1982), 18.

760 *Wengler*, ZfRV 23 (1982), 18.

Vertrag allgemeinen Rechtsgrundsätzen unterliegt.[761] Die Unidroit-Principles of international commercial contracts stellen eine von Unidroit geförderte Zusammenfassung von Grundregeln für internationale Verträge dar und bieten dem Rechtsanwender bei internationalen Verträgen ein alle maßgebliche Problembereiche abdeckendes Klauselwerk inklusive Erläuterung. Sie enthalten neben einigen allgemeinen Bestimmungen Vorschriften über den Vertragsschluß, die Wirksamkeit und Auslegung von Verträgen, über den Vertragsinhalt, die Erfüllung und über die Folgen der Nichterfüllung.

(b) lex mercatoria

Den überwiegenden Literaturstimmen zu Folge ist eine kollisionsrechtliche Verweisung auf die lex mercatoria nicht möglich, eine materiellrechtliche Verweisung hingegen schon,[762] wohingegen anderen Auffassungen zu Folge die lex mercatoria mit einer staatlichen Rechtsordnung gleichrangig ist oder dieser sogar vorgehen soll.[763] Fraglich ist, ob einige der Argumente, die gegen die lex mercatoria als Verweisungsgegenstand bei einer kollisionsrechtlichen Verweisung vorgebracht werden, geeignet sind, an einer privatautonomen Inkorporation der lex mercatoria in einen Vertrag zu zweifeln. Zu denken sind zunächst an die Kritikpunkte, denzufolge eine autonome Ordnung nicht für materielle Gerechtigkeit sorgen könne und wonach die lex mercatoria den Anforderungen der Rechtssicherheit nicht genüge, da sie zu lückenhaft sei.[764] Das Argument der Lückenhaftigkeit, gleichgültig ob es im Zusammenhang mit der kollisionsrechtlichen Verweisung zu Recht vorgebracht wird oder nicht, führt jedenfalls nicht grundsätzlich zur Unwirksamkeit im Rahmen einer materiellrechtlichen Verweisung, weil das Vertragsstatut, in dessen Rahmen der Verweisungsgegenstand eingebettet ist, die bestehenden Lücken ausfüllen kann. Wegen der durch das Vertragsstatut verbürgten Gerechtigkeitsgarantie schlägt ebenfalls die Sorge um materielle Gerechtigkeit bei der materiellrechtlichen Verweisung nicht durch. Damit sind diese

---

761 deutsch/englischer Text in IPRax 1997, 205; eine entsprechende Regelung enthalten auch die von der *Lando-Kommission* erarbeiteten Grundsätze eines europäischen Vertragsrechts.

762 *Firsching/von Hoffmann*, IPR, § 10 Rn. 28; *Münchner Kommentar-Martiny*, Art. 27 Rn. 32; *Kropholler*, IPR § 52 II 3 e; *Soergel-von Hoffmann*, Art. 27 Rn. 16; *Staudinger-Magnus*, Art. 27 Rn. 49.

763 vgl. m.w.N. zu den verschiedenen Auffassungen *Münchner Kommentar-Martiny*, Art. 27 Rn. 26.

764 *Firsching/von Hoffmann*, IPR, § 2 Rn. 56; *Kropholler*, IPR § 52 II 3 e; *Merkt*, Internationaler Unternehmenskauf, Rn. 94.

Kritikpunkte nicht auf die Situation einer materiellrechtlichen Verweisung übertragbar.

Fraglich ist aber in Hinblick auf die Lückenhaftigkeit, ob ein Verweis auf die lex mercatoria zu hinreichend bestimmbaren Regelungen führt. Falls nicht, wäre nämlich auch eine materiellrechtlichen Verweisung auf die lex mercatoria insoweit unwirksam.[765] Damit wird zur zentralen Frage, was denn die lex mercatoria eigentlich ist und wie ihre Regelungen festgestellt werden können. Die lex mercatoria wird nach überwiegender Auffassung gebildet durch internationales Handelsgewohnheitsecht, also internationale Handelsbräuche und vorherrschende Praktiken des internationalen Handels.[766] Da die Quellen der lex mercatoria verschieden sind, ist ihr Inhalt nicht einfach festzustellen.[767] Neben dem Problem der Feststellbarkeit führen die verschiedenen Elemente, aus denen die lex mercatoria bestehen soll, auch allenfalls zu einer geringen und nicht sonderlich homogenen Systemdichte.[768] Damit besteht die gleiche Sorge wie bei einem Verweis auf allgemeine Rechtsgrundsätze, nämlich daß für eine Vielzahl von vertragsrechtlichen Fragen die lex mercatoria keine Antwort parat hält. Letztlich können diese Kritikpunkte nur dann entkräftet werden, wenn ein sicherer Nachweis über den Inhalt der lex mercatoria geführt wird. Hier soll der Verweis auf die große Bandbreite der hierzu vertretenen Auffassungen genügen, die von *von Bars* Meinung, daß es eine lex mercatoria überhaupt nicht gibt[769] bis hin zur Auflistung der Regeln, die der lex mercatoria zuzurechnen sein sollen,[770] reichen.

Festzuhalten für die hier interessierende Frage ist, daß die Kritik, die die lex mercatoria als nicht existent ansieht bzw. die praktisch von einer nahezu bestehenden Unmöglichkeit der Inhaltsfeststellung der lex mercatoria ausgeht, nicht nur zur Unmöglichkeit der kollisionsrechtlichen Verweisung auf die lex mercatoria führt, sondern auch zur Unmöglichkeit der materiellrechtlichen Verweisung auf die lex mercatoria.

---

765 bzw. würde auf eine Billigkeitsentscheidung hinauslaufen, vgl. *Spickhoff*, RabelsZ 56 (1992), 133 ff.

766 was außer internationalen Handelsbräuchen als Quelle heranzuziehen ist (z.B. Staatsverträge, Vertrags-Formularpraxis) ist umstritten; einen Überblick gibt *Reithmann/Martiny-Martiny*, Internationales Vertragsrecht, Rn. 61.

767 *Martiny* spricht denn auch von einem "höchst zweifelhaften" Inhalt, *Münchner Kommentar-Martiny*, Art. 27 Rn. 31.

768 *Spickhoff*, RabelsZ 56 (1992), 126.

769 *von Bar*, Internationales Privatrecht Bd. 1, Rn. 103 ff; vgl. auch *Spickhoff*, RabelsZ 56 (1992), 133 ff, der bei Schiedsgerichtsverfahren aus ähnlichen Erwägungen eine Wahl der lex mercatoria in eine Ermächtigung zur Billigkeitsentscheidung umdeuten möchte.

770 *Berger*, Internationale Wirtschaftsschiedsgerichtsbarkeit, S. 373 – 382.

Eine elegante Lösungsmöglichkeit zur eindeutigen Feststellung des Regelungsinhalts der lex mercatoria ist wie bei einem Verweis auf allgemeine Rechtsgrundsätze die Anwendung der Unidroit-Principles of international commercial contracts, denn diese sollen gemäß der Präambel auch Anwendung finden, wenn die Parteien die lex mercatoria gewählt haben.[771] Man wird jedoch nicht soweit gehen können, die Unidroit-Principles of international commercial contracts als die lex mercatoria des internationalen Handelsverkehrs zu qualifizieren.[772]

(c) Sitten und Gebräuche

Sieht man international tätige Kaufleute als eine Gruppe an, die sich auf Grund ihrer konkreten Bedürfnisse ein gewisses Regelungsgefüge schafft, wie es etwa die lex mercatoria sein soll, so ist der Schritt nicht weit von Handelsgebräuchen und Handelssitten zu den Sitten und Gebräuchen bestimmter Volksgruppen. Weil Normen und Wertesysteme einer Volksgruppe keine Rechtsordnung bilden, können sie nach überwiegender Auffassung nicht zur lex causae werden.[773] So ist es etwa bei dem Normen- und Wertesystem der Volksgruppe der Roma, das allein auf überlieferten Traditionen beruht. Während die Roma-Sitten nach der Auffassung des OLG-Köln nicht gemäß Art. 27 Abs. 1 EGBGB gewählt werden können, so können sie doch in den Grenzen der Privatautonomie zum Inhalt eines Rechtsgeschäfts gemacht werden.[774] Im Rahmen der Festellbarkeit der jeweiligen Regelungen ist jedenfalls der grundsätzlichen Möglichkeit der materiellrechtlichen Wahl von Sitten und Gebräuchen von Volksgruppen zuzustimmen.

3. Internationale Rechtsgefüge

Internationale Rechtsgefüge sind solche, die nicht durch einen einzelnen Staat geschaffen wurden und deswegen nicht dem Recht eines einzigen Staates zugeordnet werden können. Neben dem Völkerrecht kommen hier etwa die von internationalen Organisationen erdachten Rechtsgebilde in Betracht, deren Aufgabe es oftmals ist, den internationalen Handel zu erleichtern.

---

771 deutsch/englischer Text in IPRax 1997, 205; eine entsprechende Regelung enthalten auch die von der Lando-Kommission erarbeiteten Grundsätze eines europäischen Vertragsrechts.
772 *Boele-Woelki*, IPRax 1997, 164.
773 OLG Köln, NJW-RR 1994, 1026.
774 OLG Köln, NJW-RR 1994, 1026.

(a) Völkerrecht

Besonders in State Contracts finden sich Verweise auf das Völkerrecht. Während auch hier die Frage der Zulässigkeit einer kollisionsrechtlichen Verweisung auf Völkerrecht umstritten ist, wird jedenfalls eine materiellrechtliche Verweisung für zulässig erachtet.[775] Besondere völkerrechtliche Regeln bestehen für Verträge internationaler Organisationen mit Privatpersonen, wobei aber auch deren Anwendung nur im Rahmen einer materiellrechtlichen Verweisung möglich sein soll.[776] Von diesem Sonderfall einmal abgesehen, besteht bei der Inkorporation von Völkerrecht in einen Vertrag zwischen Privaten das Problem, daß das Völkerrecht von seiner Natur her der Regelung der Beziehung von Völkerrechtssubjekten untereinander dient und es deswegen fraglich ist, inwieweit seine Regelungen in einem Vertrag, an dem zumindest eine Partei beteiligt ist, die nicht Völkerrechtssubjekt ist, wirken können. Die Aufgabenstellung des Völkerrechts führt dazu, daß inhaltlich das gewählte Völkerrecht als Privatrechtsquelle dürftig ist und zur Lösung zivilrechtlicher Standardprobleme nicht geeignet ist.[777] Beispielsweise enthält das Völkerrecht keine privatrechtlich brauchbaren Regeln im Falle von Leistungsstörungen.[778] Der Konkretisierungsgrad ist zwar höher als bei den allgemeinen Rechtsgrundsätzen (die selbst auch Teil des Völkerrechts sind), aber auch bei einer materiellrechtlichen Verweisung auf Völkerrecht ist die Verweisung jedenfalls in den Bereichen, in denen das Völkerrecht den Parteien keine Regeln an die Hand gibt (z.B. Leistungsstörungen), nur von nachrangiger Bedeutung.

(b) Internationale Klauselwerke

Internationale Klauselwerke sind etwa die Incoterms (von der IHK erstellte einheitliche Regelungen des Inhalts der wichtigsten Lieferklauseln und Liefervertragstypen im Bereich des internationalen Warenhandels)[779], die jedoch nicht als Rechtsnorm zu qualifizieren sind.[780] Zu denken ist weiterhin an die einheitlichen

---

775 *Münchner Kommentar-Martiny*, Art. 27 Rn. 37; *Schröder/Wenner*, Internationales Vertragsrecht, Rn. 82; *Staudinger-Magnus*, Art. 27 Rn. 51.

776 *Münchner Kommentar-Martiny* Art. 27 Rn. 28.

777 *Bonell*, in: Colloque de Bâle, S. 16; *Schröder/Wenner*, Internationales Vertragsrecht, Rn. 84, 88; Möglichkeiten zur inhaltlichen Präzisierung des Grundsatzes pacta sunt servanda aus verschiedenen Quellen des Völkerrechts nennt *Booysen*, RabelsZ 59 (1995), 250, der das Problem aber schließlich dadurch zu lösen versucht, daß er die lex mercatoria dem Völkerrecht zuordnet, S. 252 ff.

778 *Schröder/Wenner*, Internationales Vertragsrecht, Rn. 87.

779 zu den Incoterms s. *Eisemann*, Die Incoterms.

780 vgl. *Schlegelberger/Hefermehl*, Handelsgesetzbuch, Bd. IV, § 346 Rn. 53 ff.

Richtlinien über Dokumentenakkreditive, das UN-Kaufrecht oder die bereits erwähnten Unidroit-Principles of international commercial contracts. Soweit man die (etwa für letztere strittige)[781] Ansicht vertritt, daß diese Klauselwerke nach ihrem eigenen Anspruch nur ergänzend zum anwendbaren Recht hinzutreten, und daß im Rahmen des Art. 27 Abs. 1 EGBGB nur die Wahl staatlichen Rechts möglich ist, können sie bereits ihrer Struktur nach nur durch materiellrechtliche Verweisung Geltung beanspruchen. Da sie inhaltlich problemlos festzustellen sind, bestehen jedenfalls hinsichtlich der Möglichkeit einer materiellrechtlichen Verweisung keinerlei Bedenken.

4. *Stellungnahme*

Im Vergleich zu den Voraussetzungen, die bei der kollisionsrechtlichen Verweisung zu beachten sind, zeigt sich, daß die materiellrechtliche Verweisung weiter ist, da bei ihr jegliche Normsammlungen wie etwa anationale oder tote Regelungswerke als Verweisungsgegenstand möglich sind. Zentrale Voraussetzung ist nicht die Qualifikation des Regelungsgefüges als Rechtsordnung, sondern die Feststellbarkeit des Regelungsinhalts mit hinreichender Sicherheit. Enger ist die materiellrechtliche Verweisung im Vergleich zur kollisionsrechtlichen Verweisung insoweit, als durch das ius cogens des Vertragsstatuts stärkere Eingriffe in den Verweisungsgegenstand vorgenommen werden, als dies bei einer kollisionsrechtlichen Rechtswahl der Fall ist.

II. Verhältnis von inkorporiertem Recht und Vertragsbestimmungen

Zwischen dem materiellrechtlichen Verweisungsgegenstand und den ausgeschriebenen Vertragsklauseln können Kollisionen bestehen. Fraglich ist, ob die Regelungen des inkorporierten Rechts vorgehen oder die ausformulierten Vertragsklauseln. Überlegt werden kann auch, ob nach der Inkorporation noch die Unterscheidung zwischen zwingenden und nachgiebigen Recht innerhalb des Verweisungsgegenstands sinnvoll ist, oder ob diese Unterscheidung durch die Aufnahme des Rechts in den Vertrag hinfällig geworden ist.

Unproblematisch sind solche Fälle, in denen eine entsprechende Regelung über die Rangfolge vom Inkorporationsgegenstand und den übrigen vertraglichen Regelungen Teil der Vereinbarung ist. So war es etwa in dem bereits zitierten

781 so etwa *Staudinger-Magnus*, Art. 27 Rn.. 48; a.A. zu den Unidroit-Prinzipien *Boele-Woelki*, IPRax 1997, 164 ff; *Kronke*, RIW 1998, 262; *Wichard*, RabelsZ 60 (1996), 282 ff; nicht ganz eindeutig *Bonell*, ZfRV 1996, 156.

englischen Fall *Stafford Allen & Sons Ltd.* v *Pacific Steam Navigation Co.*[782], wo es u.a. um die Inkorporation des United States Carriage of Goods by the Sea Act 1936 ging. Eine ausdrückliche vertragliche Haftungsbeschränkung stand hier im Widerspruch zu dem eine Haftungsbeschränkung verbietenden Act. Die Richter hielten den inkorporierten Act für anwendbar und gaben ihm den Vorzug vor der ausdrücklichen Vereinbarung, da die auf den Act verweisende Klausel von einer sogenannten "paramount clause" (Vorrangklausel) begleitet wurde und demgemäß die Regelung in dem Act der Haftungsbeschränkungsklausel vorging.

Schwieriger ist die rechtliche Rangfolgenproblematik, wenn die Parteien hierüber nichts vereinbart haben. Zu bedenken ist, daß durch den Vorgang der materiellrechtlichen Verweisung das gewählte Recht in seiner Wirkung auf die Wirkung von vertraglichen Vereinbarungen reduziert wird. Man könnte dahingehend argumentieren, daß die "Individualvereinbarung" vorgeht, eben weil sie individuell formuliert im Vertrag steht, und daher im Kontrast zu dem materiellrechtlichen Verweisungsgegenstand es wahrscheinlicher erscheint, daß sich die Parteien wünschen, daß eine ausdrückliche Regelung Vorrang hat, wenn sie mit einer Regelung, die Teil eines möglicherweise im Detail nur vage bekannten Verweisungsgegenstands ist, kollidiert. Zu einem ähnlichen Ergebnis sind englische Richter in dem Fall *Adamastos Shipping Co. Ltd.* v *Anglo-Saxon Petroleum Co. Ltd.* gekommen.[783] Dort hatten die Parteien wie bei *Stafford Allen & Sons Ltd.* v *Pacific Steam Navigation Co.*[784] den United States Carriage of Goods by the Sea Act 1936 in ihren Vertrag einbezogen. Dieses Gesetz sollte nach seinem eigenen Inhalt bei bestimmten Konstellationen nicht anwendbar sein, die in dem Streitfall jedoch vorlagen. Hätte das inkorporierte Gesetz nun vorrangig gewirkt, wäre seine Inkorporation nutzlos gewesen. Vor diesem Hintergrund hat das House of Lords dann schließlich die in dem Act enthaltenen Beschränkungen zurückgewiesen und den Act im übrigen angewendet. Als Begründung haben die Richter den vermuteten Parteiwillen herangezogen.

Diese Argumentation setzt jedoch bestimmte Umstände voraus, die sich nicht zur Generalisierung eignen. So wäre die Situation beispielsweise eine komplett andere, wenn die kollidierende vertragliche Klausel Teil einer AGB ist und die Parteien sich bewußt in Kenntnis des Inhalts des Regelungsgefüges für dieses als Verweisungsgegenstand entschieden haben. Dies zeigt, daß es zu sehr auf die einzelnen Umstände ankommt, um grundsätzlich von einem Vorrang der Regelungen der Vertragsklauseln vor den Regelungen des Inkor-porationsgegenstands – oder vice versa – zu sprechen. Im Prinzip stehen die vertraglichen Regelungen

782 (1956) 1 WLR 629.
783 (1959) AC 133, 143.
784 (1956) 1 WLR 629.

gleichberechtigt nebeneinander, und im Einzelfall muß bei einer Kollision durch Auslegung des Vertrages der entscheidende Parteiwille ermittelt werden.

Fraglich bleibt, ob für die zwingenden Normen, die in dem Verweisungsgegenstand enthalten sind, etwas anderes gelten muß. Dies ist jedoch zu verneinen. Denn "zwingend" waren sie nur innerhalb der Rechtsordnung, der sie entstammen, auf Grund der entsprechenden gesetzgeberischen Anordnung. Wenn die Parteien ein Gesetz aber in einen Vertrag inkorporieren, verliert der Gesetzgeber die Anordnungsbefugnis in Bezug auf eine Rangfolge der Regelungen. Diese steht nun allein den Parteien zu, die in ihrer Privatautonomie nur durch das zwingende Recht des Vertragsstatuts begrenzt werden, nicht aber durch das zwingende Recht des materiellrechtlichen Verweisungsgegenstands.

III. Interpretation des inkorporierten ausländischen Rechts

Fraglich ist, ob das inkorporierte Recht eigenen Interpretationsregeln oder den Interpretationsregeln des Vertragsstatuts folgt. Im Zusammenhang damit ist auch die Frage aufzuwerfen, inwieweit hier eine Unterscheidung zwischen der Inkorporation eines Rechts in toto und der Inkorporation einzelner Gesetze oder bestimmter Regelungen zu ziehen ist. Denn während komplette Rechtssysteme, die inkorporiert werden, zumeist eigene Auslegungsregeln enthalten, ist dies bei einem Verweis auf einzelne Gesetze oder Regelungen wohl fast niemals der Fall. In Betracht kommt dann jedoch eine Auslegung gemäß dem Rechtssystem, aus dem das inkorporierte Gesetz entnommen wurde. Soweit ersichtlich ist die gesamte Problematik der Interpretation inkorporierten ausländischen Rechts nur im Zusammenhang mit der englischen Rechtsprechung behandelt worden.[785] Daher sollen die dort gewonnene Kenntnisse hier als Grundlage für einen Ansatz dienen.

1. Englische Rechtsprechung

Die Auslegung eines Vertrages gehört zu den Aufgaben des englischen Richters.[786] *Dicey & Morris* sehen es als ein besonderes Kennzeichen der Inkorporation an, daß bei der Inkorporation in Kontrast zu einer kollisionsrechtlichen Verweisung der Vertrag vom Gericht ohne Beweis durch einen Sachverständigen ausgelegt wird, "because they are interpreting the terms of an English contract

785 *Dicey & Morris*, The Conflict of Laws, Vol. 2, S. 1223; *Kelly*, Int.Comp.L.Q. 1977, S. 857 ff; *Ost*, EVÜ und fact doctrine, S. 106 ff.

786 vgl. *Rouyer Guillet & Cie. v. Rouyer Guillet & Co. Ltd.* (1959) 1 All E.R., 244.

and not applying foreign law".[787] Fraglich ist, ob dies zugleich bedeutet, daß der englische Richter den Wortlaut des inkorporierten Rechts nicht gemäß dem inkorporierten Recht interpretiert, sondern nach englischem Recht. Die in der englischen Rechtsprechung behandelten Fälle beziehen sich allesamt auf die Inkorporation nicht von Rechtssystemen, sondern von einzelnen Gesetzen im Bereich des Seehandelsrechts. In *G. E. Dobell & Co.* v *S.S. Rossmore Co. Ltd.*[788] ging die Meinung der Richter auseinander bei der Frage, ob der inkorporierte Act auszulegen war als Teil der Vereinbarung oder unter Berücksichtigung der Bedeutung des Acts.[789] *Kelly* weist darauf hin, daß das Urteil offen läßt, ob überhaupt unterschiedliche Auslegungsregeln vorlagen, so daß die Entscheidung kein Fürsprecher für die These ist, daß die einbezogenen ausländischen Rechtsregeln wie auch die anderen Vertragsteile anhand des Vertragsstatuts auszulegen sind.[790]

In *Adamastos Shipping Co. Ltd.* v *Anglo-Saxon Petroleum Co. Ltd.*[791] kamen die Lords mehrheitlich zur Anwendung der inkorporierten Haftungsbefreiungsklauseln, indem sie den Vertrag als Ganzes entsprechend dem Vertragsstatut auslegten.[792] *Kelly* bewertet die Entscheidung dahingehend, daß die Aussagen des inkorporierten Acts eindeutig und nicht interpretationsbedürftig waren und daß die Begründung keine Andeutung dafür enthalte, daß die Auslegung der inkorporierten Normen dem Vertragsstatut unterliege.[793] *H. Ost* weist zu Recht darauf hin, daß hieraus keine positive Entscheidung für eine isolierte Interpretation des inkorporierten Rechts zu entnehmen ist.[794]

In dem inhaltlich bereits dargestellten Fall *Stafford Allen & Sons Ltd.* v *Pacific Steam Navigation Co.*[795] kam es entscheidend auf die Frage an, ob Cristobal ein Hafen in den Vereinigten Staaten im Sinne der "paramount clause" war. Statt der gewöhnlichen Auslegung des Begriffs "United States" ohne Berücksichtigung der Gebiete am Panamakanal gingen die englischen Richter davon aus, daß der Begriff die Bedeutung haben solle, die ihm in dem inkorporierten Act

787 *Dicey & Morris*, The Conflict of Laws, Vol. 2, S. 1223.
788 (1895) 2 QB, 408.
789 *Lord Esher* meinte: "(....) we must simply construe (the introduced words of the Act) as words occuring in this bill of lading" wohingegen *A.L. Smith L.J.* sagte: "That brings me to consider what is the meaning of the Act."
790 *Kelly*, Int.Comp.L.Q. 1977, S. 860.
791 (1959) AC 133, 143.
792 *Kelly*, Int.Comp.L.Q. 1977, S. 862.
793 *Kelly*, Int.Comp.L.Q. 1977, S. 862 f.
794 *Ost*, EVÜ und fact doctrine, S. 109.
795 (1956) 1 WLR 629.

zukommt.[796] Dabei nahmen die Richter auch amerikanische Entscheidungen zur Kenntnis, also Umstände außerhalb des inkorporierten Gesetzes. Cristobal wurde schließlich als Hafen der U.S.A. für die Zwecke des inkorporierten Acts angesehen. Da nach dem Act die Verwendung einer "paramount clause" zwingend vorgeschrieben war, wurde aus dem Umstand geschlossen, daß die Parteien eine solche Klausel auch tatsächlich in ihre Vereinbarung aufgenommen haben, daß der Verfrachter dem Recht des Verschiffungshafens nachkommen wollte. *Kelly* und *H. Ost* weisen zu Recht darauf hin, daß wegen dieser Motivation eine Verallgemeinerung für Fälle, in denen die Parteien keine entsprechende Absicht hatten, wohl nicht in Betracht kommt.[797]

2. *Stellungnahme*

Die von englischen Gerichten behandelten Fälle liefern keine eindeutige Antwort darauf, ob prinzipiell ein inkorporiertes Recht isoliert vom Vertragsstatut nach eigenen Regeln zu interpretieren ist. Zwei Aspekte aus den Urteilen sind aber hilfreich: Zunächst hat die Entscheidung in *Stafford Allen & Sons Ltd.* v *Pacific Steam Navigation Co.*[798] gezeigt, daß bei der Frage, welche Bedeutung das inkorporierte Recht haben soll, in erster Linie der Parteiwille entscheidend ist. Auch bei einem deutschem Vertragsstatut wäre dies die maßgebliche Ausgangsbasis. Denn das inkorporierte Recht ist Teil des Vertrages, der gemäß §§ 133, 157 BGB auszulegen ist, wobei nicht an dem buchstabengetreuen Interpretieren gelegen ist,[799] sondern – falsa demonstratio non nocet – der eigentliche konsensuale Parteiwille entscheidet. Sekundär ist dann zu berücksichtigen, welche Interpretationsregeln das inkorporierte Recht selbst enthält, da diese schließlich auch Teil der vertraglichen Absprache sind. Der zweite hilfreiche Aspekt, der bei *Stafford Allen & Sons Ltd.* v *Pacific Steam Navigation Co.*[800] beleuchtet wird, ist, daß bei entsprechenden Parteiwillen auch Auslegungshilfen aus dem Herkunftsland des inkorporierten Gesetzes in Betracht kommen. Dies kann dann von entscheidender Bedeutung sein, wenn ein separat inkorporiertes Gesetz selbst keine Auslegungshilfen enthält. Da aber nur das inkorporierte Gesetz Gegenstand des Vertrags ist, bedarf es einer besonderen Begründung dafür, daß Regeln aus dem Herkunftsland des inkorporierten Gesetzes Anwendung finden. Eine Begründung

796 vgl. *Parker L.J.*: "(...) I think, that the application of the clause is co-extensive with the application of the Act. At that point it becomes, therefore, necessary to consider what is the ambit of the Act of the United States."

797 *Kelly*, Int.Comp.L.Q. 1977, S. 862; *Ost*, EVÜ und fact doctrine, S. 111.

798 (1956) 1 WLR 629.

799 vgl. *Palandt-Heinrichs*, § 133 Rn. 14.

800 (1956) 1 WLR 629.

dafür kann ausschließlich der Parteiwille bieten. Da für den Parteiwillen mannigfaltige Erwägungen eine Rolle spielen können, kann es keine pauschale Antwort geben. Es dürfte aber dem Regelfall entsprechen, daß wenn die Parteien ein bestimmtes ausländisches Gesetz für so geeignet halten, daß sie es in ihren Vertrag aufnehmen, weil sie mit diesem Gesetz gute Erfahrung gemacht haben oder weil der Handel in diesem Bereich das Gesetz als besonders tauglich ansieht, es dann wahrscheinlich ist, daß die Parteien wünschen, daß das inkorporierte Gesetz entsprechend seiner Bedeutung im Herkunftsland ausgelegt wird, weil dies die Auslegung ist, die dazu beigetragen hat, das Gesetz für die Parteien so attraktiv zu machen. Dafür, daß dieser angenommene Regelfall aber Ausnahmen kennt, zeigt ein Blick auf die erwähnten Fälle aus dem Seehandelsrecht, denn hier könnten die Gesetze nämlich in erster Linie auch deswegen inkorporiert worden sein, weil sie die Haager Regeln, also internationales Recht, implementierten (z.B. United Kingdom Carriage of Goods by Sea Act 1971 oder United States Carriage of Goods by Sea Act 1936). Wenn es eigentlich aber um die Einbeziehung der Haager Regeln ging, dann stehen nationale Auslegungskriterien im Hintergrund.

IV. Stabilisierung des inkorporierten Rechts

Unproblematisch kann das inkorporierte Recht in einem bestimmten Zeitpunkt durch eine Stabilisierungsklausel im Rahmen des ius cogens der lex causae eingefroren werden. Unzweifelhaft möglich ist auch eine ausdrückliche dynamische materiellrechtliche Verweisung, wonach das inkorporierte Recht in seiner jeweiligen aktuellen Fassung gelten soll. Unbestritten ist also eine privatautonome Bestimmung der Parteien in die ein oder andere Richtung möglich. Fraglich ist aber, ob die Versteinerung (bzw. die dynamische Verweisung) des inkorporierten Rechts einer besonderen Anordnung bedarf. Überlegt werden muß also, wie zu verfahren ist, wenn der Parteiwille nicht festgestellt werden kann bzw. welche Auslegung des Parteiwillens ohne konkrete Anhaltspunkte vorgenommen werden muß.

Nach *Dicey & Morris* bleibt die inkorporierte Rechtsordnung grundsätzlich in der Fassung bestehen, in der sie inkorporiert wurde, unabhängig von einer späteren Gesetzesänderung.[801] Eine besondere Anordnung nennen *Dicey & Morris* nicht als Voraussetzung, vielmehr ist ihrer Meinung nach die Nichtveränderlichkeit gerade ein besonderes Kennzeichen der incorporation in Kontrast zur refe-

801 *Dicey & Morris*, The Conflict of Laws, Vol. 2, S. 1223.

rence.[802] *Dicey & Morris* betonen, daß sowohl Common Law als auch das EVÜ bestimmen, daß das (kollisionsrechtlich) gewählte Recht in seiner jeweiligen Fassung anzuwenden ist, so daß also Änderungen nach Vertragsschluß zu berücksichtigen sind. In Kontrast dazu soll ein ausländisches Gesetz, das in den Vertrag als vertragliche Bestimmung inkorporiert wurde, Teil des Vertrages bleiben, auch wenn eine Regelung des inkorporierten Rechts modifiziert oder aufgehoben wurde.[803]

Ein Blick in die deutsche Literatur und Rechtsprechung zum Schiedsverfahrensrecht scheint eine dazu konträre Position aufzuzeigen. Bedenken muß man zunächst, daß die Vereinbarung einer Schiedsverfahrensordnung eine materiellrechtliche Verweisung darstellt, da die zwingenden Gesetze des Sitzrechts stets jeder Parteivereinbarung vorgehen,[804] so daß sich ein Vergleich der Aussagen von *Dicey & Morris* zur incorporation mit den Aussagen in der deutschen Literatur und Rechtsprechung zur Wahl der Schiedsverfahrensordnung anbietet. In diesem Kontext würde die Frage dann lauten, in welcher zeitlichen Fassung die gewählte Schiedsverfahrensordnung anzuwenden ist, wenn die Parteien dies nicht ausdrücklich bestimmt haben. Vereinbaren beispielsweise die Parteien die Zuständigkeit eines institutionellen Schiedsgerichts in ihrem Schiedsvertrag, dann ist fraglich, ob die bei Vertragsschluß geltende Schiedsordnung maßgeblich ist, oder ob spätere Änderungen in dieser zu berücksichtigen sind.[805] Hierzu hat der BGH grundsätzlich Stellung bezogen.[806] Mit Urteil vom 5. Dezember 1985 hat der dritte Zivilrechtssenat entschieden, daß wenn die Parteien unter Ausschluß des ordentlichen Rechtswegs die Zuständigkeit eines ständigen Schiedsgerichts vereinbaren, daß dann ihr Wille regelmäßig dahingeht, sich (stillschweigend) der für das Schiedsgericht vorgefaßten Verfahrensordnung zu unterwerfen. Dies soll also gelten, ohne das es dafür einer ausdrücklichen dynamischen Verweisung auf die Schiedsverfahrensordnung bedarf. Diese Ansicht entspricht auch der deutschen Literaturmeinung.[807] Als Begründung führte der BGH aus, daß die Parteien regelmäßig damit rechnen, daß die Verfahrensordnung angesichts von Entwicklungen im kaufmännischen Verkehr, von Änderungen der Gesetzeslage oder der

802 sonst wird eher als Unterscheidungskriterium zur kollisionsrechtlichen Verweisung in den Vordergrund gerückt, daß die materiellrechtliche Verweisung nicht das zwingende Recht der lex causae zu verdrängen vermag, vgl. *Neuhaus*, Grundbegriff, § 33 IV 2; *Staudinger-Magnus*, Art. 27 Rn. 33.

803 *Dicey & Morris*, The Conflict of Laws, Vol. 2, S. 1223.

804 *Berger*, Internationale Wirtschaftsschiedsgerichtsbarkeit, S. 340.

805 dem steht die Wahl einer vorformulierten Verfrahrensordnunng gleich, *Stein/Jonas-Schlosser*, § 1034, Rn. 8.

806 BGH, MDR 1986, 829; BB 1986, 1187.

807 *Rosenberg/Schwab/Gottwald*, ZPO, S. 1098, Fn. 21; *Schwab/Walter*, Schiedsgerichtsbarkeit, S. 6; *Stein/Jonas-Schlosser*, ZPO, § 1034 Rn. 8.

Rechtsprechung überarbeitet und geändert wird. Sie billigten daher spätere Änderungen der Verfahrensordnung schon bei Abschluß des Schiedsvertrages, soweit diese nicht unter Berücksichtigung von Treu und Glauben gegen ihre anerkennenswerten Interessen verstoßen. Im Vordergrund der Überlegungen steht also der Parteiwille, wobei nicht ganz eindeutig ist, ob dieser durch Auslegung ermittelt wird oder als hypothetischer Parteiwille zu beachten ist. Da es jedenfalls auf den Parteiwillen ankommt, steht auch das Urteil des OLG Hamburg dazu nicht in Widerspruch,[808] wo entschieden wurde, daß die Auslegung, daß die Schiedsgerichtsordnung in ihrer jeweils gültigen Fassung gewählt ist, nicht statthaft ist, wenn die Parteien bei Abschluß des Schiedsvertrages auf eine bestimmte Fassung der Verfahrensordnung des Schiedsgerichts Bezug genommen haben.[809] Eine spätere Änderung soll nach dem OLG Hamburg auch dann von der Einigung nicht mit umfaßt sein, wenn es sich um grundlegende Änderungen handelt, z.B. der Wechsel vom Umpire-Verfahren zur Drei-Mann-Schiedsgerichtsbarkeit.[810]

Vergleicht man nun die Auffassungen von *Dicey & Morris* zur incorporation mit der Auffassung deutscher Gerichte zur Veränderlichkeit der gewählten Schiedesverfahrensordnung, so sieht man auf den ersten Blick zwei Pole: Während *Dicey & Morris* von der grundsätzlichen Unveränderlichkeit des inkorporierten Rechts ausgehen, herrscht hierzulande Einigkeit darüber, daß die gewählte Schiedsverfahrensordnung einer Schiedsinstitution im Prinzip wandelbar ist. Blickt man jedoch etwas genauer auf diese Positionen, löst sich ihre Unversöhnlichkeit ein Stück weit auf. Wenn *Dicey & Morris* von der grundsätzlichen Unveränderlichkeit sprechen, denken sie in erster Linie an einzelne Gesetze, die die Parteien ganz bewußt – eben wegen der später modifizierten Regelung – aufgenommen haben.[811] Wenn es den Parteien aber eindeutig auf einen bestimmten Regelungsinhalt ankommt, dann ergibt die Auslegung ihrer Vereinbarung regelmäßig, daß insoweit eine Änderung des Gesetzes, dem sie diese Regelung entlehnt haben, unbeachtlich sein soll. Insofern besteht also dann keine Diskrepanz zu dem deutschen Standpunkt der grundsätzlichen Wandelbarkeit der Schiedsverfahrensordnung, denn hier ist der Parteiwille regelmäßig auf ein wandelbares Schiedsverfahrensstatut gerichtet, wobei auch ein anderer Parteiwille sich durchsetzt. Unterschiedlich sind die Ergebnisse also insoweit nur, weil auf Grund der

---

808 a.A. *Stein/Jonas-Schlosser*, ZPO, § 1034 Rn. 8, Fn. 45, wonach das OLG Hamburg anderer Auffassung sein soll.

809 OLG Hamburg VersR 1983, 299.

810 OLG Hamburg VersR 1983, 299; *Schwab/Walter*, Schiedsgerichtsbarkeit, S. 6, Fn. 33.

811 so wird etwa an die Verwendung einer Goldwertklausel erinnert, die im Zuge einer späteren Gesetzesänderung für unzulässig erklärt wird, *Dicey & Morris*, The Conflict of Laws, Vol. 2, S. 1223.

Umstände ein anderer Parteiwille angenommen wird, entscheidend ist jedoch, daß der Parteiwille den Ausschlag gibt.

Anders hingegen, wenn man die Einschätzung von *Dicey & Morris* auf ein von ihnen genanntes Beispiel bezieht, wo die Parteien die französischen Regeln des Code Civil zur Frage der Haftung des Bevollmächtigten dem Geschäftsherrn gegenüber in den Vertrag einbeziehen.[812] In solch einem Fall wäre die Argumentation des BGH zur Wandelbarkeit der Schiedsverfahrensordnung übertragbar, wonach die Parteien regelmäßig damit rechnen, daß die Verfahrensordnung angesichts von Entwicklungen im kaufmännischen Verkehr, von Änderungen der Gesetzeslage oder der Rechtsprechung überarbeitet und geändert wird, und daher spätere Änderungen der Verfahrensordnung schon bei Abschluß des Schiedsvertrages billigten, soweit diese nicht unter Berücksichtigung von Treu und Glauben gegen ihre anerkennenswerten Interessen verstoßen.[813] Dieser Konflikt ist im Sinne der Ausführungen des BGH zu entscheiden, denn zu bevorzugen ist diejenige Auffassung, die den Parteiwillen entscheidend berücksichtigt, da dieser ohnehin Geltungsgrund für die einbezogene Regelung ist. Da die eigentliche Schwierigkeit aber die Feststellung des konkreten Parteiwillens sein dürfte, ist es in jedem Falle empfehlenswert, daß die Parteien bei der materiellrechtlichen Verweisung klarstellen, ob diese dynamisch oder statisch sein soll.

812 *Dicey & Morris*, The Conflict of Laws, Vol. 2, S. 1222.
813 BGH MDR 1986, 829; BB 1986, 1187.

Ergebnisse

I. Stabilisierungsklausel

1. Eine Stabilisierungsklausel ist eine vertragsinterne Bestimmung in einem internationalen Vertrag (auch zwischen privaten Parteien), die die Vereinbarungen in diesem Vertrag beständig machen soll, indem sie ihn automatisch, pauschal oder partiell vor Rechtsänderungen schützt.
2. Zur Familie der Stabilisierungsklauseln gehören Versteinerungs-, Inkorporations-, Unberührbarkeits-, Nichtanwendungs-, Verzichtsklauseln und (eingeschränkt) handcuffs-clauses.
3. Stabilisierungstechniken, die nicht ausschließlich bei State Contracts eine Rolle spielen, sind die intertemporale Rechtswahl, die Inkorporation bzw. die materiellrechtliche Verweisung und der Verzicht auf durch Rechtsänderung entstandene Rechte bzw. Rechtsbehelfe. Im Rahmen von State Contracts treten als Stabilisierungsvarianten die Versprechen des Gaststaates hinzu, nicht durch Änderungen im objektiven Recht und nicht durch Einzelfallmaßnahmen den Vertrag nachträglich zu beeinflussen.

II. Kollisionsrechtliche Verweisung

1. Die Stabilisierung durch kollisionsrechtliche Verweisung spielt im europäischen Schrifttum eine größere Rolle als in der europäischen Judikatur, insgesamt überwiegen bei der Beurteilung des Problems die ablehnenden Stimmen.
2. Im Grundsatz ist das EVÜ dazu geeignet, sich über die intertemporalen Regeln des Sachrechts hinwegzusetzen (lex fori-Lösung). Dafür sprechen zum einen die ins EVÜ eingegangenen Materialisierungstendenzen (sozialgesetzliche Inhaltskontrolle; interlokale Parteiautonomie), und zum anderen die Versteinerungen der lex causae durch Anordnung des Kollisionsrechts der EVÜ-Vertragsstaaten in Einzelfällen.
3. Einzelregelungen des EVÜ enthalten keine so weitgehende Parteiautonomie, die eine zeitliche Fixierung des gewählten Rechts erlauben würde. Insbesondere ist kein Erst-recht-Schluß von den Möglichkeiten einer Teilrechtswahl und einer nachträglichen Rechtswahl auf die Zulässigkeit einer kollisionsrechtlichen Versteinerung möglich. Eine faktische Versteinerung durch Ausschöpfung der parteiautonomen und privatautonomen Prinzipien ist zwar im

Grundsatz möglich, indem im Falle einer nachträglichen Sachrechtsänderung für einen rechtlich abtrennbaren Bereich eine nachträgliche Rechtswahl durch die Parteien oder einen Dritten vereinbart wird, die mit der ursprünglichen Rechtswahl ergebnisgleich ist. Dies führt jedoch zur Verbindung einer Versteinerungsklausel mit einer Neuverhandlungsklausel, so daß der Schutz deshalb weder automatisch, noch ausschließlich kollisionsrechtlicher Natur ist.

4. Nach dem EVÜ ist keine statische, kollisionsrechtliche Verweisung möglich, weil sonst ein Teil des Vertrages rechtsordnungslos wäre. Dieser Teil kann zwar durch Sonderanknüpfungen und Eingrifffsnormen klein gehalten werden, aber auch eine nur teilweise Rechtsordnungslosigkeit ist nicht möglich. Insbesondere kann dem nicht die vom EVÜ gewährte interlokale Parteiautonomie entgegengehalten werden, weil interlokale Gebietseinheiten tatsächlich existieren, intertemporale Rechtsordnungszustände hingegen fingiert werden müssten.

III. Materiellrechtliche Verweisung

1. Die dogmatische Aufschlüsselung der Verweisungsarten in eine kollisionsrechtliche und eine materiellrechtliche wurde in Deutschland, Frankreich und England durch unterschiedliche Entwicklungen vollzogen, die Unterscheidung wird nunmehr in den drei Ländern aber auf identische Art und Weise gehandhabt. Bedeutung hat die materiellrechtliche Verweisung in Deutschland in erster Linie im Rahmen einer validierenden Auffangfunktion für fehlgeschlagene kollisionsrechtliche Verweisungen.
2. Der Verweisungsvorgang bei der materiellrechtlichen Verweisung ist ein selbständiger Vertrag, vergleichbar mit dem Verweisungsvertrag bei der kollisionsrechtlichen Verweisung; das EGBGB ist zur Beurteilung eines materiellrechtlichen Verweisungsvertrages nicht heranzuziehen.
3. Die Frage, ob Art. 27 Abs. 3 EGBGB eine kollisionsrechtliche Verweisung, die in ihrer Wirkung durch Sonderanknüpfung beschränkt ist oder eine materiellrechtliche Verweisung enthält, wirkt sich aus im Rahmen der Einbeziehungs- und Inhaltskontrolle von AGB sowie beim Verfahrensrecht. Die systematische Interpretation des Art. 27 Abs. 3 EGBGB ergibt, daß die Norm eine beschränkt wirkende kollisionsrechtliche Verweisung enthält und keine materiellrechtliche Verweisung, da dies einerseits dem systemimmanenten Regelfall des EGBGB/EVÜ entspricht, weil das EGBGB/EVÜ sonst keine materiellrechtliche Verweisung kennt, und da andererseits ansonsten zwei rechtlich unterschiedlich zu bewertende materielle Verweisungsverträge bestehen würden, und zwar einmal der materiellrechtliche Verweisungsvertrag, auf den das EGBGB/EVÜ Anwendung findet (Art. 27 Abs. 3 EGBGB/Art. 3

Abs. 3 EVÜ), und zum anderen die materiellrechtliche Verweisung ohne Bezug zum EGBGB/EVÜ.

4. Als Verweisungsgegenstand der materiellrechtlichen Verweisung sind Regelungsgefüge geeignet, deren Regelungsgehalt mit hinreichender Sicherheit festgestellt werden kann. Weitere grundlegende Voraussetzungen, wie etwa die Geltung der gewählten Rechtsordnung, bestehen nicht.
5. Das Verhältnis von inkorporierten Recht zu den übrigen Vertragsbestimmungen und die Interpretation des inkorporierten Rechts richten sich in erster Linie nach dem Parteiwillen, ebenso die Frage, ob die materiellrechtliche Verweisung statisch oder dynamisch erfolgen soll.

STUDIEN ZUM VERGLEICHENDEN UND INTERNATIONALEN RECHT

Herausgeber: Bernd von Hoffmann und Erik Jayme

Band 1 Ferdinand Henke: Die Datenschutzkonvention des Europarates. 1986.

Band 2 Peter Czermak: Der express trust im internationalen Privatrecht. 1986.

Band 3 Peter Kindler: Der Ausgleichsanspruch des Handelsvertreters im deutsch-italienischen Warenverkehr. Eine rechtsvergleichende und kollisionsrechtliche Untersuchung. 1987.

Band 4 Wilhelm Denzer: Stellung und Bedeutung des Engineers in den FIDIC-Bauvertragsbedingungen. 1988.

Band 5 Marijan-Maximilian Lederer: Die internationale Enteignung von Mitgliedschaftsrechten unter besonderer Berücksichtigung der französischen Enteignungen 1982. 1989.

Band 6 Rainer Esser: Klagen gegen ausländische Staaten. 1990.

Band 7 Chang Jae-Ok: Auf dem Weg zu einer Materialisierung des Immateriellen ? Personen-, Persönlichkeitsschutz und Geldersatz des immateriellen Schadens in rechtsvergleichender Hinsicht am Beispiel des koreanischen und japanischen Zivilrechts unter besonderer Berücksichtigung des deutschen Rechts. 1990.

Band 8 Paul-Frank Weise: Lex mercatoria. Materielles Recht vor der internationalen Handelsschiedsgerichtbarkeit.1990.

Band 9 Werner Born: Der Auftrittsvertrag für Musikgruppen im Bereich der Rock- und Popmusik. 1990.

Band 10 Ralf Erich Jürgens: IPR und Verfassung in Italien und in der Bundesrepublik Deutschland. 1990.

Band 11 Rainer Gildeggen: Internationale Schieds- und Schiedsverfahrensvereinbarungen in Allgemeinen Geschäftsbedingungen vor deutschen Gerichten. 1991.

Band 12 Klaus Grabinski: Die kollisionsrechtliche Behandlung des Durchgriffs bei rechtlich verselbständigten Unternehmen in privater oder öffentlicher Hand. 1991.

Band 13 Dieter Stummel: Konkurs und Integration. Konventionsrechtliche Wege zur Bewältigung grenzüberschreitender Insolvenzverfahren. 1991.

Band 14 Joachim Güntzer: Die Rechtsstellung des Geschäftsführers im spanischen Aktienrecht. Die Neuregelung des spanischen Aktienrechts nach dem Beitritt Spaniens zur EG. 1991.

Band 15 Sabine Isenburg-Epple: Die Berücksichtigung ausländischer Rechtshängigkeit nach dem Europäischen Gerichtsstands- und Vollstreckungsübereinkommen vom 27.9.1968. Untersuchungen zum Anwendungsbereich von Art. 21 EuGVÜ unter schwerpunktmäßiger Behandlung der Frage nach der Bestimmung eines europäischen Streitgegenstandsbegriffs. 1992.

Band 16 Ulrich Nickl: Die Qualifikation der culpa in contrahendo im Internationalen Privatrecht. 1992.

Band 17 Theo Rauh: Leistungserschwerungen im Schuldvertrag. Eine rechtsvergleichende Untersuchung des englischen, US-amerikanischen, französischen und deutschen Rechts unter besonderer Berücksichtigung der gerichtlichen Praxis. 1992.

Band 18 Bernadette Chaussade-Klein: Vorvertragliche "obligation de renseignements" im französichen Recht. 1992.

Band 19 Josef Sievers: Verbraucherschutz gegen unlautere Vertragsbedingungen im französischen Recht. Vom Code civil zum "Code de la consommation" – die Entstehung eines Sonderprivatrechts für Verbraucher. 1993.

Band 20 Achim Schäfer: Grenzüberschreitende Kreditsicherung an Grundstücken, unter besonderer Berücksichtigung des deutschen und italienischen Rechts. 1993.

Band 21 Eugenio Hernández-Breton: Internationale Gerichtsstandsklauseln in Allgemeinen Geschäftsbedingungen. Unter besonderer Berücksichtigung des deutsch-südamerikanischen Rechtsverkehrs (dargestellt am Beispiel Argentinien, Brasilien und Venezuela). 1993.

Band 22 Ingo Reng: Unterhaltsansprüche aufgrund nichtehelicher Lebensgemeinschaft – Internationales Privatrecht und ausländisches materielles Recht. 1994.

Band 23 Stefanie Roloff: Die Geltendmachung ausländischer öffentlicher Ansprüche im Inland. 1994.

Band 24 Katharina Ludwig: Der Vertragsschluß nach UN-Kaufrecht im Spannungsverhältnis von Common Law und Civil Law. Dargestellt auf der Grundlage der Rechtsordnungen Englands und Deutschlands. 1994.

Band 25 Malte Diesselhorst: Mehrparteienschiedsverfahren. Internationale Schiedsverfahren unter Beteiligung von mehr als zwei Parteien. 1994.

Band 26 Manfred Kost: Konsensprobleme im internationalen Schuldvertragsrecht. 1995.

Band 27 Wolff-Heinrich Fleischer: Das italienische Wettbewerbsrecht und die Probleme des selektiven Parfümvertriebs unter Berücksichtigung der Rechtslage in Frankreich und Deutschland. 1995.

Band 28 Angelika Fuchs: Lateinamerikanische Devisenkontrollen in der internationalen Schuldenkrise und Art. VIII Abschn. 2 b) IWF-Abkommen. 1995.

Band 29 Jacques Matthias Aull: Der Geltungsanspruch des EuGVÜ: "Binnensachverhalte" und Internationales Zivilverfahrensrecht in der Europäischen Union. Zur Auslegung von Art. 17 Abs. 1 S. 1 EuGVÜ. 1996.

Band 30 Hartmut Ost: EVÜ und fact doctrine. Konflikte zwischen europäischer IPR-Vereinheitlichung und der Stellung ausländischen Rechts im angelsächsischen Zivilprozeß. 1996.

Band 31 Stefan Wagner: Die Testierfähigkeit im Internationalen Privatrecht. 1996.

Band 32 Wolfgang Jakob Hau: Positive Kompetenzkonflikte im Internationalen Zivilprozeßrecht. Überlegungen zur Bewältigung von *multi-fora disputes*. 1996.

Band 33 Markus Schütz: UN-Kaufrecht und *Culpa in contrahendo*. 1996.

Band 34 Volker Geyrhalter: Das Lösungsrecht des gutgläubigen Erwerbers. Ein "vergessener" Kompromiß und die Auswirkungen auf das heutige deutsche Recht unter besonderer Berücksichtigung des internationalen Sachenrechts. 1996.

Band 35 Andreas Kramer: Abwicklungsstörungen bei Kaufverträgen. Die Lieferung vertragswidriger Sachen im deutschen und italienischen Recht. 1996.

Band 36 Petra Krings: Erfüllungsmodalitäten im internationalen Schuldvertragsrecht. 1997.

Band 37 Tonja Gaibler: Der rechtsgeschäftliche Irrtum im französischen Recht. 1997.

Band 38 Dirk Otto: Rechtsspaltung im indischen Erbrecht. Bedeutung und Auswirkungen auf deutsch-indische Nachlaßfälle. 1997.

Band 39 Gregor W. Decku: Zwischen Vertrag und Delikt. Grenzfälle vertraglicher und deliktischer Haftung dargestellt am Beispiel der Berufs- und Expertenhaftung zum Schutze des Vermögens Dritter im deutschen und englischen Recht. 1997.

Band 40 Ulrike Höpping: Auswirkungen der Warenverkehrsfreiheit auf das IPR unter besonderer Berücksichtigung des Internationalen Produkthaftungsrechts und des Internationalen Vertragsrechts. 1997.

Band 41 Andreas Bartosch: Die vermögensrechtlichen Beziehungen der Ehegatten bei bestehender Ehe im englischen Recht – Eigentum, Besitz, Schuldvertrag. 1997.

Band 42 Helene Boriths Müller: Die Umsetzung der europäischen Übereinkommen von Rom und Brüssel in das Recht der Mitgliedstaaten. Dargestellt am Beispiel Deutschlands und Dänemarks. 1997.

Band 43 Bernd von Hoffmann / Myong-Chang Hwang (eds.): The Public Concept of Land Ownership. Reports and Discussions of a German-Korean Symposium held in Seoul on October 7-9, 1996. 1997.

Band 44 Oliver Heeder: Fraus legis. Eine rechtsvergleichende Untersuchung über den Vorbehalt der Gesetzesumgehung in Deutschland, Österreich, der Schweiz, Frankreich und Belgien unter besonderer Berücksichtigung des Internationalen Privatrechts. 1998.

Band 45 Heinrich Schütt: Deliktstyp und Internationales Privatrecht. Dargestellt an grenzüberschreitenden Problemen der Arzthaftung. 1998.

Band 46 Axel Steiner: Die stillschweigende Rechtswahl im Prozeß im System der subjektiven Anknüpfungen im deutschen Internationalen Privatrecht. 1998.

Band 47 Martina Schulz: Der Eigentumsvorbehalt in europäischen Rechtsordnungen. Rechtsvergleichende Untersuchung des deutschen, englischen und französischen Rechts unter besonderer Berücksichtigung von Erweiterungen und Verlängerungen. 1998.

Band 48 Karin Dreher: Die Rechtswahl im internationalen Erbrecht. Unter besonderer Berücksichtigung des italienischen IPR-Reformgesetzes N. 218 vom 31. Mai 1995. 1999.

Band 49 Giuliano Gabrielli: Das Verhältnis zwischen der Anfechtung wegen Eigenschaftsirrtums und den Gewährleistungsansprüchen im deutschen, österreichischen und italienischen Recht. 1999.

Band 50 Bernd von Hoffmann / Myong-Chan Hwang (eds.): Developments in Land Law. Reports and Discussions of a German-Korean Symposium held in Berlin and Trier on July 21-24, 1997. 1999.

Band 51 Volker Heidbüchel: Das UNCITRAL-Übereinkommen über unabhängige Garantien und Standby Letters of Credit. Vergleiche mit den Richtlinien der Internationalen Handelskammer, dem deutschen, englischen und US-amerikanischen Recht. 1999.

Band 52 Jan Christoph Nordmeyer: Pflichtteilsansprüche und Wiedervereinigung. Eine systematische Analyse der Ausgleichsansprüche nach BGB-Pflichtteilsrecht unter besonderer Berücksichtigung der durch den Wiedervereinigungsprozeß eingetretenen Wertveränderungen. 1999.

Band 53 Bettina Linder: Vertragsabschluß beim grenzüberschreitenden Verbraucherleasing. 1999.

Band 54 Almontasser Fetih: Die zivilrechtliche Haftung bei Vertragsverhandlungen. Eine rechtsvergleichende Studie zum deutschen, französischen, ägyptischen und islamischen Recht. 2000.

Band 55 Sona Rajani: Die Geltung und Anwendung des Gemeinschaftsrechts im Vereinigten Königreich von Großbritannien und Nordirland. Der Grundsatz der Parlamentssouveränität im Wandel. 2000.

Band 56 Joachim Kayser: Gegenmaßnahmen im Außenwirtschaftsrecht und das System des europäischen Kollisionsrechts. Eine Analyse der EU-Abwehrverordnung gegen die Auswirkungen extraterritorialer Rechtserstreckung eines Drittlandes. 2001.

Band 57 Albrecht Conrad: Qualifikationsfragen des Trust im Europäischen Zivilprozeßrecht. 2001.

Band 58 Bernd Borgmann: Die Entsendung von Arbeitnehmern in der Europäischen Gemeinschaft. Wechselwirkungen zwischen Kollisionsrecht, Grundfreiheiten und Spezialgesetzen. 2001.

Band 59 Aleksandar Jakcis: Arbitration and Human Rights. 2001.

Band 60 Islamisches und arabisches Recht als Problem der Rechtsanwendung. Symposium zu Ehren von Professor Emeritus Dr. iur. Omaia Elwan. Veranstaltet vom Institut für ausländisches und internationales Privat- und Wirtschaftsrecht der Universität Heidelberg und der Gesellschaft für Arabisches und Islamisches Recht e.V. Herausgegeben von Herbert Kronke, Gert Reinhart und Nika Witteborg. 2001.

Band 61 Patrick Fiedler: Stabilisierungsklauseln und materielle Verweisung im internationalen Vertragsrecht. 2001.

Band 62 Werner Mangold: Die Abtretung im Europäischen Kollisionsrecht. Unter besonderer Berücksichtigung des spanischen Rechts. 2001.

Kolibri 360 GmbH
Ferdinand-Jühlke-Straße 7
99095 Erfurt, Deutschland
produktsicherheit@kolibri360.de

Druck:
CPI Druckdienstleistungen GmbH
im Auftrag der
Kolibri 360 GmbH
Ferdinand-Jühlke-Str. 7
99095 Erfurt